OS AMERICANOS

COLEÇÃO POVOS & CIVILIZAÇÕES

Coordenação Jaime Pinsky

OS ALEMÃES *Vinícius Liebel*
OS AMERICANOS *Antonio Pedro Tota*
OS ARGENTINOS *Ariel Palacios*
OS CANADENSES *João Fábio Bertonha*
OS CHINESES *Cláudia Trevisan*
OS COLOMBIANOS *Andrew Traumann*
OS ESCANDINAVOS *Paulo Guimarães*
OS ESPANHÓIS *Josep M. Buades*
OS FRANCESES *Ricardo Corrêa Coelho*
OS INDIANOS *Florência Costa*
OS INGLESES *Peter Burke* e *Maria Lúcia Pallares-Burke*
OS IRANIANOS *Samy Adghirni*
OS ITALIANOS *João Fábio Bertonha*
OS JAPONESES *Célia Sakurai*
OS LIBANESES *Murilo Meihy*
OS MEXICANOS *Sergio Florencio*
O MUNDO MUÇULMANO *Peter Demant*
OS PORTUGUESES *Ana Silvia Scott*
OS RUSSOS *Angelo Segrillo*

Proibida a reprodução total ou parcial em qualquer mídia sem a autorização escrita da editora.
Os infratores estão sujeitos às penas da lei.

A Editora não é responsável pelo conteúdo deste livro.
O Autor conhece os fatos narrados, pelos quais é responsável, assim como se responsabiliza pelos juízos emitidos.

Consulte nosso catálogo completo e últimos lançamentos em www.editoracontexto.com.br.

Antonio Pedro Tota

OS AMERICANOS

Com a colaboração de
Adriano Marangoni no capítulo
"Vendo tudo vermelho: paranoia e anticomunismo".

Copyright © 2009 do Autor

Todos os direitos desta edição reservados à
Editora Contexto (Editora Pinsky Ltda.)

Foto de capa
Hulton Archive/Getty Images

Montagem de capa e diagramação
Gustavo S. Vilas Boas

Preparação de textos
Lilian Aquino

Revisão
Flávia Portellada

Dados Internacionais de Catalogação na Publicação (CIP)
(Câmara Brasileira do Livro, SP, Brasil)

Tota, Antonio Pedro
Os americanos / Antonio Pedro Tota. – 1. ed., 5ª reimpressão. –
São Paulo : Contexto, 2022.

ISBN 978-85-7244-446-0

1. Estados Unidos – Civilização 2. Estados Unidos –
Condições econômicas 3. Estados Unidos – Condições sociais
4. Estados Unidos – História 5. Estados Unidos – Política
e governo I. Tota, Antonio Pedro. II. Título.

09-07031   CDD-973

Índices para catálogo sistemático:
1. Estados Unidos : Civilização : História   973

2022

EDITORA CONTEXTO
Diretor editorial: *Jaime Pinsky*

Rua Dr. José Elias, 520 – Alto da Lapa
05083-030 – São Paulo – SP
PABX: (11) 3832 5838
contato@editoracontexto.com.br
www.editoracontexto.com.br

SUMÁRIO

APRESENTAÇÃO
OU PARA ENTENDER UM POUCO DOS AMERICANOS 9
    Atraídos pela lâmpada feito mariposas 11
    Os americanos não vivem sem regras 12
    São excepcionais 14

A ORIGEM DOS AMERICANOS 17
    O puritanismo da Nova Inglaterra 19
    Americanos. Americanos? 20
    O nascimento do país sem nome 23
    À procura de uma identidade 33

UM PAÍS SEM NOME EM BUSCA DE SI MESMO 37
    A experiência republicana 37
    Os passos para a criação de um governo nacional 38
    A experiência democrática 49
    Da presidência de Adams à de Jefferson 50

COMO OS ESTADOS UNIDOS FICARAM DESSE TAMANHO? 53
    Os primeiros passos da identidade nacional 55
    Guerras e americanismo 60
    Crescendo para o Sul e para o Oeste 65
    O sentimento democrático: a gestão de Andrew Jackson 69
    Uma casa dividida: do Compromisso do Missouri à crise 73
    A crise e a Secessão 74
    O conflito 78

O NASCIMENTO DE UMA NAÇÃO	85
A reconstrução dos Estados Unidos	86
A dura batalha da reconstrução	91
O fim da reconstrução	98
Do país agrário à potência industrial	98
A América imperial	103
Mudanças políticas desejadas	108
Mudanças no modo de vida: a democracia do consumo	111
Os republicanos e as mudanças radicais	114
Fim de uma era	117
OS ESTADOS UNIDOS E O MUNDO: PRIMEIRA GUERRA, CRESCIMENTO, EUFORIA E CRISE	119
Uma sociedade de massas	119
A presidência de Wilson e a guerra na Europa	125
De ricaços a pobretões: Grande Depressão	138
Os sinais e a crise	144
A ERA ROOSEVELT	147
Depressão e o New Deal	147
A era Roosevelt	148
A América em guerra!	161
Os Estados Unidos unidos	172
O fim da era Roosevelt	173
VENDO TUDO VERMELHO: PARANOIA E ANTICOMUNISMO	175
A cultura de massas americana e a Guerra Fria	176
A nação da classe média	188
Juventude e mais paranoia: macartismo	191
Uma nação de contradições	193

DOS "ANOS DOURADOS" A UMA ERA DE INCERTEZAS	197
Os anos "tranquilos" de Eisenhower	198
Um protótipo do *average american*: Richard Nixon	205
Kennedy, um democrata católico na Casa Branca	210
Johnson, o Vietnã e os protestos	214
A era Nixon ou os golpes baixos na América	217
Décadas de conservadorismo ou a era Reagan	224
A ERA OBAMA E A NOVA AMÉRICA	231
Era Obama?	232
As persistências	242
Fim dos ícones	243
Política externa e segurança	246
Americano acima de tudo	247
O PAÍS DO ENTRETENIMENTO	249
A pré-história: o kinetoscópio ou cinetoscópio	250
Hollywood e os estúdios	253
O imperialismo hollywoodiano	261
A cultura de massas americana "fabricada" em Hollywood sobrevive	265
À GUISA DE CONCLUSÃO	267
Os paradoxos e os problemas da América	273
O pesadelo atual	274
CRONOLOGIA	277
BIBLIOGRAFIA	287
ICONOGRAFIA	291
AGRADECIMENTOS	293
O AUTOR	295

APRESENTAÇÃO OU PARA ENTENDER UM POUCO DOS AMERICANOS

Estados Unidos da América. Para uns, o paradigma da modernidade. Para outros, o monstro tentacular imperialista ianque que estrangula o progresso de outras nações, em especial o do Brasil. Monteiro Lobato fazia parte do primeiro grupo. Mr. Slang, o personagem inglês do *América*, livro de Lobato sobre os Estados Unidos, pergunta ao autor, no saguão de um hotel imaginário de Washington no final da década de 1920:

"– Viva! Como vai a sua americanização?

– Rápida, respondeu Monteiro Lobato, esta cidade é pura insídia. Está inteirinha feita sob medida, dosadamente, calculadamente, maquiavelicamente armada como arapuca para americanizar quem chega."

Se na década de 1920 o coração da América era pura insídia, "uma arapuca para americanizar", hoje, adiantados no século XXI, estamos sendo "atacados", bombardeados, invadidos pela americanização via satélite de seriados da TV como *Boston Legal, Os Simpsons, Seinfield, Friends, CSI Miami, CSI New York, Dirty Sexy Money, Lost, House, 24 hours*. Isso sem precisarmos ir para a cidade que "é pura insídia". Pedir refrigerantes *light* é rotina. Apertar as teclas *enter*, *delete* e *shift*. Crianças assistem *Barbie Butterfly*, entre outras tantas bobagens enlatadas. McDonald's, Coca-Cola, Pepsi-Cola etc. A lista é longa. Muitos intelectuais europeus e latino-americanos fazem, até hoje, fortes declarações antiamericanas, como se estivessem em maio de 1968. O presidente venezuelano, Hugo Chaves, na sua mais famosa diatribe antiamericana, chegou a declarar, numa das seções de abertura da ONU, que o lugar ocupado no dia anterior pelo presidente Bush exalava enxofre, o cheiro do demônio. O curioso é que no começo de seu governo, durante a greve da estatal do petróleo (a PDVSA), as engarrafadoras de Coca-Cola foram ocupadas militarmente. Para desapropriar e expulsar o fabricante da "água negra do imperialismo"? Não. Para garantir que o povo venezuelano não corresse o risco de ficar, por causa da greve, sem "o sabor que refresca". O antiamericanismo anda de mãos dadas com o americanismo.

Afinal, quem são os americanos e por que nos sentimos atraídos por eles? Por que nos americanizamos? A resistência é quase impossível. O mundo todo, de um jeito ou de outro, americanizou-se, principalmente depois da Segunda Guerra Mundial, o Brasil em especial. Vamos pensar no futebol. O leitor já está imaginando que vou falar das origens inglesas do nosso esporte, com várias palavras derivadas da língua bretã. Engana-se. Isso todo mundo, ou pelo menos quase todo mundo, sabe. Vou falar de como a manifestação maior da cultura brasileira, ao lado do carnaval, se americanizou. Foi a essência de nossa cultura que adquiriu fortes sinais da americanização. Robert Sherwood, que trabalhou com Franklin Roosevelt durante a Segunda Guerra, fez uma notável interpretação da natureza dos americanos no livro *Roosevelt e Hopkins: uma história da Segunda Guerra*:

> Há uma persistente teoria, sustentada pelos que proclamam "o modelo de vida americano" segundo a qual o nosso cidadão médio é um arraigado individualista, cuja concepção de "liderança" guarda um resquício de coisa estrangeira e desagradável; essa teoria, aliás, parece afinar com nossa tradição nacional de ilegalidade e desrespeito à autoridade. Isso não é inteiramente apoiado pelos fatos. Nós, americanos, somos inveterados admiradores de heróis, muito mais que os ingleses ou os franceses. Gostamos de personalizar nossas lealdades, nossas causas. Nas organizações políticas, comerciais ou trabalhistas, sentimo-nos confortados pela certeza de que lá em cima há um chefão que podemos livremente reverenciar ou odiar e de cujas prontas decisões dependeremos quando as coisas não andarem bem. Acontece com nossos escoteiros, e com nossas quadrilhas de bandidos. E é mais do que reconhecida nossa paixão pelos esportes competitivos. Somos treinados desde a infância para, em caso de emergência, olhar para o técnico em busca de instrução. O todo-poderoso treinador, que pode substituir os jogadores e enviar instruções sempre que quiser – até trocar todo o time – é um fenômeno tipicamente americano. No futebol inglês, os 11 jogadores que iniciam a partida vão até o fim e não recebem instruções gritadas pelo treinador; se um jogador se machuca e deixa o campo, o time continua jogando com dez homens. No esporte inglês não há os "estrategistas", enquanto no americano as diretrizes do treinador são tidas como fator essencial na constante luta pela hegemonia.

Por "esporte inglês" entenda-se o futebol brasileiro ou, na acepção dos americanos, *soccer game*. Vou arriscar uma hipótese. O brasileiríssimo futebol está se americanizando. Pelo menos em uma concepção mais formal, de comportamento. O treinador, ou melhor, o técnico, atua hoje gritando, dando ordens e palpites. Exatamente como Sherwood descreveu o americano esperando pelo olhar do *técnico, em busca de instrução*, das ordens do *coach*. Antes isso não acontecia. Na passagem da década de 1960 para a de 1970, os técnicos, ou treinadores como querem os mais americanizados, começaram a vir das escolas de Educação Física, principalmente do exército. Parreira e Coutinho são os mais conhecidos. Na década de 1980, ex-jogadores começaram a despontar e davam, muito discretamente, palpites. Nos anos 1990, imitamos em termos estéticos e "estratégicos" os técnicos americanos que berravam, e berram, ordens aos seus "soldados". E mais, o *coach* começou a aparecer de gravata. É paradoxal que tenha sido preciso quase um século para "desinglesar", no léxico, o nosso futebol (que era *football*), para americanizar, no comportamento, uma parte fundamental da cultura brasileira, não muito afeita a receber ordens. Hoje o treinador é um herói e, como tal, muito bem pago. Só faltavam as *cheerleaders*. Parece que não falta mais.

Já foi dito que a americanização do Brasil começou principalmente na Segunda Guerra. Na verdade, fortes sinais já apareciam antes. Lobato foi citado no início apenas para reforçar a ideia.

Em 1933, Oduvaldo Vianna, conhecido homem de rádio-teatro, fazia um programa chamado "Noite de Gala". Tratava-se de um diálogo entre o avô e seu neto. Invariavelmente, o neto terminava a conversa com um "Até loguinho, vovô! *Hello girl*!", saindo para encontrar-se com a namorada. *Girl* já estava na moda em São Paulo. No mesmo ano, do Rio de Janeiro, Noel Rosa lutava contra a americanização e jurou que "As rimas do samba não são *I love you*! E esse negócio de *Alô! Alô boy, alô Jony*! Só pode ser conversa de telefone". Paixão e ódio pelas coisas estrangeiras não eram emoções novas. Mas a novidade era gostar da América, das coisas da América. Era como a geração de meu avô chamava os Estados Unidos. Os jornais da década de 1920 e 1930 estavam repletos de "reclames" das maravilhas da Radio Corporation of America, a RCA, com um EUA entre parêntesis, da General Motors, vendendo um belo Chevrolet, geladeiras General Eletric, aspiradores, lâmpadas... Mas principalmente filmes. Certo que havia filmes alemães, franceses, ingleses, mas os americanos já dominavam com as *4 Sabidonas – Ladies must Love*, da Universal Filmes. E uma lista bastante longa de filmes da Paramount, da Metro, da 20th Century Fox. Quase todas as capas da revista *O Cruzeiro* traziam a foto de um astro ou uma estrela (tradução literal de *star*): Barbara Stanwyck, Alice Faye, Gene Kelly, Fred Astaire, Bing Crosby, Bob Hoppe, Red Skelton, Linda Darnell, Hedy Lamarr, Bette Davis, Henry Fonda etc., etc., etc. Tantos que o espaço reservado para escrever este livro seria preenchido só com nomes de artistas de Hollywood.

Mais dois produtos americaníssimos chegaram em 1942: *Seleções* e Coca-Cola. Fotografávamos tudo com uma Kodak. Amamos e odiamos os Estados Unidos. Esse amor e ódio vêm de longe. Eduardo Prado, no fim do século XIX, já criticava o modelo americano incorporado em nossa primeira Constituição republicana, de 1891: Estados Unidos do Brasil. Mas o seu antiamericanismo era compensado pelo americanismo de muitos outros intelectuais que viam na "América" o nosso paradigma. Lobato foi um deles, mas havia muitos outros.

ATRAÍDOS PELA LÂMPADA FEITO MARIPOSAS

Por que muitos arriscam a vida para entrar nos Estados Unidos? Poucos anos atrás, os jornais anunciaram a morte de uma mulher brasileira, de Goiânia, que tentou entrar nos Estados Unidos pela fronteira mexicana. Morreu por causa de queimaduras, desidratação e insolação. Tudo para atravessar um deserto, desses que se vê nos filmes de John Ford, e chegar à América. O *american dream*. Por quê? Só para ter um salário decente? Aqui ela tinha trabalho, família, casa e relativa estabilidade. Subir na vida, diria um sociólogo. Certo, mas isso não explica tudo. A brasileira procurava algo de misterioso que a sociedade americana oferece, como a lâmpada que atrai as mariposas, para usar a metáfora de Lima Barreto. Somos conquistados por aspectos do maravilhoso. Como os habitantes de Pindorama quando viram os portugueses desembarcarem nas praias ensolaradas do litoral sul da atual Bahia. A brincadeira séria de Oswald de Andrade, o "Erro de português" – *Quando o português chegou /Debaixo de uma bruta chuva/ Vestiu o índio/Que pena!/Fosse uma manhã de sol/O índio tinha despido/O português* – é simpática, mas nem de longe explica a atração pelo diferente.

Na música, o setor da cultura brasileira que mais "ofereceu resistência" à americanização, o samba imperava, mas muitas vezes cedíamos a um *foxtrot* na gafieira. Nem mesmo Noel Rosa resistiu. Em 1933, fez o "Você só... mente", um *foxtrot* cantado por Chico Alves. O professor Richard Morse, de saudosa memória, dizia que a americanização foi possível por que podemos acompanhá-la com as clássicas batidinhas dos pés quando ouvimos qualquer canção produzida nos Estados Unidos, em especial o foxtrote, agora grafado em português. Ou é fácil se americanizar... "*because you can tap your foot to it*"... (porque você pode acompanhar com batidinhas do pé).

Era uma americanização mais elaborada. Hoje está mais para americanalhação, com dizia o finado Paulo Francis.

As lojas anunciam a liquidação com 30% *off* ou produtos em *sale*. No restaurante, um diploma atestando a qualidade da comida: *Top of mind*, era o nome da honraria concedida por uma associação que toma conta da qualidade. Rio Grande do Sul, *cellula mater* do nacionalismo getulista; quando se aproxima da cidade de Santa Maria, no centro do Estado, uma placa indica o *downtown*, antigamente conhecido como centro. Nada resiste à americanização.

OS AMERICANOS NÃO VIVEM SEM REGRAS

Para melhor entender os americanos, mais algumas comparações.

Nós, brasileiros, não gostamos de regras; os americanos não podem viver sem elas. É parte da sua cultura. As leis e regras de trânsito, por exemplo. No mundo todo, o sinal vermelho do semáforo significa que o motorista deve parar para dar passagem a outro veículo. Nos Estados Unidos isso não se questiona. Nos filmes, só vemos os carros desrespeitando o farol vermelho quando se trata de uma fuga ou perseguição policial.

No Brasil, respeita-se o farol vermelho do semáforo? Nem sempre. À noite, por exemplo, numa cidade como São Paulo, tomando certos cuidados, olhamos para ver se há algum carro vindo no cruzamento. Se não vem, tocamos adiante.

No manual de orientação que prepara o candidato para adquirir a carteira de habilitação, o *driver license*, existem várias instruções que parecem óbvias. Por exemplo, a clássica placa indicando STOP (PARE) é reproduzida no manual com uma ênfase: STOP, *means stop*. Ou seja, onde está escrito pare é para parar. Nós simplesmente não paramos. Arriscamos. O outro que pare. Meu amigo americano Mathew Shirts, que mora aqui há muitos anos, tem uma explicação. Os Estados Unidos são regidos pelo contrato, o Brasil pelo contexto. A sociedade contratual opondo-se à sociedade contextual. Talvez por isso, quando viajamos para os Estados Unidos, nos irritamos com o excesso de exigências. "Esses americanos são uns chatos". É o que se costuma ouvir de brasileiros que são obrigados a se submeter às regras deles. Regras estão associadas à ideia de propriedade e respeito à individualidade.

Privacidade e inviolabilidade da propriedade. A professora Lúcia Lippi Oliveira conta uma história que ilustra muito bem o espírito americano. Ela passava em frente a um jardim de infância lá nos Estados Unidos, quando viu algumas crianças de cerca de 3 anos disputando um balanço. Uma delas gritou: *"It's my property"* (Isto é minha propriedade). Aqui, uma brasileirinha da mesma idade, em qualquer parte do nosso imenso país, pode estar também disputando algum brinquedo com outra criança. E ela deve estar dizendo "Ééé meu". Jamais "Isto é minha propriedade". Esse é um dos fundamentos da cultura americana: a propriedade. Fundamento intimamente ligado a outro – o conceito de privacidade.

Quanto à privacidade vale uma experiência pessoal. Quando fui para os Estados Unidos pela primeira vez para fazer os primeiros créditos para o doutorado, trabalhei na Universidade de Miami com o falecido professor Robert Levine, brasilianista conhecido. Para pagar parte dos estudos, trabalhei como TA, *teacher assistent*, sendo auxiliar do doutor Stuart, professor da cadeira de História Ocidental, a *West Civ*. Dividia um minúsculo escritório com Ed Tassinari, outro professor. Estávamos conversando, no meu parco inglês da época, criticando outra professora, ligada à política do departamento, com muitos atributos físicos e quase nenhum profissional. Ela passou pela porta e parou por alguns instantes. O meu colega levantou e fechou-lhe a porta na cara dizendo, *"This is a private conversation"* (Isto é uma conversa particular)... Ela nem se atreveu a responder. Era, e é, um gesto perfeitamente normal. Não se meta na minha vida. *"This is not your job"*, é a forma mais vulgar de dizer a mesma coisa.

Longe de querer entrar na polêmica, vou falar das algemas aqui e lá. Sei que, em alguns casos, nossos magistrados aboliram o uso de algemas para quem tiver algum probleminha com a polícia. No final de 2008, o piloto brasileiro Hélio Castroneves foi acusado de sonegação fiscal e evasão de divisas para uma *offshore* panamenha. Na audiência no tribunal de Miami, ele foi algemado nos pés e nas mãos, com aquelas correntes que vemos nos filmes (foi inocentado, meses depois). Aqui, na mesma época, o dono de um caminhão que foi flagrado com dez toneladas de maconha afirmou, para as câmeras de TV, que ele não sabia de nada. Sem algemas.

O professor Roberto Da Matta tem uma boa história sobre algemas que deixa clara a diferença cultural entre eles e nós, entre a ideia de liberdade lá e cá. Acadêmico de renome internacional, ele foi convidado a participar de uma reunião da Associação Americana de Antropologia, patrocinada pela Organização dos Estados Americanos, em Los Angeles. Num dos intervalos, foi atravessar uma rua na faixa para pedestres, mas o sinal estava fechado. Como não vinha nenhum carro, atravessou tranquilamente. Um guarda apitou, já com o talão de multa na mão. Da Matta tentou argumentar que ele não cometera nenhuma infração. Não havia veículos transitando. A multa foi lavrada, sem mais nem menos. Ele recusou-se a assinar dizendo-se inocente. Aí ele ouviu, em alto e bom som, o famoso e cinematográfico: "*You are under arrest!*" (Você está preso) e foi algemado. Ainda tentou argumentar com o guarda, no melhor estilo brasileiro do "você sabe com quem está falando?" E nada. Concordou em assinar a multa e foi solto. Para os brasileiros isso seria uma afronta. Prender um professor renomado. Para os americanos, ao contrário, foi a coisa mais banal, pois numa sociedade individualista e, ao mesmo tempo, igualitária, o direito a ser feliz é sempre organizado pelo Estado, pela lei e seus agentes.

A determinação do Supremo Tribunal Federal proibindo o uso de algemas nos presos suspeitos de infrações é, a meu ver, manifestação, não muito explícita, de antiamericanismo.

SÃO EXCEPCIONAIS

A excepcionalidade dos americanos é tema de discussão entre acadêmicos e formadores de opinião. O presidente George W. Bush, nos últimos momentos de seu governo, em fins de 2008, ainda encontrou forças para dizer que "América é o destino mais atrativo para os investidores do mundo. A América é o lar dos mais talentosos e criativos trabalhadores e empreendedores".

Vários fatores fazem dos Estados Unidos um país excepcional, principalmente na visão dos próprios americanos. A primeira república democrática do mundo moderno com Constituição escrita. A engenhosidade dos americanos fez sua revolução industrial mais operante, comparada ao mesmo fenômeno nos países europeus. A chamada *american ingenuity* (engenhosidade americana) faz dos americanos um povo excepcional. Os Estados Unidos têm a excepcionalidade ligada à sua história. A América é excepcional.

* * *

Nota de esclarecimento: para não interromper a leitura, não foram usadas notas de rodapé quando havia referências a obras citadas no texto. As informações completas sobre as fontes consultadas estão indicadas na bibliografia, garantindo, assim, a fluência do texto.

A ORIGEM DOS AMERICANOS

Não é objetivo deste livro discutir se os verdadeiros americanos foram os índios ou, para ser politicamente correto, nativos americanos. Perda de tempo. O próprio nome, América, não é nativo, todos sabemos. Seria o mesmo que dizer que os verdadeiros brasileiros são nossos amerabas. Os nativos são mais antigos do que o Brasil e do que a América, aqui usada no lugar de Estados Unidos. A genial marchinha de Lamartine Babo, "História do Brasil", feita para o carnaval de 1934, dá uma boa ideia para se discutir a questão:

> Quem foi que
> Inventou o Brasil?
> Foi seu Cabral, foi seu Cabral
> No dia 21 de abril
> Dois meses depois do Carnaval.

Se os acadêmicos prestassem mais atenção nas composições populares, talvez pudessem tirar mais proveito do que tomar emprestado os modelos teóricos estrangeiros para entender o Brasil, em especial os vindos da França. Em outras palavras, o carnaval brasileiro já existia antes do Descobrimento. A história do Brasil era anterior à chegada dos portugueses. Talvez exista um "Lamartine americano".

Vamos tentar seguir os passos dos americanos que são objeto da análise deste livro, isto é, os nascidos nos Estados Unidos. Os americanos de origem inglesa, irlandesa, alemã, escocesa, tailandesa, mexicana, espanhola, portuguesa, japonesa, sueca, suíça, dinamarquesa, cubana, vietnamita e talvez até brasileira. O objetivo é estudar os americanos e refletir sobre a americanização e o americanismo.

Os primeiros ingleses a se aventurarem pela região da Costa Leste do que viriam a ser os Estados Unidos foram os colonos ligados a Walter Raleigh, favorito da rainha inglesa Elizabeth I. Eles chegaram à costa da região entre a atual Carolina do Norte e a Virgínia, aliás, batizada com esse nome em homenagem à suposta e mítica castidade de Elizabeth. Em 1578, os subordinados de sir Walter Raleigh vieram em três navios

18 | Os americanos

tentando desviar-se dos poderosos galeões da Espanha de Felipe II que, nessa época, era considerada a maior potência marítima do mundo. Nunca mais se ouviu falar do primeiro empreendimento inglês na América.

Em 1588, a Espanha tentou invadir a Inglaterra com uma poderosa frota de navios. No entanto, graças à habilidade dos ingleses, e um pouco de sorte, a Invencível Armada, como era conhecida a frota espanhola, foi destroçada. Dessa época em diante, o Atlântico não podia ser mais vigiado. Era um oceano aberto, em especial para o crescente poderio naval dos ingleses.

As crises políticas, sociais e econômicas vividas pela Inglaterra durante o século XVII expulsaram muitos de seus habitantes que atravessaram o Atlântico e se instalaram na América. Vinham por várias razões: questões religiosas, em busca de liberdade, de aventura, de oportunidades que lhes eram negadas na terra natal, para escapar de algum mandado de prisão, para escapar das dívidas. Vinham, enfim, tentar nova vida.

Trouxeram com a bagagem um conjunto de crenças, ideias e práticas culturais que, somadas às condições do Novo Mundo, deram início a uma nova forma de vida que, sem dúvida, ajudou a conceber o que, mais tarde, iria ficar conhecido como Estados Unidos, ou melhor, América. O Novo Mundo foi um grande teste para as famílias que buscavam um recomeço na América. Tiveram que enfrentar obstáculos, mas nunca desistiram. Pelo contrário, esses obstáculos só aumentavam ainda mais sua tenacidade e a vontade de lutar para superar as adversidades. A força de vontade era a fórmula para realizar o sonho americano, descrito por muitos visionários como o paraíso na Terra.

Muitas tentativas de assentamentos na Virgínia, por exemplo, fracassaram. Fome, ataques dos índios, condições climáticas desfavoráveis, doenças, casos de canibalismo. O paraíso não era para os fracos. Mas, aos poucos, a Virgínia transformou-se na produtora de algo que os europeus passaram a apreciar: o tabaco. Havia somente uma localidade que poderia ser chamada de cidade, Jamestown. As condições insalubres impediam o crescimento da população. A região demorou para se transformar em um centro importante para a economia colonial inglesa.

Pouco mais ao norte da Virgínia, a costa atlântica conta com diversas baías como Chesapeak, Delaware, a foz do rio Hudson. Acidentes geográficos que facilitavam a penetração de navios ingleses ao interior. Maryland, formada na região, transformou-se num refúgio de católicos perseguidos na Inglaterra. O líder responsável pela colonização foi lord Baltimore. Pouco depois vieram protestantes e, por um bom período, puderam conviver em harmonia até a chegada de jesuítas. No final do século XVII, foi introduzido o trabalho escravo nas plantações de tabaco. Os conflitos religiosos foram superados pela prosperidade econômica.

Embora breve, esse é um esboço do paulatino processo de formação das colônias inglesas no sul da América do Norte. No entanto, o processo mais conhecido e mítico foi o da colonização da chamada Nova Inglaterra.

O PURITANISMO DA NOVA INGLATERRA

Os *pilgrims* (peregrinos), como ficaram conhecidos, eram trabalhadores da terra e pequenos sitiantes que achavam que a Igreja da Inglaterra não conseguia livrar-se de dogmas e características do catolicismo, o que punha em dúvida suas relações com Deus. Resolveram abandonar o anglicanismo e a própria Inglaterra. Em um grupo de mais de cem pessoas, eles iniciaram a viagem para a América, a bordo do navio chamado Mayflower, em direção à Virgínia. Por um erro de navegação foram parar na região da Nova Inglaterra, conjunto de colônias, com limites mal definidos, no litoral norte da América, próximo ao atual Canadá. Enfrentando um rigoroso inverno, e em consequência do escorbuto, dos cerca de cem colonos, somente cinquenta sobreviveram após sua chegada, no final de 1620. Acreditaram, em razão disso, que Deus havia dado forças especiais para os sobreviventes. Sua pequena colônia, Plymouth, foi absorvida por Massachusetts Bay, um empreendimento colonial mais bem preparado.

A "proteção divina" estimulou outros imigrantes, em especial os puritanos, uma das facções do protestantismo. Em março de 1630, uma frota de navios puritanos, sob a liderança de John Winthrop, deixou a Inglaterra, iniciando o que se chamou de a Grande Migração. Até o começo da década de 1640 mais de 20 mil homens e mulheres estabeleceram uma forte colônia de puritanos na Nova Inglaterra. Diferentemente da colonização da Virgínia e de Maryland, os puritanos vinham com toda a família. Nesse período já havia cerca de nove cidades, inclusive Boston. E eles continuaram a celebrar o Dia de Ação de Graças (Thanksgiving Day), cerimônia religiosa e familiar, realizada em fins de novembro, em agradecimento à boa colheita.

Há quem diga que foi nessa época que o "verdadeiro americano" plantou suas raízes. Os que vieram faziam parte de uma espécie de ala "esquerda" do puritanismo inglês. Acreditavam na soberania de Deus sobre todas as coisas e que a depravação era inata do ser humano. Mas a graça divina podia, por meio de sinais, indicar se alguém estava salvo ou condenado. O sistema de governo era formado por um grupo de "santos", que impunham uma rígida ordem social e moral. Com base na doutrina, eles tinham que testemunhar se certa pessoa possuía ou não os sinais visíveis da salvação. Com as perseguições na Inglaterra depois da restauração de 1660, a América virou o lugar sagrado para os que fugiam às perseguições. Os puritanos viam-se como os "verdadeiros herdeiros de Israel". No entanto, a intolerância era temperada pela ideia do contrato com Deus, ou seja, Ele lidaria com seus seguidores por meio de acordos, dando condições para uma convivência entre o individualismo e a religiosidade. Como veremos, isso tornou possível uma conciliação entre a fé e o pensamento racional.

O campo, o meio rural, teve papel fundamental na cultura americana. De modo geral, os mais conservadores, até os dias atuais, condenam as grandes cidades como centro do pecado e da perdição e enaltecem as pequenas comunidades como o centro da pureza, da retidão, considerando-se representantes dos verdadeiros americanos.

AMERICANOS. AMERICANOS?

Para sermos rigorosos, não podemos falar da existência de americanos, como fazemos hoje, antes da independência das 13 colônias inglesas na América do Norte em 1776. Mesmo imediatamente após a independência, é um pouco forçado usar a palavra *americanos* para identificar os moradores do novo país que passou a chamar-se Estados Unidos da América. As 13 colônias que formaram o país eram, na verdade, uma associação. Uma confederação parecida com a atual União Europeia. Um país sem nome. Era a união dos estados de Nova York, Nova Jersey, Delaware, Massachusetts, Virgínia etc. Assim, quem nascesse na Virgínia era, para ser mais exato, um virginiano; quem nascesse em Nova York era um nova-iorquino e assim por diante. Como era uma união de estados, os fundadores, os *founding fathers*, deram o nome de Estados Unidos da América. Com um governo central bastante frágil, tornava os estados quase "países" independentes. Com o tempo, quando o Estado central se fortaleceu um pouco mais, os que nasciam nos Estados Unidos passaram a se identificar como americanos. É, como dito acima, um país sem nome, daí se apropriarem da palavra América para designar o país.

Benjamin Franklin, um dos signatários da Declaração de Independência, fez uma caricatura, em 1754, considerada a primeira da imprensa dos Estados Unidos. O desenho representava uma cobra dividida em vários pedaços. Nos pedaços, as letras NY, NJ, P, NC, V etc., ou seja, as siglas das diversas colônias (futuros Estados). Embaixo da cobra, fazendo o papel de legenda, estava escrito: "*JOIN, or DIE*" (juntemo-nos ou morreremos). Quer dizer, antes mesmo da independência, Ben Franklin, como era conhecido, já previa que, sem união, as colônias enfrentariam muitos problemas.

A união das colônias era fator de sobrevivência, como previu Benjamin Franklin antes mesmo da independência nessa caricatura de 1754.

Razão e religião

Os habitantes das 13 colônias inglesas na América, em especial os que foram morar na Nova Inglaterra, eram, na maioria, protestantes puritanos. Tinham deixado a metrópole, como vimos, porque não se sentiam seguros para professar a sua fé. Tinham diferentes denominações e pertenciam a diversas seitas, mas eram todos protestantes na origem: batistas, quakers, presbiterianos, puritanos etc. Eram também educados, letrados e partidários do iluminismo numa versão mais *light*. Um iluminismo menos materialista do que o europeu. Acreditavam que Deus havia dado o movimento mecânico ao universo e o poder da razão aos seres humanos para que eles compreendessem e estudassem os fenômenos da natureza. A ciência seria, portanto, uma dádiva divina. Razão e religião se confundindo, ou melhor, fundindo-se.

Um dos expoentes desse tipo de intelectual foi o já citado Benjamin Franklin. Quando adolescente, trabalhou numa pequena editora. Demonstrou, desde cedo, grande curiosidade pelos fenômenos naturais e pela leitura de textos filosóficos. Mais maduro, fundou um jornal, o *New England Courant*, que fazia críticas às autoridades britânicas e aos líderes religiosos mais fanáticos. Mudou-se para a Filadélfia, menos sujeita à vigilância do governo dos religiosos de Massachusetts, onde começou a fazer experiências com eletricidade que resultaram na invenção do para-raios. Ben Franklin nunca negou a existência de Deus, mas não deixava que Ele o atrapalhasse em suas pesquisas científicas. Por isso sentia-se livre para propagar as ideias racionalistas do iluminismo pela Filadélfia, que era mais liberal do que Boston, uma das principais cidades da Nova Inglaterra. Fundou um clube e uma sociedade de bibliotecas que ajudaram na organização das ideias para a independência.

O Grande Despertar

Na mesma época em que Ben Franklin estava inventando o para-raios e difundindo as ideias iluministas, as colônias "despertaram" para uma profunda manifestação de religiosidade envolvendo batistas, presbiterianos, puritanos e metodistas. Tudo começou numa pequena comunidade em Massachusetts, quando o pregador Jonathan Edwards disse, com bastante eloquência, que havia sido designado por Deus para levar os crentes de volta a uma verdadeira religião. Os pregadores antigos, dizia ele, não tinham suficiente fé para mostrar o caminho da salvação. A moda pegou e a juventude começou a frequentar o templo em que ele pregava. Outros pregadores passaram a imitar Jonathan. No entanto, o mais famoso dos pregadores da época foi George Whitefield. Ele se considerava um calvinista, mas dizia que pregava para cristão, não importando a sua denominação.

Os pregadores diziam que eles traziam a "nova luz", daí o nome do movimento: *New Light*. E foi a partir desse movimento do Grande Despertar que nasceram escolas como Princeton (1747), Dartmouth (1769), Brown (1764), hoje entre as melhores universidades do mundo.

Mas o Grande Despertar deixou também outras marcas fundamentais. A primeira é que os crentes começaram a desafiar as interpretações religiosas das autoridades, criando seu próprio caminho da salvação. A segunda fazia com que eles enxergassem a América como um instrumento da Providência; com a ajuda de Deus, poderiam alcançar o progresso social e político.

Havia uma confluência de objetivos entre os iluministas do tipo Benjamin Franklin e o pastor George Whitefield: a América estava destinada a ser uma espécie de celeiro do progresso da humanidade. Não é, portanto, mera coincidência o papel impulsionador da religião e do pensamento iluminista na formação dos Estados Unidos.

O NASCIMENTO DO PAÍS SEM NOME

É bom lembrar que a Inglaterra, colonizadora da Costa Leste da América do Norte, já era uma monarquia parlamentar na época em que os "americanos" começaram a pensar em independência. Ou seja, os ingleses tinham uma Constituição que, teoricamente, dava várias garantias aos seus cidadãos. A autoridade do rei era limitada pela atuação de um Parlamento. Na realidade, os interesses da maioria do povo não eram defendidos por um Parlamento dominado por ricos proprietários.

Muitos intelectuais, inspirados pelos setores mais radicais do iluminismo, criticavam a política do Parlamento, classificando-a como uma forma velada de autocracia. Esse tipo de pensamento atravessava o Atlântico Norte e inspirava grande parte dos habitantes das 13 colônias inglesas. Os governadores das colônias, nomeados pelo rei, eram quase sempre oficiais do exército britânico. Tinham autoridade sobre todos os aspectos da vida das colônias, da economia à religião.

Em 1763, terminou a guerra entre a França e a Inglaterra. Na Europa, era a Guerra dos Sete Anos; na América, a guerra era contra os franceses e os índios. Os colonos tiveram participação ativa e, em especial, durante a guerra, gozavam de grande autonomia perante a metrópole.

A Grã-Bretanha saiu bastante fortalecida da guerra. Saiu com perfil de potência imperial. O Canadá, por exemplo, passou a fazer parte do império colonial inglês. George III, o novo rei dos britânicos, iniciou uma política autocrática, com apoio do Parlamento, para fazer valer o *status* de potência imperial da Grã-Bretanha. A primeira medida que afetou a vida da colônia foi a proibição da expansão dos colonos para o oeste. Depois que o chefe índio pontiac e os aliados franceses foram derrotados, os colonos achavam-se no direito de ir para o oeste, na região dos Apalaches e além. Quando a notícia da medida chegou à colônia, muitos já estavam nos montes Apalaches. Esse era um ponto de atrito entre colônia e metrópole.

Depois veio a Lei da Moeda de 1764, que proibia os bancos das diversas colônias de emitirem sua própria moeda. Logo em seguida, os colonos tiveram que se submeter à Lei do Açúcar. Até então, eles contrabandeavam melado das Antilhas, que, transformado em rum, era negociado com traficantes de escravos. Os pesados impostos e, principalmente, a cerrada vigilância dos fiscais e soldados da Coroa, deixaram os colonos sem a lucrativa fonte de renda das negociatas com o melaço. As relações entre colônia e metrópole pioraram.

Em 1765, todos os jornais, livros, revistas, cartas de baralho e documentos oficiais (que não eram poucos) estavam obrigados a circular com um carimbo ou estampilha, comprovando o recolhimento do Imposto do Selo. Se uma taverna, por exemplo, quisesse ter a licença para vender bebidas alcoólicas, precisava da autorização do governador. Além de pagar pela autorização, o documento precisaria ser selado e nova taxa deveria ser recolhida. Eis aí outro importante ponto de discórdia entre a Coroa e os colonos.

Na verdade, a disputa era entre o Parlamento inglês e as assembleias coloniais. Os colonos consideravam-se súditos e cidadãos britânicos. Sendo assim, eles diziam que só podiam ser taxados pelas suas próprias assembleias. A Coroa, o novo rei e seus ministros não queriam nem ouvir falar nesse tipo de argumento.

Panfletos, jornais, cartazes e sociedades secretas surgiram em grande número. Os colonos se organizavam e protestavam. Resolveram fazer uma reunião para discutir a Lei do Selo. Essa reunião, realizada em Nova York, ficou conhecida como o Congresso da Lei do Selo. Doze colônias foram representadas no Congresso. Só a Geórgia não conseguiu enviar um representante. Os colonos juraram fidelidade ao rei, mas não aceitavam o imposto. Das discussões saiu uma proposta acatada pela Coroa para diminuir o imposto, principalmente depois que os colonos usaram o boicote contra mercadorias inglesas.

Quando a situação parecia resolvida, novos impostos foram criados, em 1767, provocando protestos. O Parlamento inglês viu-se na contingência de recuar. Mas a semente da discórdia germinava rapidamente.

A radicalização

Grupos mais radicais faziam pregações e propaganda antibritânica. A liderança desses grupos cabia, de modo geral, a jovens educados e de famílias ricas, mas eram seguidos por setores mais pobres e remediados da sociedade. Pequenos vendeiros, artesãos, trabalhadores etc. Novos líderes também nasciam desses grupos. Um dos mais famosos foi Samuel Adams, hoje nome de cerveja americana. Numa demonstração de que eles não estavam brincando, um grupo liderado pelo sapateiro Ebenezer MacIntosh incendiou a casa do vice-governador de Massachusetts.

Evento-chave no desenrolar da história dos Estados Unidos, na Revolta do Chá os colonos americanos destruíram, no porto de Boston, muitos caixotes de chá da Companhia das Índias Orientais em protesto às ações da Coroa britânica.

Os pobres e os remediados estavam tão ou mais entusiasmados do que as elites das 13 colônias. Sam Adams foi quem teve a ideia de organizar, em várias cidades de Massachusetts, Associações por Correspondência. Eram grupos que trocavam cartas com informações sobre as formas de resistência e sobre estratégias ou táticas para enfrentar os *redcoats*, como passaram a ser chamados os ingleses por causa do casaco vermelho dos soldados britânicos.

A conhecida Lei do Chá, de 1773, transbordou a xícara da paciência dos colonos, transformando-se no mítico *Tea Party*. Vale recordar o episódio. À Companhia das Índias Orientais, a grande empresa mercantilista inglesa, foi dado o monopólio da comercialização do chá com os colonos da América do Norte. Os lucros com os negócios de chá eram enormes. Os importadores (que podemos chamar de contrabandistas) da colônia não conseguiam concorrer com a Companhia. Os negociantes e os radicais viram uma ótima oportunidade para fazer agitação e protestar. Filhos da Liberdade era o nome de uma das sociedades secretas que pregavam a revolta. As Associações por Correspondência não descansavam. Toda essa agitação resultou na bem tramada Revolta do Chá, ou o *Tea Party*. Na fria noite de 16 de dezembro, colonos mal disfarçados de índios abordaram navios que estavam ancorados no porto de Boston, carregados de chá. Renderam os vigias e as sentinelas e jogaram mais de 340 fardos de chá no mar. Perdia-se, assim, uma carga que valia cerca de dez mil libras, uma verdadeira fortuna para a época. A notícia do feito espalhou-se e foi parar no panteão dos mitos fundadores dos Estados Unidos. Mas a notícia também chegou a Londres. E os ingleses queriam castigar os arruaceiros.

Rebelião, guerra e revolução

"Os colonos desrespeitaram o Parlamento", diziam os ministros e políticos. "Eles precisam de um corretivo", era o que pensava o rei George III. O Parlamento aprovou os Atos Corretivos, ou Atos Intoleráveis, segundo os colonos. Pela nova lei, o porto de Boston ficaria fechado até que a Companhia das Índias fosse ressarcida. A Assembleia de Massachusetts só poderia se reunir uma vez por ano e os membros seriam indicados pelo governador inglês. Para complicar ainda mais a situação, os colonos ficaram obrigados a dar acolhida aos soldados ingleses estacionados nas principais cidades da América do Norte. Era o mesmo que abrigar e alimentar o próprio algoz.

Alguns líderes dos colonos até aventaram a hipótese de acatar as ordens da Coroa inglesa. Mas graças à atuação de Samuel Adams e seu primo John, os colonos resolveram radicalizar e resistir. E isso significava guerra. Para piorar a situação, o Parlamento inglês instituiu um governo civil liderado por católicos na província de Quebec no Canadá. Para os vizinhos de Massachusetts isso era uma ameaça e uma provocação. Ao mesmo tempo, os moradores de Boston ficaram impedidos de negociar com a rica província canadense.

A previsão de Franklin começava a se materializar. "Ou nos unimos ou morreremos", era o que dizia o conselho de Ben. E, de todas as partes das 13 colônias, começaram a chegar voluntários, ajuda financeira, alimentação e, principalmente, armas e munição para os rebeldes ou, como eles preferiam ser chamados, revolucionários.

Sam Adams propôs que se convocasse um Congresso Continental, com representantes de todas as 13 colônias. O Congresso reuniu-se na Filadélfia. Entre os representantes dos colonos estava George Washington, hábil chefe militar na guerra contra os franceses e os índios. As discussões prosseguiam e os congressistas não chegavam a um acordo. Cada um tinha uma opinião diferente. Os delegados das colônias do meio, isto é, Nova York, Delaware, Pensilvânia, Maryland, Nova Jersey, queriam ir devagar, queriam ver se havia ainda alguma chance de conversar com os *redcoats*. Mais uma vez, Sam Adams com sua brilhante oratória, convenceu os vacilantes e todos concordaram que era preciso resistir aos Atos Coercitivos. Para o rei e para o Parlamento havia uma resposta a ser dada: só com violenta repressão a rebelião poderia ser debelada.

Da guerra verbal e política colonos e britânicos partiram para a prática. O novo comandante inglês em Massachusetts, general Gage, despachou uma tropa para interceptar o envio de suprimentos que vinham de outras colônias. Paul Revere, o ferreiro mitificado pela historiografia americana, conseguiu avisar os rebeldes. Os *minutemen*, ou seja, colonos que, num piscar de olhos, diziam-se prontos para combater os ingleses, armaram emboscadas em Lexington e Concord no dia 19 de abril de 1775. Resultado: trezentos soldados britânicos e mercenários alemães mortos ou feridos. Os britânicos, que tinham certeza que iriam derrotar os colonos americanos com a maior facilidade tiveram que rever a estratégia.

Os *minutemen* formaram milícias e, no dia 17 de junho, houve a histórica batalha de Bunker Hill, mais precisamente Breed's Hill. O general inglês Gage ordenou que os canhões dos navios ancorados no porto de Boston abrissem fogo contra um grupo de colonos que haviam se encastelado em trincheiras de Breed's Hill. Mas os canhões não tinham força suficiente para atingir a elevação. Nova ordem do general inglês: que as tropas inglesas, marchando em formação cerrada, atacassem os entrincheirados. E lá se foram três mil soldados *redcoats*. As milícias não reagiram até que as tropas inglesas estivessem bem perto. Começou, então, a fuzilaria. Os britânicos foram obrigados a se retirar com pesadas baixas. O rei George III, quando soube da notícia, não quis acreditar que "míseros" colonos americanos estivessem vencendo um formidável exército europeu. Pouco depois, os ingleses tomaram o morro.

O Common Sense de Paine

Um inglês chamado Tom Paine, que simpatizava com os colonos americanos, escreveu um panfleto que ficou popular. Era o *Common Sense* (senso comum). Ele perguntava simplesmente: "por que as colônias devem ser dirigidas por uma pequena ilha localizada a milhares de quilômetros e, ainda por cima, governada por um tirano como o rei George III? Vocês precisam ser independentes", dizia ele. Durante os primeiros meses de 1776, o panfleto de Paine foi lido por muita gente que estava querendo entender as brigas com os ingleses.

Novo Congresso Continental

Novamente alguns delegados argumentavam que era melhor fazer as pazes com a metrópole. No dia 7 de junho, Richard Henry Lee, representante da Virgínia, pediu a palavra e expôs seu ponto de vista diante de uma plateia em silêncio absoluto. "Estas colônias unidas têm o direito de ser livres e independentes...", disse ele. O entusiasmo tomou conta do público. Todo mundo concordou com as palavras de Lee. Mas não se tomou nenhuma decisão.

O debate continuou durante todo o mês de junho. No dia 2 do mês seguinte foi posta em votação a proposta de Henry Lee. Os representantes das 13 colônias votaram a favor da independência. Alguém precisava, então, escrever o que havia sido decidido, isto é, a declaração da independência. Thomas Jefferson, John Adams e Benjamin Franklin foram os escolhidos para fazer um rascunho do documento. A forma final coube a Thomas Jefferson, tido como dono de um bom texto. A Declaração de Independência, agora com letra maiúscula, ficou pronta no dia 4 de julho de 1776 (encontrada aqui nos *Documentos históricos dos Estados Unidos*):

> Quando, no curso dos acontecimentos humanos, se torna necessário para um povo dissolver o vínculo político que o mantinha ligado a um outro, e assumir entre as potências da terra a situação separada e igual a que as leis da natureza e o Deus da natureza lhe dão direito, um decoroso respeito às opiniões da humanidade exige que ele declare as causas que o impelem à separação. Consideramos as seguintes verdades evidentes por si mesmas, a saber, que todos os homens são criados iguais, dotados pelo Criador de certos direitos inalienáveis, entre os quais figuram a vida, a liberdade, e a busca da felicidade. Que para assegurar esses direitos entre os homens se instituem governos, que derivam de seus justos poderes vindos do consentimento dos governados. Sempre que uma forma de governo se dispõe a destruir essas finalidades, cabe ao povo o direito de alterá-lo ou aboli-lo e instituir novo governo, assentando seu fundamento sobre tais princípios e organizando seus poderes de tal forma que ele pareça ter uma maior probabilidade de alcançar a segurança e a felicidade. [...]
>
> Nós, portanto, representantes dos Estados Unidos da América, em congresso geral, reunido, pedindo ao Juiz Supremo do mundo que dê testemunho da retidão das intenções, solenemente publicamos e declaramos em nome do bom povo dessas colônias e pela autoridade que ele nos conferiu, que estas Colônias Unidas são, e por direito devem sê-lo, Estados livres e independentes; que estão liberadas de qualquer lealdade à Coroa britânica, e que toda a conexão política entre elas e o Estado da Grã-Bretanha

A Independência como um ato mítico não tem como ser esquecida: todos os anos, na comemoração do "4 de Julho"; e todos os dias, na nota de dois dólares, na qual aparece a tela "Declaração da Independência", de John Trumbull.

é, e deve ser, totalmente dissolvida; e que como Estados livres e independentes, elas têm plenos poderes para fazer a guerra, concluir a paz, contratar alianças, instituir o comércio e fazer todas as outras leis e coisas que os Estados independentes têm o direito de fazer. E em abono dessa declaração, com firme confiança na Proteção da Divina Providência, mutuamente hipotecamos uns aos outros nossas vidas, nossas fortunas e nossa honra sagrada.

Declarar a independência não fez a nação. Havia muita luta e muito sangue a correr antes que se efetivasse a intenção. A Declaração, na parte final, dizia "que como Estados livres e independentes, elas têm plenos poderes para fazer a guerra, concluir a paz...". Os Estados Unidos da América, que ainda possuíam certa dificuldade em chamar-se a si mesmos somente de América, tiveram que fazer uma guerra prolongada para depois obter a paz.

O documento transformou-se na base da liberdade dos povos do mundo, de toda a humanidade, não só dos americanos. Pelo menos é o que os americanos, até hoje, creem. Jefferson falava não só sobre o seu tempo, falava para o futuro.

Quando a Declaração foi proclamada, muitos ainda continuavam vacilando. Era certo que haveria luta. Alguns grandes proprietários, oficiais que serviam no exército inglês, certos médicos e advogados famosos, líderes da Igreja anglicana, logo se posicionaram ao lado da metrópole. Era comum que essa situação dividisse famílias. Filhos que queriam lutar pela independência tinham que se opor aos pais que eram favoráveis à Inglaterra. O país sem nome nascia dividido entre patriotas e lealistas. Divisão que se estendeu, como veremos, até a chamada Guerra de Secessão no século XIX. Ou, como querem alguns, divisão que se estende até os nossos dias.

A revolução e a guerra

Enfrentar a Inglaterra não seria tarefa fácil para as colônias que pretendiam ser independentes. Os ingleses já tinham um parque industrial movido, em grande parte, pela máquina a vapor, que estava transformando o mundo com a Revolução Industrial. O exército dos ingleses era muito bem equipado, bem treinado e reforçado por mercenários hessenianos (alemães). A marinha inglesa já era, de longe, a maior do mundo, superioridade que os britânicos iriam manter quase até às vésperas da Primeira Guerra Mundial.

Os americanos, ou melhor, os colonos da América inglesa, eram vistos como crianças brincando com fogo. A questão com as colônias, pensavam os dirigentes ingleses, era mais um caso de polícia, de repreensão para assustar os atrevidos colonos, do que propriamente uma ação de guerra. A balança, portanto, teoricamente pendia para a Inglaterra. Eles confiavam plenamente na gigantesca máquina de guerra que tinham armado para manter o crescente império.

A realidade não era tão simples assim. Os ingleses não perceberam de imediato que, para ter uma boa força repressiva na América, era necessário atravessar mais de cinco mil quilômetros de oceano, manter o envio de suprimentos que ia desde alimentos passando por armas, munição, roupas etc. Em outras palavras, um fluxo constante de suprimentos para alimentar, vestir e armar milhares de soldados. A logística para tamanha empreitada requeria cuidados especiais.

Havia complicações maiores. Os soldados europeus que chegavam à América encontravam um ambiente natural desconhecido e hostil. Acima de tudo, encontravam a tenaz resistência de milícias de colonos que conheciam cada palmo do terreno onde estavam lutando. Estavam familiarizados com a natureza que os cercavam. Eram, como se dizia, "o sal da terra". Os combatentes das milícias lutavam pelo ideal da independência; os ingleses pelo salário. Ironias da história: era uma situação semelhante à que os soldados americanos encontrariam na Guerra do Vietnã quase duzentos anos depois.

O líder militar dos colonos, George Washington, não confiava muito na ação guerrilheira das milícias. Ele era partidário da formação clássica de um exército de combatentes, isto é, de soldados treinados, bem alimentados e, acima de tudo, disciplinados. O Exército Continental, como passou a ser chamada a força organizada por George Washington, não era só a força bruta, mas o símbolo da causa republicana. No entanto, Washington sabia que, sem uma ajuda estrangeira, a vitória seria impossível. A estratégia dele era evitar, ao máximo, o confronto direto com as forças inglesas. Ele não compreendeu a ação decisiva da guerra de guerrilha, mas acabou admitindo uma espécie de atuação estratégica compartilhada. Exageros à parte, uma representação da força guerrilheira na guerra dos colonos americanos com os ingleses pode ser vista no filme *O patriota*, dirigido por Roland Emmerich, rodado em 2000. O ultraconservador Mel Gibson fez o papel de Benjamin Martin, rico fazendeiro da Carolina do Sul. Num determinado momento, o personagem rompe com as autoridades inglesas e, com a ajuda dos filhos, derrota uma tropa de vários *redcoats*, usando a tática da guerra de guerrilhas.

Resumindo, a Guerra de Independência, que durou de 1775 a 1783, foi uma combinação tático-estratégica de enfrentamento entre um exército que somava formação clássica e guerra de guerrilha contra uma formidável potência imperial.

Isso é comprovado pelo fato de que, quando lord George Germain, comandante inglês, organizou seu exército para o combate convencional de enfrentamento direto de salvas de artilharia, precedendo o ataque da infantaria e da cavalaria, Washington teve habilidade suficiente para esquivar-se das forças inglesas. Reforços da metrópole vieram do Canadá com a intenção de tomar o estratégico vale do rio Hudson, isolando, assim, a Nova Inglaterra, centro irradiador da independência. Mas no verão de 1777 os colonos surpreenderam os ingleses. Atacaram partindo das florestas de Albany, impedindo que tropas inglesas ajudassem seus companheiros em Saratoga. Os colonos cercaram Saratoga e, depois de dois meses de combates, os ingleses foram obrigados a se render, perdendo quase seis mil soldados, entre mortos, feridos e prisioneiros.

No inverno, foi a vez de os colonos sofrerem reveses perto da Filadélfia, onde morreram cerca de dois mil americanos.

A potência estrangeira em que Washington havia depositado alguma esperança de receber ajuda era a França de Luís XVI. A ajuda tinha começado a vir em forma de armas e munição; jamais em forma diplomática, isto é, de reconhecimento do governo republicano do novo país sem nome. De certa forma, isso já implicava o reconhecimento, ao menos, de uma força beligerante na América. Depois da batalha de Saratoga, e principalmente graças à atuação de Benjamin Franklin, que tinha ido a Paris, os franceses começaram a mudar de ideia. Os estrategistas franceses olhavam com interesse a continuação da guerra. O que os franceses queriam era ver o velho inimigo prostrado e sangrando por causa da perda da rica colônia americana. Graças às hábeis negociações de Franklin, o governo francês assinou, em fevereiro de 1778, acordos que selavam a aliança entre a França e a nascente República americana. Para os ingleses isso aumentava seus problemas. Tiveram que deslocar parte considerável da poderosa frota para vigiar o Canal da Mancha, agora ameaçado pela não desprezível marinha francesa.

O novo comandante inglês, general Henry Clinton, calculou que a melhor estratégia seria atacar os colonos rebeldes pela Geórgia e Carolina do Sul, onde poderia contar com a ajuda de lealistas mais confiáveis. Inicialmente, o plano deu bons resultados. Savannah e Charlestown foram cercadas e, após vários dias de resistência, cerca de seis mil soldados rebeldes renderam-se aos ingleses, em maio de 1780. Alguns lealistas aproveitaram e atacaram colonos e famílias rebeldes, vingando-se, com atos de extrema selvageria, de antigos vizinhos, agora desafetos.

As vitórias dos ingleses não duraram muito tempo. Pretendendo perseguir os soldados comandados por Washington e as milícias, os comandantes ingleses embrenharam-se pelo interior da Carolina do Norte. Repentinamente, uma bem organizada coluna de rebeldes comandada por Nathan Green, considerado um dos melhores subordinados de Washington, atacou os ingleses. Cornwallis, o comandante inglês, ainda conseguiu uma retirada estratégica dirigindo-se para o norte, em direção à Virgínia. Ali procurou reforçar o sistema de defesa na região de plantação de tabaco. Ocupou uma pequena vila chamada Yorktown. Os habitantes da Virgínia conheciam profundamente sua região e aderiram aos rebeldes sob o comando de Washington, que acompanhava as manobras dos ingleses a distância. Foi nesse exato momento que uma frota francesa desembarcou tropas de milhares de soldados bem armados e bem treinados, comandados pelo marquês de Lafayette, que participaria depois na Revolução Francesa, e pelo conde de Rochambeau. A frota francesa cercou os ingleses pelo mar, enquanto a força terrestre dos soldados de Washington e os franceses cercaram completamente os desesperados soldados da Grã-Bretanha. No dia 19 de outubro de 1781, cerca de seis mil soldados ingleses renderam-se em Yorktown. O rei George III optou por não desperdiçar mais dinheiro e vidas para manter as terras dos teimosos moradores das colônias americanas. Começava a fase diplomática da independência dos Estados Unidos da América.

Os Estados Unidos estavam ainda curando suas feridas e começando a se organizar como nação e já tinha gente, no Brasil, sonhando com a experiência americana. No clássico livro de Moniz Bandeira, *A presença dos Estados Unidos no Brasil*, em que são citados os *Writings of Thomas Jefferson*, publicados em 1853, é mencionado o caso de um jovem estudante brasileiro, chamado Joaquim José da Maia, que entrou em contato com Thomas Jefferson, então representante da nova República americana em Paris. O ano era 1786. O jovem queria que os Estados Unidos apoiassem a revolta que estava se armando em Minas contra o domínio português:

> Eu sou brasileiro e vós sabeis que minha infeliz pátria geme sob terrível escravidão, que se torna cada dia mais insuportável depois da época da vossa gloriosa Independência, pois os bárbaros portugueses nada poupam para nos fazer infelizes, temendo que vos sigamos... É vossa nação a que julgamos mais apropriada para dar-nos socorro, não somente porque ela nos deu o exemplo como também porque a natureza nos fez habitantes do mesmo continente e, por consequência, compatriotas.

Importante notarmos que, enquanto o brasileiro chamava-se a si mesmo de brasileiro, os americanos ainda continuavam sem nome. Para ter um nome, eles precisavam ser reconhecidos.

À PROCURA DE UMA IDENTIDADE

Na primeira metade do século XIX, o francês Alexis de Tocqueville percebeu como os americanos lutavam para encontrar sua identidade. A chave para essa identidade está no exato momento em que o indivíduo se sente glorificado quando a nação obtém uma vitória e demonstra ter alcançado alguma forma de prosperidade. Cidadão e nação se confundindo. Ele se sente incorporado à nação em momentos de glória do Estado. O indivíduo se diluindo e mesclando na nacionalidade. E os Estados Unidos precisavam rejubilar-se, depois de ter vencido a Inglaterra, com ajuda da França. Ainda no período em que os colonos preparavam-se para lutar pela independência, alguns europeus tinham necessidade de pintar uma América inferior. O grande historiador americano Arthur Schelsinger nos conta que, logo depois da Independência norte-americana, um escritor escocês pertencente à Sociedade Historiográfica Real, dizia que os animais da América pareciam encolhidos, comparados com os da Europa. O mesmo acontecia com os homens. Os americanos descendentes dos europeus se degeneravam, encolhiam quando chegavam à América. Coube a Benjamin Franklin entrar no debate e racionalmente desmontar a teoria. Conta-se que ele já não suportava mais as diatribes de um abade francês, um tal de Abee Raynal, quando afirmava que "a América derrama toda a sorte de corrupção na Europa", e que o clima da América deteriorava tudo o que ficasse sobre o seu solo. Depois da Independência, Benjamin Franklin e Thomas Jefferson encontraram-se com o abade antiamericano. Iniciaram um debate sobre o mesmo tema: a inferioridade dos americanos. A certa altura, Ben Franklin, já perdendo a paciência, disse: "Vamos tirar isso a limpo. Vamos nos levantar todos, e pelo método experimental provar a teoria de Abee Raynal". Puseram-se de costas e verificou-se que todos os franceses eram baixinhos. Ben Franklin era muito mais alto. E Jefferson disse, mais tarde, já nos Estados Unidos: "Não havia nenhum americano presente que não pudesse atirar pela janela um ou dois daqueles franceses...".

Para afirmar a identidade, os novos americanos não precisaram atirar franceses pela janela, ao contrário. Foram a Paris, logo depois de finda a guerra, para negociar o reconhecimento da Independência com a Inglaterra. A luta agora era diplomática. Com o reconhecimento inglês, a identidade do americano ficaria mais fácil de ser construída. Um processo de alteridade.

O Congresso Continental indicou nomes de peso para formar a delegação encarregada de negociar a paz. Benjamin Franklin, John Adams e John Clay. Eles receberam instruções para negociar sempre de acordo com os franceses e espanhóis, aliados de última hora. Franceses, americanos e mesmo os espanhóis queriam tirar o maior proveito possível da derrota inglesa. O documento final garantia a independência dos estados, que ainda não formavam exatamente um país. Os ingleses reconheciam também a inclusão no "novo país" de um vasto território a leste do rio Mississipi até o sul, excluindo-se a Flórida, que passava para o controle da Espanha. Além disso, os americanos obtiveram o direito de pesca em águas sob domínio da Inglaterra, no Canadá. Um dos itens do tratado parecia indicar uma afinidade que nunca foi totalmente rompida entre a pátria mãe e a ex-colônia: o Congresso comprometia-se a coletar os impostos devidos antes do início das hostilidades e iriam compensar os lealistas que tiveram suas terras confiscadas ao fugirem para a Inglaterra e Canadá. Fazendo uma comparação com a Revolução Francesa, a Revolução Americana foi bastante moderada.

O Tratado de Paz e Reconhecimento foi, finalmente, assinado em Paris no dia 3 de setembro de 1783. A Declaração de Independência, feita cerca de sete anos antes, tornava-se realidade e não apenas uma carta de intenções. Os últimos ingleses deixaram o porto de Nova York em novembro de 1783. A banda militar inglesa executou a marcha *The World Turned Upside Down*, ou "O mundo virou de cabeça para baixo". Nada mais revelador. Feita a Independência, a tarefa agora era criar o país.

 # UM PAÍS SEM NOME EM BUSCA DE SI MESMO

A EXPERIÊNCIA REPUBLICANA

Depois da assinatura do Tratado de Paris em 1783, quando a Inglaterra reconheceu a independência dos Estados Unidos, o novo "país" tinha pela frente grandes problemas e desafios. Uso aspas para deixar claro que, a rigor, os Estados Unidos ainda não podiam ser considerados um país. A Declaração de Independência começa dizendo que todos os homens nascem iguais, mas havia o problema dos escravos que não eram considerados nem um pouco iguais. Já começavam com uma contradição. Os colonos lutaram contra o colonialismo e o condenaram, mas olhavam para as terras do outro lado dos montes Apalaches cobiçando-as como novas colônias. E discutiam se deveriam adotar um governo forte e centralizado. Resumindo, os americanos estavam diante do dilema de como governar a eles mesmos. John e Samuel Adams, James Madison, Alexander Hamilton, Thomas Jefferson gastaram muita massa encefálica pensando nesse problema.

O nascimento dos Estados Unidos deu-se com uma revolução, mas se compararmos com outras revoluções como, por exemplo, a Francesa, que já estava começando quando os americanos debatiam seu futuro, foi uma revolução pouco radical, isto é, pouco "transgressora". Não houve grandes expurgos, como na França ou na Rússia após a Revolução Bolchevique de 1917. Os americanos ficaram muito mais entretidos com a forma que deveria ter o "país" ou se deveriam ser vários países. Queriam manter uma nova ordem, mas dentro da ordem. Estavam, no entanto, tomando decisões que podemos chamar de revolucionárias. Aboliram a estrutura nobiliárquica da sociedade. Nada de privilégios de nascimento. O espírito republicano não podia admitir tal situação. Em 1785, por exemplo, os filhos da elite de Boston resolveram criar um clube privado para encontros literários, jogar cartas, beber um vinho do Porto e, às vezes, dançar uma valsa. Num primeiro momento não se deu muita atenção às atividades dos jovens. Os patriotas ainda estavam curando as feridas da Guerra da Independência, reconstruindo muitos edifícios, pontes e estradas destruídas no período. Por tudo isso, desaprovavam o comportamento anglicizado, europeizado e semelhante ao de uma nobreza daqueles jovens. Esse tipo de comportamento podia corroer o espírito que manteve os patriotas lutando juntos. Era um sinal do pouco caso que se dava à ideia de união. Para alguém como Samuel Adams, os habitantes da República deveriam ter uma vida exemplar e espartana.

Podia haver diferenças devido à distribuição de riqueza, mas a forma republicana jamais poderia admitir privilégios de nascimento. Quase todos os estados aboliram a lei de primogenitura e heranças – no período colonial, o filho mais velho herdava tudo – o que impedia a formação ou manutenção de grandes latifúndios. Os fundadores da República americana pensaram a questão da relação entre Estado e Igreja e optaram pela separação entre os dois.

A questão dos escravos e das mulheres permanecia um problema sem solução. Tanto aos escravos quanto às mulheres não era dado o direito de voto. Em maio de 1776, tendo a luta contra os ingleses como pano de fundo, foi convocado o Segundo Congresso Continental para discutir a proposta republicana. Rhode Island, Massachusetts e Connecticut já haviam adotado o sistema republicano que serviria de base para a Constituição que iria ser escrita em 1787. John Adams foi o arquiteto que idealizou um senado e uma câmara de deputados (*house*, em inglês) e um governador eleito pelo voto popular.

A composição social das Câmaras de Deputados era bastante variada. Um observador escreveu, em 1776, que a câmara da Virgínia era composta por pessoas "não muito bem-vestidas" e que visivelmente não eram bem-educadas, pelo comportamento demonstrado nas reuniões. E não pareciam descender de "famílias de bem".

OS PASSOS PARA A CRIAÇÃO DE UM GOVERNO NACIONAL

O Segundo Congresso Continental se fazia em uma nação que não existia, como já é sabido. Note-se que era designado como Continental, e não nacional; havia uma espécie de "má consciência" em usar a palavra "nacional". No entanto, durante o conflito, o Congresso exerceu forte autoridade. Afinal, era um período de guerra. Mesmo assim, há passagens no livro *1776*, de David McCullough, mostrando como era difícil Washington manter os colonos nas fileiras do pobre exército sob sua autoridade, principalmente quando era tempo de colheita: os soldados, e muitas vezes os

Um país sem nome em busca de si mesmo | 39

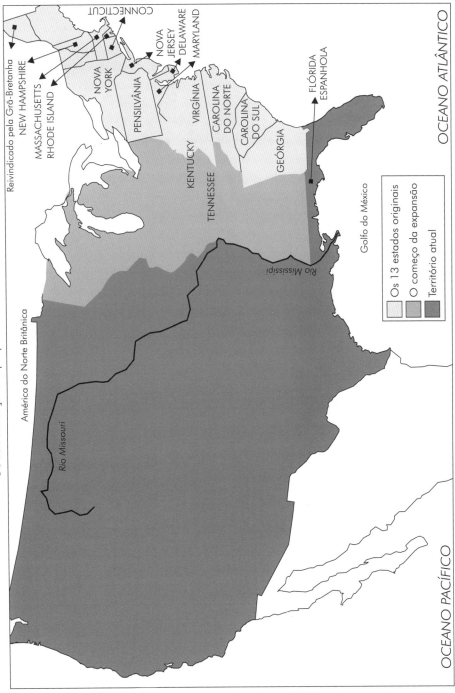

40 | Os americanos

próprios oficiais, abandonavam tudo e iam para suas pequenas fazendas para ajudar a família nas tarefas agrícolas.

O Congresso tinha autoridade suficiente para delegar poderes a Washington em questões táticas e estratégicas, que afinal resultaram na vitória dos americanos. Mas, terminada a guerra, muitos queriam diminuir a autoridade conseguida pelo Congresso. A Constituição Federal foi precedida pelos Artigos da Confederação. Como o próprio nome diz, a soberania repousava na autoridade dos Estados. O único meio de garantir a liberdade, pensavam os autores do documento, era limitar a autoridade federal. Os Artigos da Confederação propunham, entre outras coisas, uma única Câmara legislativa (Congresso) e um poder executivo limitado pelos poderes dos estados. Em outras palavras, estava prevista a existência de um poder executivo independente. O Congresso não tinha poder de instituir impostos, o que, em tempo de guerra, representava um sério problema. O governo só podia arrecadar fundos pedindo contribuições voluntárias aos estados; na verdade, quase implorando por algum dinheiro para continuar a guerra. Teoricamente, a Confederação tinha poderes para assinar tratados com potências estrangeiras, emitir papel moeda, fazer empréstimos e emendas nos artigos. Tudo teoricamente. Na prática era quase impossível exercer esses direitos por causa do veto de qualquer um dos estados.

Um dos grandes problemas dizia respeito às terras que estavam sendo conquistadas a oeste do rio Ohio. A solução encontrada foi transformar o imenso território em propriedade do Estado, isto é, do governo federal. Eis aqui outro paradoxo. Se o objetivo não era criar um governo federal forte, por que passar um imenso território para a administração do governo central? O governo de uma confederação dando poderes federais para a propriedade de terras? Esses territórios poderiam, sob condições, pedir sua inclusão, como estado, na União. Mas qual União se o governo era exercido por uma confederação? Nessas contradições residiam as raízes de futuras e complicadas questões.

O fim da guerra contra a Inglaterra levou a uma profunda recessão econômica. Setores mais estruturados e lideranças intelectuais reclamavam da fraqueza do governo central, sem autoridade para sanar a crise. O novo "país" (continuo a usar as aspas) foi invadido por manufaturas baratas, produzidas nas fábricas inglesas. Muitas pequenas oficinas americanas viram-se obrigadas a fechar as portas por não contarem com taxas federais para proteger a indústria "nacional". Para complicar ainda mais a situação, sete estados emitiram grandes quantidades de papel moeda inflacionando a economia e causando o empobrecimento de pequenos agricultores. Foi nesse período que houve uma rebelião comandada por um certo capitão Shays. Ele liderou um grupo de pequenos fazendeiros que se recusavam a pagar os empréstimos a juros considerados altos. A rebelião, por alguns dias bastante violenta, foi controlada. Mas o medo estava no ar: era um sinal de que poderia haver outras rebeliões, consideradas uma ameaça à propriedade. Governo fraco não controla rebeliões. O monopólio da violência não pode ser compartilhado, ou não é monopólio. E o Congresso não conseguia exercer o monopólio da força, tolhido que era pelos Artigos da Confederação. Não podia cuidar da segurança, nem das finanças. Muitos estados tinham forças armadas próprias. Muitos estados instituíram taxas protecionistas que impediam as transações comerciais entre eles, mas não tinham força para impedir a entrada de produtos ingleses ou franceses. Quando surgiram alguns problemas diplomáticos e financeiros com a Inglaterra, iniciou-se, ainda que de forma difusa, uma consciência nacional, uma retomada do patriotismo que existia durante a Guerra de Independência. Os Artigos da Confederação precisavam ser revistos.

Um "país" à procura de si mesmo

Fico em dúvida se mantenho as aspas na palavra país. Muita gente na época, provavelmente, continuaria a usar aspas por um bom tempo. Talvez até a Guerra da Secessão, que ensanguentou o país entre 1861 e 1865. Basta lembrar que a Constituição que criava o país não teve aceitação unânime. Muita gente não sabia direito se era habitante de um estado ou de um país. No exterior, com exceção da Inglaterra, ninguém tomou conhecimento do nascimento da República. Exatamente por ser República, no mar de monarquias, o novo Estado não foi reconhecido. Nem no exterior, nem no interior.

Explicando melhor, e relembrando dados da confusa situação da República, logo depois do Tratado de Paris em setembro de 1783, pelo qual a Inglaterra reconhecia a independência de suas antigas 13 colônias, os soldados das forças revolucionárias voltaram, na maioria, a ser cidadãos de seus estados, ou de seu pequeno país independente, já que eram 13 estados unidos, mas independentes, da Inglaterra e entre si.

O que os unia? A língua comum pode ser considerada um forte elemento de ligação. Poucos dos mais de quatro milhões de colonos falavam alemão, francês ou sueco. Mas não era o suficiente. As distâncias entre as cidades e os centros agrícolas rompiam a solda representada pela língua comum inglesa. As distâncias no Novo Mundo, tanto no Norte como no Sul, eram gigantescas comparadas com a velha Europa. Imagine viajar, no século XVIII, do Recife para o Rio de Janeiro por terra. Por mar já era uma aventura. Ou então uma viagem por terra do Vice-Reino do Rio da Prata até o Vice-Reino de Nova Granada, ou seja, de Buenos Aires até Caracas. Hoje, para ir de Boston até Nova York, numa confortável viagem de trem, são ne-

A derrubada da estátua do rei George III – aqui representada pela tela de William Walcutt (1854) –, após o reconhecimento da independência das 13 colônias por parte da Inglaterra, representou o início da formação da nação americana.

cessárias umas 5 horas, lembrando que os Estados Unidos não possuem trens de alta velocidade. Mas no século XVIII, para fazer a mesma viagem de diligência, se tudo corresse bem, um viajante gastaria cerca de sete dias. Como aqui, lá também era mais fácil viajar por mar. Mesmo assim conhecia-se pouco da geografia do próprio país. James Madison, um dos fundadores da República, disse certa vez que conhecia tanto da Geórgia como da Rússia, ou seja, nada. Se a liderança não sabia, imagine-se o homem do povo. Antes eram leais a um Estado, a Inglaterra. Agora eram tudo, nova-iorquinos, norte-carolinianos etc., etc., menos americanos. Os líderes e as figuras públicas reverenciadas eram locais e não nacionais. Pela simples razão de que não existiam líderes nacionais, não havia uma nação com caros objetivos nacionais.

O único nome reverenciado era o de George Washington. Assim mesmo, muitos não reconheciam seu papel de grande líder militar.

Um episódio que ocorreu com John Adams na Inglaterra bem mostra o problema enfrentado pelo novo "país". Quando ele chegou à corte de St. James para ser o primeiro representante americano na Inglaterra, os diplomatas ingleses anunciaram: "*The Massachusetts representative*", isto é, o representante de um dos estados. Para piorar, um dos diplomatas ainda fez uma piada, perguntando quando chegariam os outros 12 representantes. Em outras palavras, estava difícil encontrar uma identidade, um elemento comum para unir o país.

Pelo contrário, parecia que surgiam cada vez mais elementos que apontavam para o distanciamento, para um estranhamento entre os estados. Os habitantes do vale do rio Hudson eram grandes fazendeiros/latifundiários que exploravam suas terras com trabalho de arrendatários. Viviam, guardadas as devidas proporções, como nobres no Novo Mundo. Já os moradores de Connecticut, Massachusetts, também dependiam da terra, com uma grande diferença. Eles mesmos eram os próprios trabalhadores. Viviam em pequenas propriedades, tinham uma vida simples, frugal, baseada nos preceitos religiosos da boa temperança, do comedimento. Seguiam à risca os ensinamentos do texto do que talvez possa ser considerado o primeiro livro de "autoajuda", escrito por Benjamin Franklin, e olhavam para seus vizinhos do vale do Hudson com certo desdém. Não gostavam do estilo de grandes senhores vivendo em mansões luxuosas, que lembravam algumas mansardas inglesas. Hide Park, a residência dos Roosevelt, hoje transformada em museu e biblioteca, pode ser considerada uma reminiscência desse estilo do vale do Hudson.

Por sua vez, os nova-iorquinos não simpatizavam muito com os *yankees*, como passaram a ser chamados os moradores da Nova Inglaterra (Connecticut, Massachusetts etc.). Eram uns carolas, uns religiosos fanáticos, que só pensavam em si mesmo, em seus negócios e ir à igreja aos domingos agradecer a Deus pelos lucros e dividendos da árdua semana de trabalho. Os *yankees* eram, segundo os nova-iorquinos, contra a natureza humana de busca do prazer. Não que os moradores do Hudson não fossem religiosos. Todos no Novo Mundo eram religiosos. Mas eles eram episcopais, mais próximos da Igreja oficial da Inglaterra.

E, como veremos adiante, havia ainda um estranhamento maior entre o Norte e o Sul. Entre os escravistas e os não escravistas.

Resumindo: os Estados Unidos da América eram tudo, menos um país. Eram, como disse, talvez um país, sem nome, sem identidade e carente da ideia de união e de governo central.

Procurando um lugar-comum

Por sorte, alguns dos homens que lutaram pela independência, no campo de batalha e no campo das ideias, sabiam que era preciso organizar aquela situação confusa em que cada um dos estados fazia o que bem entendia. Eles esqueceram, muito rapidamente, que haviam unido forças para lutar contra o inimigo comum. Derrotada a Inglaterra, muitos pensaram: agora é cada um por si. Mas os *founding fathers*, embora defensores da liberdade individual, não podiam deixar que cada um cuidasse de si. Era preciso uma organização unitária. Algo que unisse as 13 colônias, ou melhor, os 13 estados. Só uma Constituição era capaz de tal tarefa.

George Washington era um dos poucos que não se considerava tão somente um virginiano, isto é, nativo do estado/colônia da Virgínia. Ele se achava, acima de tudo, um cidadão dos Estados Unidos, um estadunidense, essa palavra incômoda, com a qual os "politicamente corretos" insistem em nomear os americanos. Washington sabia que, para manter a nova República funcionando, era necessário que todos os colonos deixassem seus localismos e pensassem em termos nacionais. Os líderes perceberam que os Artigos da Confederação não bastavam para controlar as desavenças e problemas dos estados entre si, e entre os estados e o exterior.

No começo de 1785, Washington fez uma primeira tentativa de mediar uma disputa entre Virgínia e Maryland, convocando um Congresso com força decisória. Em outras palavras, era um ensaio para a mudança dos Artigos da Confederação e para dar mais força a um governo central. A resistência às propostas ficou patente quando, dos 13 estados convocados, somente cinco compareceram à reunião proposta por Washington. De qualquer forma, a ideia estava lançada. Em 1786, outra reunião foi convocada, em Anápolis, para resolver as disputas de direito de navegação no rio Potomac. Foi um ensaio para a grande reunião para discutir a reforma dos Artigos da Confederação, que dariam origem à Constituição.

O mês de maio de 1787 foi um período de grande agitação na Filadélfia, cidade da Pensilvânia, que se transformou na capital do "país" até 1800. Os delegados chegavam de diligência, a cavalo, em carroças, a pé, de navios. Aqueles vestidos com esmero eram cavalheiros do Sul ou do vale do Hudson. Os que usavam roupas simples, mas asseadas, eram os representantes da Nova Inglaterra. Quase todos com chapéus de três bicos e calças semelhantes aos culotes. A situação geral não era das mais animadoras. Os negócios, quase paralisados, ainda não tinham se recuperado dos desgastes da guerra. Por isso, a reunião convocada tinha que ser muito importante e decidir coisas que interessassem a todos. Poucos queriam perder tempo com conversa fiada.

Na manhã do dia 13 de maio espalhou-se a notícia de que George Washington, o grande artífice da vitória contra os ingleses, estava chegando. Soldados da cavalaria e da infantaria postaram-se em ordem unida para um *"hail to the chief"* ("viva o chefe"). Finalmente, depois de muitas articulações políticas, ficou acertado que a Convenção começaria no dia 25 de maio numa casa conhecida hoje como Independence Hall.

Os delegados começaram discutindo a validade dos Artigos da Confederação. Alguns propuseram uma reforma dos mencionados artigos. Logo chegaram à conclusão de que era impossível reformar o antigo documento. Só mesmo fazendo outro, novo, diferente, mais amplo. Principalmente, um documento que conferisse mais autoridade a um governo central.

A *Constitutional Convention* (Convenção Constitucional) foi um forte sinal de mudança. Não se tratava mais de discutir os Artigos da Confederação, mas sim de construir uma Constituição com um governo forte baseado em direitos humanos, no direito natural e no contrato social de forte raiz iluminista.

Os delegados dos estados discutiram durante dias. A cidade e o "país" esperavam pelo resultado dos debates. Dia 17 de setembro de 1787. Finalmente, a Constituição estava pronta. Restava saber se todos os estados ratificariam o novo documento. Era preciso que nove deles o fizessem para que o documento tivesse validade. Agora era a vez dos estados convocarem suas convenções para discutir se aceitavam ou não a Constituição. Para convencer os líderes dos estados, vários políticos viajaram por todos eles, fazendo uma forma primitiva de propaganda política a favor da Constituição e de um governo forte. Esses propagandistas ficaram conhecidos, sintomaticamente, como federalistas. Muitos dos federalistas haviam assinado a Declaração de Independência e lutado na guerra iniciada cerca de dez anos antes. Eram homens que sabiam que, sem a união, haveria um esfacelamento do "país", como a cobra do desenho de Benjamin Franklin que consta no capítulo anterior.

Mas havia muita gente que se opunha à Constituição. Eram os antifederalistas ou, se quisermos, os "confederalistas". Tratava-se de pequenos e grandes fazendeiros temerosos de que os estados ficassem sem nenhum poder. E que um poder despótico, como o do rei da Inglaterra, pudesse renascer desse documento. Nada de trocar um poder despótico por outro. Foi preciso gastar muito argumento para dobrar os resistentes. A maioria dos argumentos foi publicada em jornais de Nova York, e mais tarde transformaram-se nos clássicos da teoria política dos Estados Unidos conhecidos como *Federalist Papers*. O primeiro estado a se convencer da adoção da Constituição foi Delaware, depois New Hampshire e assim por diante. Não sem grandes lutas e disputas acaloradas no interior de cada estado. O último estado a adotar a Constituição foi Rhode Island, em maio de 1790.

A convenção que elaborou o documento maior dos Estados Unidos foi dominada por uma elite política. O critério de inserção nesse seleto grupo não era apenas a riqueza material; a elite era composta também por descendentes dos altos funcionários na administração colonial inglesa, advogados, professores. Alguns dos constituintes eram de origem mais pobre, mas suficientemente educados para emitir opiniões e dar sugestões.

A Constituição, ironicamente, não teve condições de resolver problemas estruturais. As diferenças entre o Norte e o Sul já eram notáveis na época. A primeira e grande diferença dizia respeito à mão de obra escrava, usada extensamente nas grandes plantações de tabaco, arroz e algodão do Sul. No Norte, onde prevalecia a pequena propriedade e a pequena manufatura, os empresários perguntavam-se se a escravidão era benéfica para o país ou somente para os grandes fazendeiros do chamado *deep south*. O Norte condenava e o Sul defendia a escravidão, considerando-a essencial para a expansão da economia do país. Alguns representantes de uma região intermediária, o chamado *upper south* – Washington, Madison e Jefferson, entre outros – eram mais esclarecidos e esperavam que o comércio de escravos africanos se extinguisse. Na verdade, a discussão de fundo era se os escravos – quase 800 mil em todos os Estados Unidos – deveriam ser considerados na contagem para a distribuição das cadeiras do senado. A solução foi a mais esdrúxula possível: cada escravo seria considerado como três quintos de uma pessoa para ser somado ao número de "uma pessoa inteira" na proporção de votantes que elegeriam os representantes. Isso não queria, em hipótese alguma, dizer que os escravos podiam votar. O comércio de escravos só foi abolido em 1808. Em compensação, o Sul obteve uma emenda na Constituição garantindo que o escravo que procurasse refúgio no Norte seria devolvido para seu senhor. A questão ficou resolvida só aparentemente. Na verdade, os antagonismos entre o Norte e o Sul só foram adiados. Eles se enfrentaram no plano legal até 1861, quando, então, pegaram em armas para acertar as diferenças.

Ajustes para organizar o governo foram feitos ao longo dos anos que se seguiram à elaboração da Constituição. A instituição do Poder Judiciário foi mais um passo para a complementação dos mecanismos legais da formação do país. O centro era a Suprema Corte. A divisão dos poderes estava feita. Os americanos conheciam as teorias de Montesquieu, o iluminista que havia proposto, algum tempo antes, a divisão dos poderes. À Suprema Corte foi atribuída a função de interpretar a Constituição, o que lhe dava uma função quase legislativa. Se a Suprema Corte podia interpretar a Constituição, a separação dos poderes não era tão rígida. A Constituição defendia (e defende) os direitos individuais contra a tirania da maioria. Caberia ao judiciário evitar a tirania do legislativo.

A convenção que criou a Constituição criou, igualmente, um quase país. As guerras que os Estados Unidos empreenderam, principalmente contra o México, foram dando uma forma a um país que, agora, escrevo sem aspas. Mas foi somente com a guerra interna que os "americanos" se transformaram em americanos.

Sob condições

A Constituição foi aprovada por todos os estados. Mas eles não a aceitaram integralmente como foi apresentada. Aceitaram-na sob condições, ou seja, a Constituição foi ratificada com emendas, os *amendments*, em inglês. As mais famosas emendas foram as do Bill of Rights.

A Constituição e o Bill of Rights eram baseados em crenças de que o ser humano deve ser livre para escolher o que fazer, onde viver, ir aonde quiser, praticar a religião que preferir etc. O Bill of Rights tem, ao todo, dez emendas. O primeiro artigo diz respeito à liberdade de religião, liberdade de expressão, liberdade de imprensa e liberdade de reunião. Já o segundo artigo reza sobre o direito do cidadão portar armas, sendo este, talvez, um dos mais controvertidos artigos nas leis americanas. No entanto, é parte de sua cultura, reverenciado pela indústria cinematográfica e pela ficção.

A Constituição estabelece que o governo deve sempre legislar com a anuência do povo. Começa com "*We the people...*" ("Nós, o povo..."). A Constituição transformou os Estados Unidos numa república democrática. Sob esse sistema, os cidadãos que podem votar escolhem seus representantes. Se os eleitores não estiverem satisfeitos, eles não votam mais. Uma cena do filme *O homem que matou o facínora*, de John Ford, dá uma boa ideia do significado do direito de voto adquirido pelos imigrantes. O personagem Ranson Stoddart (James Stewart), advogado do Leste, recém-chegado em Shinbone, uma imaginária cidadezinha perdida no Oeste, dá aulas de cidadania aos semialfabetos habitantes da localidade, adultos e crianças. Num determinado momento, o improvisado professor pergunta à Nora, uma sueca, o que ela havia aprendido sobre a democracia. "Se o representante em quem votamos – respondeu a imigrante – não fizer o que prometeu, nós vamos dar um chute nos 'mandachuvas' de Washington e não vamos votar mais nesses políticos". Na época em que o filme foi ambientado, o direito de voto ainda não tinha se estendido às mulheres, mas já havia clara consciência dos direitos, embora ainda fossem limitados. Depois da guerra civil, teoricamente, os ex-escravos tinham adquirido o direito de voto. Durou pouco. Em 1877, como veremos no próximo capítulo, o programa de reconstrução foi dado por encerrado, e a população de negros livres voltou a uma quase-escravidão, pelo menos em muitos estados do Sul.

Ben Franklin, na reunião em que se debatia a Constituição, ficou olhando para a cadeira em que estava sentado George Washington. No espaldar estava desenhado um sol que não se podia distinguir se era nascente ou poente. Franklin ficou em dúvida. No final do cansativo dia de debates, ele decidiu: era um sol nascente. E aquilo poderia ser interpretado como uma premonição: a república era como um sol nascente, teria todo o futuro próspero garantido pela frente. Futuro quase bíblico: é do leste que vem o ensinamento de Jerusalém, é na direção leste que o galo anuncia o amanhecer. O galo é o símbolo de Cristo.

Em 30 de abril de 1789, George Washington e John Adams fizeram o juramento solene como o primeiro presidente e primeiro vice-presidente, respectivamente, dos Estados Unidos. Agora, tratava-se de consolidar a República, o que iria demandar um desgastante período de contínuas lutas.

Washington e Adams foram eleitos por unanimidade. Washington cercou-se de vários colaboradores que participaram, de uma forma ou de outra, no processo da independência. James Madison, Thomas Jefferson, Alexander Hamilton. O grupo não era homogêneo. Havia sérias divergências entre eles. Mas Washington fez tudo para manter um governo coeso e respeitável.

Um dos primeiros atos do governo foi a criação do Departamento do Tesouro, entregue a Hamilton, e do Estado que ficou com Jefferson. Embora Jefferson fosse o secretário de Estado, a política externa ficou mais sob a responsabilidade do próprio presidente. Na verdade, a figura mais dominante no governo era a de Alexander Hamilton, que influenciava inclusive na política exterior. A oposição a Hamilton vinha de Madison e de Jefferson. Começava a ser gestado um "quase" partido político: os republicanos-democratas de Jefferson.

Uma das medidas tomadas pelo governo e sob a orientação de Hamilton foi a taxação do uísque, aprovada pelo Congresso. Cobrar taxas não era uma medida popular na história dos Estados Unidos, ainda mais sobre o uísque. Alguns fazendeiros do Oeste costumavam transformar o excedente da produção de grãos na bebida e vendê-la nas cidades da Costa Leste. A renda não era grande, mas ajudava nas despesas da pequena fazenda. A taxação diminuiu a pequena renda extra. Um grupo de fazendeiros reuniu-se numa localidade na parte oeste da Pensilvânia exigindo o fim do imposto. A manifestação ganhou vulto e contornos de rebelião. Hamilton entendeu a manifestação como um desafio à autoridade federal. Washington e Hamilton à frente de cerca de 15 mil soldados, mais do que Washington comandara durante toda a guerra da Independência, esperavam reprimir e impedir que a manifestação se transformasse em rebelião. A operação militar não deu em nada. Os manifestantes desapareceram e não

Nos confins da Pensilvânia uma revolta. A ilustração mostra George Washington na liderança de um exército maior do que o comandado na guerra contra a Inglaterra, secundado pelo belicista Hamilton. Os amotinados da chamada Rebelião do Uísque já tinham ido embora. A batalha não aconteceu.

havia ninguém disposto a testemunhar contra os "rebeldes". Dois presos foram logo liberados. Hamilton aproveitou e acusou os organizadores da chamada Rebelião do Uísque, de ligações com os "clubes republicanos-democratas" de Jefferson.

A EXPERIÊNCIA DEMOCRÁTICA

Embora Washington não considerasse os federalistas um partido, eles ganhavam, cada vez mais, o perfil de uma moderna agremiação política. E o "Partido" federalista estava bastante fortalecido com a atuação de Washington e, em especial, a de Alexander Hamilton. Quando Washington se retirou da vida pública, muitos acharam que Hamilton perdera um apoio. Os republicanos-democratas de Madison e Jefferson acharam que tinham chances de derrotar os federalistas de Hamilton nas eleições de 1796.

Mas dentro do "clube" federalista também havia divergências. Um candidato natural era John Adams que não tinha grandes simpatias por Hamilton. Por meio de complicadas manobras políticas, John Adams se elegeu presidente dos Estados Unidos. Como Thomas Jefferson ficou em segundo lugar, coube-lhe o cargo de vice-presidente, pois na época, assim era a regra. No colégio eleitoral, John Adams recebeu 71 votos e Jefferson, 61.

DA PRESIDÊNCIA DE ADAMS À DE JEFFERSON

John Adams era tido pelos seus inimigos políticos como um esnobe e monarquista. Isso porque advogava o fortalecimento do governo. Por isso mesmo, o vice-presidente, Thomas Jefferson, teve uma atuação bastante discreta. Mas sob a aparente discrição havia muita tensão entre os dois líderes políticos. Para os *republicanos* de Jefferson, o presidente fazia um governo aos moldes da Inglaterra mantendo os Estados Unidos muito subservientes aos ingleses. Por outro lado, os *federalistas* de Adams achavam que Jefferson era um francófilo e que, no quadro da Revolução Francesa, punha em risco a segurança do país.

Adams achava que Hamilton, de seu próprio governo, conspirava contra ele fazendo tudo para que a administração não funcionasse. A política externa estava sob grande pressão. Paris, já na fase de transição para o governo de Napoleão, desconfiava que os americanos estavam se aproximando, em demasia, da Inglaterra. Alguns navios dos Estados Unidos chegaram a ser aprisionados pela marinha francesa. Havia um clima de quase guerra entre os antigos aliados. Foi nessa época que um exército verdadeiramente nacional, com feições mais profissionais, começou a ser esboçado. Washington, já idoso, concordou em ser o comandante das novas forças criadas. Havia um clima geral de desentendimento e desconfiança entre os membros do governo. O presidente Adams queria mais do que um exército, queria também uma marinha forte e mecanismos legais para processar suspeitos de traição. As sementes das atuais leis de segurança e serviços de inteligência que marcam, hoje, a história dos Estados Unidos, já estavam sendo germinadas. Na época, os federalistas de Adams pretendiam intimidar os republicanos de Jefferson. Já havia também cuidados com os estrangeiros. A lei de naturalização só permitia que o imigrante se tornasse cidadão americano depois de um período probatório de 14 anos. Para Jefferson e Madison o governo estava criando um estado policial.

Thomas Jefferson, eleito presidente em 1800, tinha outra preocupação para além da segurança. Queria sanar as finanças cortando a dívida nacional. Jefferson costumava dizer que não tinha o direito de penalizar o americano que ainda não havia nascido. Acabou com as taxas diretas. Suspeitava de grandes exércitos, por isso reduziu os gastos militares. Mas acreditava em força militar mais eficiente, e criou a famosa Academia Militar de West Point em 1802.

O Partido Federalista perdeu influência e muitos converteram-se ao republicanismo jefersoniano.

Os quatro primeiros presidentes americanos, George Washington, John Adams, Thomas Jefferson e James Madison, cada um ao seu modo, principiaram a dar um perfil ao país sem nome. As relações com o restante do mundo, particularmente com a Europa, ajudaram a desenhar esse perfil. Em especial, no governo dos dois últimos, os Estados Unidos tiveram seu território bastante aumentado e viram-se enredados em nova guerra com a Inglaterra.

COMO OS ESTADOS UNIDOS FICARAM DESSE TAMANHO?

A pergunta que os brasileiros sempre se fazem é por que os Estados Unidos são como são, gigantescos, poderosos, ricos (apesar da crise 2008/9), e nós, habitantes de um país tão vasto quanto nosso vizinho do norte, somos pobres (apesar dos esforços para deixar de sê-lo)? Responder a essa pergunta com a clássica comparação de que eles foram colonizados pela Inglaterra, no sistema de colônia de povoamento, e nós por Portugal, no sistema de colônia de exploração, não satisfaz. Podemos principiar por questões mais subjetivas. Por exemplo, qual a origem da autoconfiança e soberba dos americanos?

Para dar continuidade ao raciocínio dos capítulos anteriores, vamos desvendar como os americanos tornaram-se patriotas e deixaram de ser, apenas, naturais de seus estados. Só para lembrar, eles eram virginianos, nova-iorquinos, nova-jerseinianos, georgianos etc. A chave do enigma, pelo menos para nós brasileiros ou ibero-americanos, é saber quando eles viraram americanos e não estadunidenses. Essa palavra, sem homologia em inglês, foi uma saída "honrosa" encontrada pelos latinos que não se conformam por "eles" terem se apropriado do nome América e nunca mais terem devolvido. Não adianta você dialogar com um americano médio e dizer que quem nasceu em São Paulo, Bogotá e principalmente em Caracas, também é americano. Esqueça.

Acredito que os americanos começaram a se transformar em americanos quando se preocuparam com a questão da segurança nacional, essa obsessão americana. Isso tem a ver com o desenvolvimento de uma privilegiada economia associada ao nascimento de um espírito expansionista territorial e de mercado, que implicaram justamente a crescente ideia de segurança nacional.

Os colonos enfrentavam qualquer obstáculo para procurar novas terras em busca da felicidade, como anunciada na Carta de Independência. Na imagem superior, colonos viajam em uma barcaça pelo rio Ohio a caminho de suas novas casas.
A inferior mostra uma desconfortável viagem de carruagem no início do século XIX, aventura tantas vezes retratada nos filmes de faroeste.

OS PRIMEIROS PASSOS DA IDENTIDADE NACIONAL

Os Estados Unidos eram mais uma região geográfica carente de uma estrutura e de um pensamento nacional, ou melhor, com sentimento de nação ainda em forma latente. Como já disse de outra forma, não havia um pensamento tipicamente americano. Claro que a luta travada depois de julho de 1776, contra os britânicos, foi criando traços de uma unidade, uma identidade comum, de solidariedade, de uma consciência de que se lutava por uma causa nobre, isto é, livrar-se de um poder opressor. Os combatentes sentiam-se acolhidos pela população. Sentiam-se rejeitados pelos lealistas (os colonos fiéis à Inglaterra). Tudo isso criava uma identidade, que, pouco depois, quando adotaram a palavra América para designar o país, virou americanismo, ou seja, uma identidade nacional.

A comparação é irresistível. Nossa independência fez-se, como todos sabem, sob a tutela de um português, D. Pedro de Alcântara, filho do rei de Portugal. Portugal saiu, mas não o português. Mesmo quando D. Pedro foi "mandado embora" em 1831, ficamos com D. Pedro II e com o sistema monárquico, uma instituição estranha na América independente e republicana. Construímos uma identidade nacional? Muito veladamente. Os americanos foram forjando sua identidade e escancaravam-na. A forma encontrada por eles foi a constante comparação com outras culturas e a tomada de consciência de que eram (são) superiores, melhores, que deram certo. O historiador americano Lars Schoutz cita uma passagem emblemática de um relatório do cônsul americano no Rio, em 1845:

> a monarquia portuguesa degenerou para uma efeminação e voluptuosidade. Dificilmente uma sociedade em pior estado pode ser encontrada em algum lugar além deste país; onde o clima também excita a todo tipo de depravação e delinquência.

É mais uma preleção moralista do que um relatório diplomático. Um outro historiador americano, Richard Morse, talvez chegasse à conclusão de que o cônsul estaria reprimindo uma vontade de entrar no clima de "efeminação e voluptuosidade".

Foi assim que se forjou a identidade americana.

Durante a luta da Independência, e imediatamente depois dela, pensamentos iguais ao do cônsul no Rio ainda não eram comuns, mas já havia algo embrionário. Havia, no pensamento americano da segunda metade do século XVIII, algo de modelar, moderno, avançado. Já tinham idealizado, por exemplo, a separação da Igreja do Estado, assim como a noção de que a educação era a base do pensamento livre; a difusão de muitas escolas era a prova disso. A maioria das universidades e escolas de segundo grau era privada. E já existiam escolas mistas, embora poucas, para meninos e meninas.

A humilhação como forja do caráter nacional

Um livro básico de história americana, chamado *National Experience*, assinado por vários autores, entre eles Arthur M. Schlesinger Jr., renomado professor de Harvard e famoso por ter sido assessor do presidente John Kennedy, tem uma passagem interessante que pode ajudar a entender melhor o caráter dos americanos. No quinto capítulo do livro há um subtítulo: "National Humiliation" (humilhação nacional). O livro foi publicado em 1963, cerca de dois anos depois que os cubanos (e alguns americanos), treinados pela CIA, usando armamentos americanos, foram derrotados pelos barbudos de Fidel, na Baía dos Porcos. Humilhação que Kennedy e o próprio Schlesinger tiveram que engolir. O troco veio com a Crise dos mísseis em outubro de 1962; dessa vez foram os soviéticos que tiveram que engolir. Mas outra humilhação, não prevista, estava por vir: os Estados Unidos estavam entrando, para usar palavras de Henry Kissinger, no atoleiro do Vietnã. Há, como veremos ao longo deste livro, como que uma alternância na história dos americanos: ciclos de humilhações e recuperação. Depois de cada ciclo, crescia o orgulho e, por que não, a soberba, forjados em têmpera cada vez mais resistente.

A humilhação nacional a que Schlesinger se referia era o fato de os Estados Unidos não serem fortes o suficiente para impedir a Inglaterra de manter tropas em Nova York, por exemplo. Humilhação pelo fato de a Espanha estar ocupando territórios que os americanos já consideravam seus. Os Estados Unidos ainda não tinham uma força nacional que pudesse forçar potências europeias a reconhecerem a nova nação. Aliás, a Inglaterra não tinha enviado aos Estados Unidos nenhum representante diplomático num gesto de reciprocidade à presença de John Adams na corte inglesa. Os europeus achavam que a experiência americana não iria durar muito. Claro que os Estados Unidos eram uma jovem nação que havia acabado de derrotar, com a ajuda francesa, a maior potência naval do mundo. Mas eles tinham muitos problemas pela frente.

Certas regiões do Oeste e dos montes Apalaches vinham sendo ocupadas desde antes da Independência. Muitos colonos achavam, individualmente, que a região era naturalmente deles. O problema constituía no fato de que nem a Inglaterra tinha "desocupado" a região depois da Independência, nem a Espanha, que era "dona" de imensos territórios, reconhecia qualquer direito dos colonos.

A Inglaterra tinha entrepostos comerciais, para troca com os índios, e alguns fortes com tropas regulares. Pequenas desavenças começaram a surgir entre o novo governo americano e os ingleses. O pagamento de impostos era um dos problemas.

Como os Estados Unidos ficaram desse tamanho? | 57

O trabalhador escravo produzia o "rei algodão", a riqueza dos grandes senhores sulistas. Na imagem superior, escravos em meio a uma plantação de algodão. Na imagem inferior, plantação de algodão às margens do rio Mississipi.

A região de Vermont, hoje pequeno estado fronteiriço ao Canadá, era reclamada por Nova York, New Hampshire e Massachusetts. Vermont pediu para fazer parte da União e o Congresso vacilou porque não queria perder o apoio dos grandes estados. Vermont não teve dúvida: ameaçou integrar-se ao Canadá. Após muito debate, foi admitido em 1791.

No Sul, a situação também se complicava. A Espanha, como vimos, continuava senhora de grande parte da região. Territórios dos atuais estados do Tennessee e do Kentucky estavam sendo ocupados por colonos americanos, mas eram reclamados pela Espanha. Além disso, o rio Mississipi era usado para escoar a produção de algodão para Nova Orleans, cidade onde se compravam escravos africanos. Nova Orleans era, na época, um porto espanhol na América do Norte. A Espanha dominava a região do baixo Mississipi, toda a Luisiana (desde 1763) e a Flórida (desde 1783), onde possuía várias praças fortificadas. Quem quisesse explorar a região e navegar no rio Mississipi teria que entrar em acordo e pagar taxas aos espanhóis, ainda donos de um imenso império. Muitos fazendeiros do Sul começaram a negociar com os espanhóis. A Espanha usou suborno para obter apoio contra o governo americano. O caso mais famoso foi o de Daniel Boone, o decantado herói nacional da conquista do faroeste. E por que a Espanha subornava figuras como ele? Para pressionar o Senado e se opor à União, criando estados independentes mais próximos aos interesses da Espanha do que dos da "nação americana". Vemos, assim, que aos poucos, nascia a ideia de que opor-se aos interesses da União era opor-se aos interesses da nação. Nação ganhava, portanto, um sentido cada vez mais forte. Em suma, opor-se à União significava correr o risco de ser considerado traidor da nação.

Alguns anos mais tarde, como veremos, os americanos chegaram a um acordo com a Espanha. Mas até então, sentiam-se humilhados, pequenos e fracos para enfrentar, sozinhos, as ameaças estrangeiras, que vinham também de piratas do Mediterrâneo. Os navios americanos, quando chegavam ou saíam do Mediterrâneo com mercadorias, eram capturados e obrigados a pagar altas taxas de resgates. Os americanos compraram a "proteção" do Marrocos, mas não de outras regiões infestadas de piratas berberes. A situação tornou-se insustentável. Entretanto, em 1804, a marinha americana já estava mais equipada, utilizando uma divisão chamada *Marine Corps*, e atacou Trípoli, um dos centros de pirataria. A chamada Primeira Guerra Berbere estendeu-se até 1805. Teve episódios heroicos, como o do navio americano Intrepid, que, carregado de explosivos, fez um ataque suicida ao porto de Trípoli destruindo muitos navios berberes. A guerra contra os berberes no mar Mediterrâneo teve profunda influência na formação do caráter nacional americano. Não eram os navios dos homens de negócios de Nova York ou da Geórgia, ou de Massachusetts, mas os navios da Marinha dos Estados Unidos, a marinha nacional. A guerra criou um dos primeiros heróis nacionais depois da Guerra de Independência, o tenente Stephen Decatur, que "salvou a honra da pátria" em terras distantes. Essas guerras foram importantes também porque os *marines* começaram a ganhar fama por interferir em qualquer nação para defender os interesses dos negócios americanos. Os tentáculos dos interesses americanos estavam ficando longos e fortes o suficiente para alcançar grandes distâncias e diferentes regiões do globo.

Cada perigo, próximo ou distante, fictício ou real, que ameaçasse a segurança nacional reforçava mais a ideia da União. Tom Paine, um dos líderes da Independência, em *The National Experience: a History of the United States since 1865*, resumiu a ideia:

> Sinto-me ferido quando ouço a União, este guardião de nossa liberdade e segurança, ser tratada com irreverência. A cidadania é o caráter nacional. A cidadania referente a um estado em particular é sinal só de distinção local e não nacional.

A Independência havia sido feita. O povo americano estava sendo criado. No fim do século XVIII, graças às "humilhações" e a pensadores como Tom Paine, o americano começava a nascer. O caráter nacional do americanismo surgia em pinturas com as de John Trumbull, que fez os quadros *A declaração da Independência* (1796) e *A Batalha de Bunker Hill* (1786). Começava a aparecer, igualmente, na poesia e na literatura. Webster criou livros escolares no idioma "inglês-americano". Falava-se da pátria América e não mais da união de estados. Eram os Estados Unidos da América. Era América, pátria dos americanos.

Havia um crescendo, em especial no plano da cultura, que acabava se "adiantando" ao plano da política, em que ainda se resistia à ideia de uma só nação, em lugar de estados.

O próprio Dia de Ação de Graças (Thanksgiving Day), preservado até hoje como a celebração mais importante do americanismo e nativismo, nasceu, oficialmente, com o decreto do presidente George Washington, em 1789. Era o Dia de Ação de Graças que a história tradicional relaciona à gratidão dos pioneiros pela primeira colheita, em 1622. Foi somente depois da Guerra Civil que se transformou em data oficial e nacional, comemorada toda última quinta-feira do mês de novembro. O importante a ressaltar é que era comemorado com uma ceia preparada só com "produtos" nacionais: perus e outros animais silvestres, milho índio, abóbora, frutos da terra e, em especial, *cranberries* (um tipo de morango selvagem). É, ainda hoje, a festa mais tipicamente americana. Toda a família, a *cellula mater* americana, reúne-se para comemorar. Poderíamos até lembrar nossos nativistas, que usavam roupas de algodão,

60 | Os americanos

chapéu de palha, comiam carne seca e tomavam cachaça lá nas Cortes, em Portugal de 1820, prenunciando a nossa independência, que, no entanto, acabou sendo mais portuguesa do que nativista. O sentido é, portanto, bem diferente.

GUERRAS E AMERICANISMO

Os Estados Unidos eram uma nação à procura de si mesma. Até 1790, não tinham sequer uma capital. A sede da administração ficava vagando de uma cidade para outra. Nova York havia sido a capital por um bom tempo, assim como Filadélfia, Princeton, Baltimore entre outras localidades. Por isso, uma das preocupações de George Washington era estabelecer uma capital fixa.

Todos concordavam que deveria haver um local estratégico para situar a capital federal: o presidente Washington sugeriu a área situada entre os estados de Maryland e Virgínia, às margens do rio Potomac, que ficou conhecido como *District of Columbia*, D.C., equivalente ao nosso Distrito Federal. O Congresso autorizou a construção em julho de 1790. Vários edifícios foram construídos, inclusive a Casa Branca, que, à época, era conhecida como Mansão Presidencial. O nome da capital foi dado, obviamente, em homenagem a Washington.

A capital foi planejada, não nasceu ao acaso como a maioria das cidades. Monteiro Lobato ficou fascinado quando a visitou pela primeira vez no fim da década de 1920. O brasileiro que viveu nos Estados Unidos uns 30 anos antes da construção de Brasília comparava Washington a Belo Horizonte, como cidade planejada. Os fundadores de Washington procuraram um sítio estratégico e ergueram uma cidade planejada para marcar a alma do americano (e também do estrangeiro). O projeto da cidade foi encomendado pelo próprio George Washington ao franco-americano Pierre (Peter) Charles L'Enfant, hoje nome de uma das principais praças da cidade. L'Enfant entrou em desacordo com outros planejadores e acabou sendo demitido do projeto.

O local escolhido foi uma área de cerca de 250 quilômetros quadrados entre os estados de Maryland e Virgínia, que incluía um vilarejo chamado Georgetown, hoje um dos bairros nobres e históricos da cidade. Apesar da demissão de L'Enfant, dois membros da equipe, Andrew Bellicotte e o afro-americano Benjamin Benneker mantiveram o traçado original do planejador franco-americano. O Capitólio, edifício onde o Congresso americano se reúne, foi planejado para ficar no centro da cidade, de onde partem avenidas com os nomes dos estados com rotatórias que possuem nomes de personagens políticas e culturais importantes da vida americana. A rotatória

Dupont Circle é uma das mais famosas da cidade. Seguida por outras como Benjamin Benneker Circle, Blair Circle etc.

Um parque às margens do Potomac, o National Mall, abriga hoje edifícios públicos e os mais importantes museus. No Mall estão também o Lincoln Memorial, o Thomas Jefferson Memorial e o obelisco em homenagem a George Washington.

Quem chega hoje à capital americana por trem já se impressiona pela gigantesca estação que tem, com razão, o nome de Union Station (Estação da União). A cidade é mais do que uma cidade, é um verdadeiro monumento. Washington foi construída, na sua maior parte, em pedra. Era como se os norte-americanos estivessem erigindo o passado no presente. Uma cidade histórica, representando um passado histórico "antigo recente", não por acaso povoada por muitos monumentos. Monumentos para americanizar e "inventar tradições". O espaço tomava lugar do tempo como dimensão histórica, na análise de Richard Hofstader. Construindo monumentos como se eles já fossem antigos. Era comum dizer (e ainda é válido) que "saímos de Washington mais americanos". As pedras usadas na construção de cada edifício parecem buscar a eternidade.

Mais uma vez manter um passado no tempo presente. Diferente da estética da "arquitetura da destruição" dos nazistas, que pareciam construir uma Berlim para transformar-se em ruínas no futuro (que no caso não precisou esperar mil anos). O iluminismo e humanismo dos construtores e idealizadores da capital dos americanos tinham certeza de que estavam reconstruindo o mundo clássico na América. As avenidas de Washington são amplas desde o nascimento. A largura da avenida Pensilvânia não foi concebida para reprimir manifestações como havia pensado Haussmann na Paris dos anos 50 do século XIX, mas para acolher os desfiles enaltecedores da americanização. Os monumentos em bronze e pedra visavam à eternidade. A Biblioteca do Congresso, nas palavras de Lobato em sua obra *América*, "é menos uma biblioteca que o maior templo que ainda se erigiu em homenagem ao livro que na sua qualidade de calado cofre de tudo quanto a humanidade pensou até aqui".

Uma capital federal, Washington D.C., era a maneira velada de dar um recado àqueles que pensavam em desafiar a União; era por assim dizer, um aviso simbólico de que uma capital nacional já prenunciava uma guerra, caso a União fosse ameaçada. Um dos monumentos mais importantes de Washington é o dedicado ao presidente Lincoln. As palavras pronunciadas no famoso discurso de Gettysburg (ver capítulo "O nascimento de uma nação") estão gravadas em metal, dando a impressão de ser uma nova versão das "tábuas" dos dez mandamentos. No filme *A mulher faz o homem*, de Frank Capra, Mr. Smith rende homenagem inconteste ao americanismo quando fica maravilhado com o milagre da América. Ao descer na Union Station, já se impressiona com a visão do Capitólio. O simplório Mr. Smith faz um *tour* de americanização: num ônibus, vai admirando todos os edifícios, monumentos, estátuas, a Casa Branca. Mas quando chega ao memorial de Lincoln, fica paralisado. Sobe as escadas e tira o chapéu em sinal de respeito, como se estivesse entrando num templo. Olha para a monumental estátua em mármore e um garotinho, ao lado, começa a ler o discurso de Gettysburg. Os olhos de Mr. Smith brilham de satisfação americanizada. Lobato esteve lá e descreveu o monumento como um templo grego com 36 colunas gigantescas de mármore branco, representando os estados existentes na época da presidência de Lincoln.

A seção inaugural do Congresso na capital foi em novembro de 1800, pouco depois da morte do líder militar da Independência e primeiro presidente da jovem República.

A capital e a moeda eram fortes indicações simbólicas de um país que ia se encontrando. A criação do dólar foi aprovada por uma resolução do Congresso em 1785. A palavra vem da moeda alemã chamada "talero" (*taller*), que precedeu o marco bismarquiano. Hamilton teve a ideia de dividir a moeda em cem partes, sistema adotado hoje por grande parte das nações.

A concepção de uma capital fixa e moeda única reforçou a ideia de nação. Os americanos precisavam assegurar-se de que, o que estavam conseguindo, não seria superado pela força dos interesses particularistas. Nesse sentido, a guerra serviu de catalisador da nação.

Quando começou a Revolução Francesa, as opiniões dentro dos Estados Unidos estavam divididas. Jefferson achava que a Revolução Americana havia inspirado a Francesa, e não mudou de opinião nem com a decapitação de Luís XVI. Já Hamilton via com horror o que estava acontecendo. A ordem que ele tanto defendia, como condição para a expansão da economia, estava seriamente abalada. A situação só piorou quando a França foi dominada pelos jacobinos, grupo que representava o setor mais radical da Revolução. Ao tomar o poder, declararam "guerra de todos os povos contra todos os reis". Thomas Jefferson era secretário de Estado de George Washington e Alexander Hamilton era secretário do Tesouro. Os Estados Unidos haviam celebrado acordos de ajuda mútua com a França desde a Guerra de Independência. Hamilton temia exatamente que os franceses exigissem a participação dos americanos na guerra contra a Inglaterra, que já se iniciara. Temia que os bons negócios que os americanos faziam com a Inglaterra fossem prejudicados. Um representante do governo revolucionário francês nos Estados Unidos chegou a contratar mercenários americanos para atacar navios espanhóis em Nova Orleans. O problema era que, naquele momento, a Espanha aliava-se à Inglaterra. As relações entre a França e os Estados Unidos ficaram mais tensas. Difícil manter a neutralidade numa situação assim.

De qualquer forma, um enviado americano à Inglaterra conseguiu, por vias diplomáticas, contornar a situação.

A França também estava mudando. Os jacobinos foram derrotados na luta pela liderança da Revolução e, em 1799, Napoleão transformou-se no senhor dos franceses. Depois de um período de paz, a guerra voltou à Europa. As chamadas Guerras Napoleônicas envolveram todo o continente europeu.

As Américas estavam sentindo seus efeitos. Com Napoleão, a Espanha mudou de lado e lutava contra a Inglaterra, e os espanhóis, como vimos, eram donos de um imenso território na América do Norte. Além do México, toda a Luisiana passou a fazer parte do império francês. Napoleão, sem recursos para continuar a guerra contra a Inglaterra, vendeu a Luisiana para os Estados Unidos em 1803. Junto foi o valioso porto de Nova Orleans. Com algum esforço diplomático, e com muita sorte, os Estados Unidos mais que dobraram o tamanho de seu território.

Guerra com a Inglaterra

Foi por essa época que a elite intelectual e política dos Estados Unidos começou a preocupar-se prioritariamente com a elaboração de uma doutrina de segurança nacional. Crescia no pensamento do grupo uma espécie de temor ao que fosse estrangeiro. Temia-se que os acontecimentos na Europa (Guerras Napoleônicas) chegassem aos Estados Unidos. A Inglaterra estava, aparentemente, preparando-se para tomar a Flórida espanhola, que poderia servir de base para possíveis ataques recolonizadores. Em 1810, apoiados num nascente pensamento estratégico amplo, internacional, continental, os americanos advertiram os ingleses para não se aproximarem da Flórida.

Thomas Jefferson já havia decretado, pouco antes de deixar a presidência, a neutralidade dos Estados Unidos na guerra entre franceses e ingleses. Sem dar atenção à neutralidade, a marinha britânica confiscava navios americanos e obrigava os marinheiros capturados a servirem em seus navios. Os americanos ficaram divididos: alguns queriam uma guerra imediata contra a ex-metrópole, esperando assim conquistar o Canadá; outros, como Nova York e estados da Nova Inglaterra, achavam que a guerra iria atrapalhar seus negócios, mas a maioria queria a guerra. O clima de guerra entre Inglaterra e EUA renasceu. O novo presidente, Madison, declarou guerra mesmo sem uma preparação militar e material adequadas. Os americanos invadiram o Canadá em 1812 e os ingleses responderam imediatamente ocupando Detroit.

Uma batalha naval no lago Erie deu vitória aos americanos, que retomaram Detroit. Em 24 de agosto de 1814, os ingleses tomaram Washington e incendiaram os principais edifícios da capital inclusive a Casa Branca (mais tarde reconstruída).

A Batalha do lago Erie foi um dos maiores combates navais de 1812. Por meio desse combate os americanos retomaram o controle de Detroit, que estava sob domínio dos ingleses.

Mas os americanos iriam conseguir, mais uma vez, derrotar os ingleses. A maior vitória deles, já no fim da guerra, ocorreu na Batalha de Nova Orleans. O general Andrew Jackson, futuro presidente, entrincheirou-se na cidade com mais de quatro mil voluntários, cercados por mais de cinco mil ingleses. Numa combinação de estratégias defensivas e ofensivas, os americanos mataram mais de dois mil ingleses, tendo baixas de pouco mais de vinte homens. Os ingleses, preocupados com a situação na Europa, reconheceram a vitória dos americanos.

Muitos historiadores chegam a denominar esse conflito como Segunda Guerra de Independência, pois teve implicações importantes: os americanos tomaram consciência de sua vulnerabilidade e de que somente com um governo central mais forte, e com um exército nacional, poderiam enfrentar melhor os perigos externos.

CRESCENDO PARA O SUL E PARA O OESTE

Logo após a Independência, o país tinha crescido em mais 3 estados: passaram a ser 16, com aproximadamente 5 milhões de habitantes. Mas os americanos continuavam a saga em direção ao Oeste e ao Sul sem respeitar os limites, aliás, pouco claros, dos territórios em posse da Espanha. Lembravam os bandeirantes que, mais de dois séculos antes, haviam rompido a chamada linha do Tratado de Tordesilhas.

A Espanha já não era mais a grande potência marítima. A maior parte de sua armada fora dizimada na Batalha de Trafalgar em 1805, juntamente com a da França. A Luisiana, ex-território espanhol e francês, estava em mãos dos americanos desde 1803. E a velha potência ibérica não conseguia controlar os movimentos revolucionários de independência que eclodiam desde o rio da Prata até o México.

O mundo estava convulsionado. Enquanto a Europa estava em guerra e a América Latina se preparando para a independência, o Congresso autorizou a transformação de parte do novo território da Luisiana em estado. A Espanha ainda reclamava o que seria hoje parte do estado do Arkansas e Missouri. Os americanos, por sua vez, conseguiram ocupar um território que ia desde a Flórida até as Montanhas Rochosas, cada vez mais próximo do Pacífico. A Espanha acreditou que havia conseguido limitar a expansão americana.

Nada mais enganoso. O Texas, território espanhol rico em pastagens e solo fértil, vinha sendo ocupado por colonos americanos. O governo da Espanha permitiu, em 1821, que o empreendedor Moses Austin estabelecesse – legalmente – uma empresa de colonização de americanos na região.

Todavia, logo depois da concessão, o México tornou-se independente e o novo governo republicano queria colonizar o Texas. Segundo esse novo governo, os americanos poderiam ficar, mas seriam obrigados a mexicanizar-se, isto é, nada de religião protestante, nada de língua inglesa. Os colonos americanos ignoraram as normas do novo governo mexicano.

Quando o México independente reconheceu as fronteiras estabelecidas por acordos anteriores, já era tarde. Os anglo-americanos estavam, há muito, colonizando a margem direita do rio Nueces, isto é, o Texas, e queriam negociar a fronteira mais a Oeste. O novo presidente, Andrew Jackson (1829-1837), pensou numa negociação semelhante à ocorrida com a Luisiana. Na verdade, desde a presidência de James Monroe (1817-1825) havia planos para uma extensão "natural" do território americano até Cuba e o México.

Os colonos americanos no Texas já ultrapassavam em muito os parcos habitantes de origem hispano-mexicana. A mexicanização falhou e o governo mexicano perdeu

66 | Os americanos

totalmente o controle da população anglo-saxônica na região do Texas. Além de toda a cultura anglo-saxônica, os texanos trouxeram a escravidão. Não havia comunicação entre o Texas e a distante capital mexicana. A verdadeira ligação era com Nova Orleans.

A instável e confusa situação política do México abriu caminho para que, em 1834, o general Antonio Lopez de Santa Anna tomasse o poder e instaurasse uma ditadura. Os texanos se rebelaram e proclamaram uma frágil independência em janeiro de 1836. Santa Anna não podia admitir o fracionamento do território nacional. Cercou e derrotou um grupo de rebeldes americanos na célebre Batalha do Álamo. Mas a maior parte das forças texanas, liderada por Sam Houston, destruiu o exército mexicano e capturou Santa Anna um mês depois, na Batalha de San Jacinto, garantindo a independência do Texas. Por quase uma década, o Texas permaneceu como uma república independente, tornando-se o 28º estado americano em 1845.

Prenunciando a paranoia da segurança nacional, espalhou-se a tese de que, se o Texas continuasse independente, cairia sob a influência da Inglaterra, abandonaria o regime de trabalho escravo, porque o liberalismo britânico era antiescravista, e tal prática poderia contaminar todo Sul, provocando levantes dos trabalhadores negros africanos. O Texas precisava entrar para a União: era o que desejavam os senadores sulistas.

Como convencer o México de que o Texas era americano? Os mexicanos se recusavam a negociar. O presidente americano na ocasião, James Polk (1845 a 1849), ocupou parte do território em litígio. O exército mexicano reagiu e derrotou as tropas americanas. O presidente Polk pediu autorização ao Congresso para declarar guerra. As forças americanas obtiveram várias vitórias militares e chegaram a tomar a Cidade do México depois da Batalha de Chapultepec. Assim como no episódio do conflito contra os piratas berberes do Mediterrâneo, a vitória das forças americanas no México passou à memória nacional do país através do hino dos Marine Corps, conhecidos no Brasil como Fuzileiros Navais. Diz a primeira estrofe da canção:

> From the Halls of Montezuma, to the shores of Tripoli; We fight our country's battles [...], on land, and sea. First to fight for right and freedom, and to keep our honor clean, we are proud to claim the title of United States Marines.*

As vitórias militares animaram o Congresso a dotar mais verbas para a guerra. Mas também para pagar ao México, não ao Texas, que já era americano, incentivando a expansão para outras terras cobiçadas e tidas como "naturalmente" americanas.

---

* "Dos muros de Montezuma às praias de Trípoli, nós lutamos nas batalhas de nosso país [...] na terra, no mar. Primeiramente, lutar pelos direitos e pela liberdade e manter nossa honra limpa, nós somos orgulhosos de ostentar o título de marines dos Estados Unidos."

Davy Crockett — um dos líderes da resistência do Álamo, na imagem com um rifle em punho —, resistiu até a morte a investida dos mexicanos. No entanto, ficou imortalizado no panteão dos heróis americanos.

Senadores abolicionistas exigiam que as novas terras fossem livres de escravidão, um prenúncio da futura Guerra Civil. Um jovem deputado de Illinois, recém-eleito, chamado Abraham Lincoln, era uma espécie de porta-voz desse grupo. Outro grupo pretendia tomar o México: era o movimento chamado "Todo o México". A grande maioria dos políticos, no entanto, era contra a anexação de todo o território mexicano. Eles argumentavam que, com o território, viriam "raças" misturadas de índios, espanhóis e mestiços de todos os matizes. Segundo eles, essa gente traria, certamente, pouca disposição para o trabalho, além da lascívia que poderia "contaminar" o anglo-saxão. Em outras palavras, as terras que fossem tomadas do México deveriam ter o menor número de mexicanos possível ou, de preferência, nenhum. Numa passagem do famoso filme *Assim caminha a humanidade* (*Giant*), de 1956, dirigido por George Stevens, Rock Hudson (Bick Benedict) entra em um confronto físico memorável, num restaurante de beira de estrada no Texas, por estar acompanhado de Joana, sua nora mexicana. O racismo do Texas não admitia mexicanos em certos lugares.

68 | Os americanos

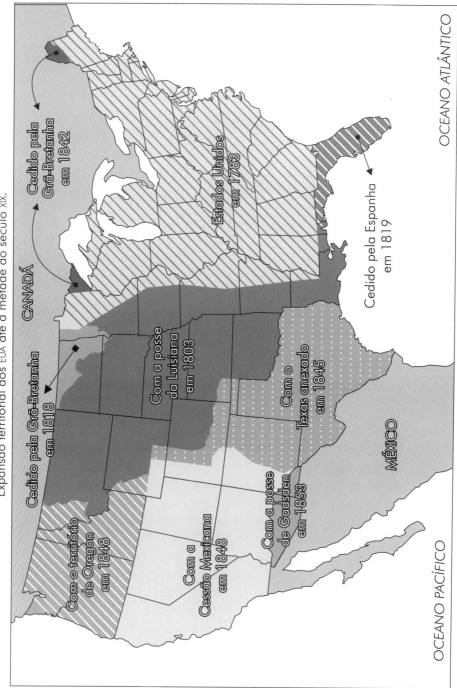

Expansão territorial dos EUA até a metade do século XIX.

Em fevereiro de 1848, pelo Tratado de Guadalupe-Hidalgo, os EUA pagaram 15 milhões de dólares ao México, que reconheceram o rio Grande como a fronteira, do Texas à Califórnia. Com o fim da guerra mexicana, os Estados Unidos ganharam um vasto território de 1,36 milhões de quilômetros quadrados, incluindo os atuais estados do Arizona, Nevada, Califórnia, Utah, Novo México, Colorado e parte do Wyoming.

Em meados do século XIX, o país dos americanos já contava com 31 estados e 23 milhões de habitantes. Não se conhecia até então experiência semelhante na história.

O SENTIMENTO DEMOCRÁTICO: A GESTÃO DE ANDREW JACKSON

O intervalo que vai do fim da Segunda Guerra de Independência ao conflito contra o México (e que já anunciava a Guerra de Secessão) foi marcado pela propagação de um espírito político abrangente nos Estados Unidos. Se até o governo de John Quincy Adams (1825-1829), as disputas políticas eram restritas a uma elite intelectual ou financeira, coube ao sentimento democrático das camadas populares falar mais alto a partir de então. Numa rara demonstração de comunhão de interesses, a população americana alçou à presidência seu novo candidato, o herói da guerra contra Inglaterra, Andrew Jackson.

Jackson foi eleito em meio a uma acalorada campanha. A crescente imprensa americana vendia a imagem dos candidatos de forma clara e maniqueísta. Os aliados de John Q. Adams alardeavam que a esposa de Jackson, Rachel, cometia adultério. Grupos ligados a Jackson respondiam que a esposa de Adams era uma filha ilegítima. As circunstâncias favoreceram Jackson politicamente, que se tornou viúvo ainda em 1828, assumindo um luto austero, visível em seus trajes negros, mantido até o fim de seu mandato.

Seu rival, o então presidente Adams, era foco de um intenso desprezo popular e seu governo marcado por incontáveis denúncias de fraudes financeiras. A gente simples – pequenos fazendeiros ou comerciantes – lentamente estabelecidos nas novas regiões conquistadas –, aumentando como classe social, protestava contra um governo que considerava "abusivo" e "ganancioso". Na opinião popular, Adams era símbolo da aristocracia financeira, um sujeito formado segundo costumes da Corte e cujas prioridades eram voltadas apenas aos interesses de banqueiros e especuladores.

Andrew Jackson, por outro lado, agregava os valores considerados necessários para concretizar o "destino" americano. Embora tivesse temperamento agressivo, era um homem de resoluta integridade. Jackson tinha uma particular disposição para resolver questões públicas e privadas com equivalente empenho. Como militar, possuía uma percepção prática e objetiva da realidade. Ao se deparar com desafios, via neles uma chance de trazer à tona o que tinha de melhor, sempre em nome da honra e retidão. Da mesma forma, buscava despertar sentimentos semelhantes naqueles à sua volta. Isso, porém (e ao mesmo tempo), era a raiz de suas falhas, pois demonstrava certa ingenuidade do presidente, o que faria surgir problemas mais sérios ao longo de sua gestão.

Antes de Jackson, os cargos públicos há muito vinham sendo ocupados permanentemente através de indicações presidenciais. Numa tácita tradição, desde o tempo de James Madison (1809-1817), fiscais, tesoureiros, intendentes e secretários exerciam suas funções quase sem nenhuma alteração em seus cargos, o que é algo caro a uma nação democrática. Com uma burocracia muito suscetível à corrupção, a execução de serviços públicos ficava restrita aos aliados políticos daqueles que sustentavam campanhas presidenciais. Ou seja, os cargos públicos privilegiavam apenas os interesses dos grandes empresários.

Andrew Jackson foi eleito, acima de tudo, em nome de uma solução para esse tipo de problema. Sua primeira medida depois de eleito foi estabelecer a rotatividade de cargos na burocracia de Estado. Considerava que qualquer função dentro do governo deveria ser simples o suficiente para ser exercida por qualquer cidadão americano. Além disso, os cargos deveriam ser eletivos e não apenas exercidos segundo nomeação. Esse ato agredia diretamente àqueles que já estavam habituados a guiar o país e que usavam a República para aumentar o lucro de seus negócios.

As décadas de 20 e 30 do século XIX mostraram uma intensa divisão social nos Estados Unidos. Os "produtores", camadas mais baixas da população ligadas a pequenos empreendimentos, viam com desconfiança, até mesmo desprezo, a busca incessante por "dinheiro" e o uso de "crédito" nos negócios; consideravam mais importante a produção em si, muitas vezes substituindo o dinheiro como valor de troca, uma ação mais simples embora menos dinâmica do mercado. Segundo a opinião desses produtores, o governo deveria subsidiar de forma mais direta suas iniciativas, verdadeira raiz da riqueza da nação. Os "especuladores" tinham opinião contrária. Para estes, o desenvolvimento de uma economia de mercado era prioridade, investir na *plantation* (o latifúndio algodoeiro) para a exportação aumentaria a circulação de produtos gerando renda e lucros.

A posição de Jackson nesse tipo de questão ficaria evidente em diversas oportunidades e particularmente na chamada "guerra dos bancos" ao fim do seu primeiro mandato. Na ocasião, Jackson deu razão à crescente opinião de que o Banco dos Estados Unidos, principal depositário financeiro de todo o país, concentrava demasiado poder nas mãos de poucos privilegiados. Presidido por Nicholas Biddle desde 1823, o banco sempre deu prioridade aos negócios que auxiliavam os grandes produtores. Jackson vetou a renovação das licenças federais do banco, suspendeu novos depósitos e até mesmo ordenou a retirada do dinheiro investido de seus cofres. Biddle, a serviço de seus financiadores, tentando demonstrar como isso era um erro do governo, realizou diversos empréstimos, gerando uma séria recessão interna. O efeito foi o inverso do que esperava: com razão, os apoiadores do presidente reconheceram que havia uma excessiva concentração de poder em torno do banco. A economia, porém, era apenas a face mais evidente de uma discussão mais ampla e delicada.

Andrew Jackson ocupou a presidência num tempo em que os princípios democráticos se propagavam e estavam sendo exercidos de forma veemente. Certas posições que podiam ser políticas, econômicas, religiosas ou morais capitalizavam uma reação igual e quase imediata, o cerne da democracia. Os americanos, formados pelos descendentes dos colonizadores europeus ou por incessantes levas de imigrantes, substituíam as velhas tradições servis de seus antepassados pela inclinação de questionar as razões de sua situação quando insatisfeitos. Era consenso geral (talvez o único) que o grande mal de uma nação estaria na "concentração" e no "abuso de poder", algo que buscavam combater em todas as ocasiões. Mas numa sociedade tão diversificada, qualquer unidade de interesses gerava rivalidade. Atender às demandas de cada um deles era um amargo desafio.

Uma das mais sérias reivindicações dos estados da Geórgia, Alabama, Mississipi, Carolina do Norte e Tennessee dizia respeito às populações indígenas que ocupavam seus territórios. Várias tribos, à altura de 1830, possuíam uma organização política e econômica relativamente desenvolvida e autossustentada. Era atribuição do governo federal lidar com qualquer questão ligada aos índios, mas os governos estaduais estavam tomando medidas cada vez mais agressivas contra eles, especialmente contra os cherokees. Jackson, buscando resolver a situação e numa demonstração da autoridade do governo, determinou a remoção dos povoados indígenas para regiões a oeste do rio Mississipi, no que hoje seriam partes de Oklahoma e Nebraska. As cruéis condições dessa migração forçada levaram à morte 1/4 da população indígena, tendo sido batizada por eles mesmos de "A Trilha das Lágrimas". Mais do que a resolução de uma "questão prática", a remoção dos cherokees tornou evidente a faceta mais gananciosa da democracia jacksoniana.

Pouco depois, em 1832, Andrew Jackson teve que lidar com outra séria divergência. Os estados do Sul sempre foram cautelosos em relação à preservação da escravidão em seus territórios. Temiam que o governo federal agisse contra essa "instituição peculiar", tão vital à sua sobrevivência econômica. Majoritariamente ligados à produção de algodão, esses estados eram particularmente suscetíveis a oscilações no mercado de exportação. A determinação do Congresso de qualquer tarifa sobre o preço de bens manufaturados feria diretamente suas atividades, pois incitava barreiras protecionistas de seus compradores internacionais. Em 1828, o Congresso havia aprovado uma dessas tarifas, e as assembleias estaduais do Sul reagiram. Seguindo princípios que consideravam constitucionais, defendiam o direito de cada estado de anular decisões federais caso fossem contrárias aos seus interesses.

O vice-presidente de Jackson, John C. Calhoun, um ambicioso advogado da Carolina do Sul, assumiu a liderança dos estados insurgentes, o que provocou um grave dissabor com o presidente. Jackson e Calhoun já tinham se desentendido antes no caso de Peggy Eaton, mulher do secretário da guerra nomeado por Jackson, John Eaton. De passado um tanto promíscuo, Peggy foi alvo do desprezo das damas da sociedade governamental, que se recusavam a recebê-la nos compromissos oficiais. Porém, ela ganhou seu defensor na figura do presidente, o que provocou a demissão voluntária de vários assessores, assim como a desaprovação de outros, incluindo John C. Calhoun. As diferenças entre eles ficaram claras num jantar em 1830, quando o presidente chamou os convidados a um brinde. "Nossa União; ela deve ser preservada", disse o presidente, ao que Calhoun replicou, "À União: ao lado da mais estimada liberdade. Que nós sempre lembremos que ela só pode ser mantida pela igual distribuição de benefícios e obrigações...". A defesa da anulação (ou nulificação) das leis federais eliminou qualquer chance que Calhoun tinha de ser indicado como sucessor presidencial de Jackson.

O presidente, ele mesmo proprietário de escravos, sempre foi um bravo defensor da soberania dos estados e fiel protetor da democracia. Mas o que se colocou em questão, nesse caso, foi a unidade da nação, um valor mais caro ao presidente do que considerar uma desavença litigiosa ou técnica, mesmo que importante. Na opinião dele, não havia outra opção, senão impor a autoridade do governo, mesmo que através da força.

Em 1832, o Congresso aprovou uma nova tarifação dos produtos manufaturados, o que deu margem a uma campanha aberta pela nulificação da lei entre os governos estaduais. Andrew Jackson imediatamente tentou resolver a divergência. Por um lado, buscando acalmar os "nulificadores", pediu a amenização das tarifas; de outro, solicitou poderes especiais ao Congresso para o uso de força militar. Sua intenção era utilizar tropas federais para reforçar o cumprimento da lei. O Congresso respondeu autorizando o Ato de Força, o que deu ao presidente os poderes que queria, ao mesmo tempo que concedia a redução da tarifa em 1833. Diante dessa combinação de força e comprometimento, os estados sulistas foram obrigados a recuar.

A Crise da Nulificação revelou que os estados do Sul não iriam tolerar qualquer ação federal que fosse contrária aos seus interesses (ou que colocasse em questão a instituição escravista). Esse tipo de cisão já vinha desde o tempo dos primeiros federalistas, sempre às voltas com os pontos fracos da democracia. O maior deles, sem dúvida, sempre foi a conciliação da "democracia" com a "liberdade", outro valor máximo da nação.

Envolvidos com seus próprios interesses, talvez fosse difícil aos americanos reconhecer a incoerência e talvez impossibilidade da combinação de certos valores. Um problema do qual um observador externo não padecia. O maior deles, sem dúvida, foi o pensador francês Alexis de Tocqueville. Em visita oficial aos Estados Unidos em 1831, para estudar o sistema prisional americano, Tocqueville conheceu de forma tão íntima quanto breve a arquitetura política da nação. E através de seu livro, *A democracia na América*, colocou em evidência o maior paradoxo que se espreitava no coração do país, a contradição entre liberdade e democracia. Membro da nobreza, a serviço do rei Carlos X da França, Tocqueville conhecia bem a história recente de seu país. As chagas da Revolução Francesa ainda ardiam na memória de seu povo; lembravam, dolorosamente, das brutalidades cometidas pelos radicais jacobinos durante o período republicano. A República americana, para ele, era algo a ser visto com tanto interesse quanto cautela. Admirava o sentimento de igualdade dos americanos, mas sabia bem o quanto isso era impossível de ser conciliado com a liberdade. Afinal, se levada ao extremo, a liberdade só podia acarretar no terror e no caos.

A cisão entre nulificadores e o governo federal, para Tocqueville, era a mais clara evidência disso. Sua obra sugeria que a única maneira de alcançar uma democracia plena e "saudável" a todos só poderia surgir segundo um tipo peculiar de comprometimento. Uma liberdade "condicionada", modulada pelo Estado, o que os americanos sentiam, cada vez mais, difícil de ser mantida. É claro, esse é o tipo de questão que levaria à Guerra de Secessão anos depois.

UMA CASA DIVIDIDA: DO COMPROMISSO DO MISSOURI À CRISE

Como já dito, a força do sentimento patriótico nos Estados Unidos deve-se, em grande parte, a momentos de crises agudas seguidas por uma vigorosa restauração de seus valores. Com a ampliação do território americano em 1848, um novo e gigantesco obstáculo colocaria à prova tal regra.

Desde o fim da Guerra de Independência, a inclusão de novos estados americanos na União sempre esteve condicionada à capacidade desses territórios de organizar um governo próprio para, então, reivindicar representação no Congresso. Uma vez reconhecidos, o Congresso atribuía *status* legal, ou não, ao sistema escravista dentro das fronteiras desses estados. À época de George Washington, acreditava-se que a escravidão diminuiria até desaparecer de forma gradual. Com o passar dos anos, contudo, a realidade foi outra: a oposição entre os estados escravistas e os livres deu o tom das principais disputas políticas por quase meio século.

O Partido Democrata, então majoritariamente sulista, tentava influenciar a posição política dos estados criados a partir de 1848, precisamente no que tocava à antiga querela. Mais do que uma característica do Sul, a mão de obra escrava era o cerne dos interesses políticos dos democratas e de uma maioria de estados pró-escravidão no Congresso, sendo a única maneira de perpetuar sua economia e seu estilo de vida, ligados à lucrativa exportação de algodão.

Os estados do Norte, por outro lado, defendiam a abolição dos escravos por dois motivos: a escravidão representava uma óbvia violação dos princípios que fundaram o país, particularmente, o da liberdade individual. Mas acima de tudo, nem sempre tão lembrado, a escravidão significava um obstáculo ao desenvolvimento da indústria. Na condição de escravos, a população negra nos Estados Unidos formava uma camada social estática, dispendiosa e não consumidora, impedindo o aperfeiçoamento da mão de obra e retardando o desenvolvimento da economia interna, particularmente no setor fabril.

A década de 1850 nos Estados Unidos é repleta de episódios que colocaram em xeque a oposição fundamental entre Norte e Sul ou entre republicanos e democratas, respectivamente. O primeiro deles foi justamente uma série de medidas para tentar conter a divisão, o chamado Compromisso de 1850. Formulado pelo senador Henry Clay, do Kentucky, famoso por seu talento conciliatório, o Compromisso incluía soluções-chave, dentre elas, que a Califórnia fosse admitida como um estado de constituição não escravista; que o restante da área anexada em 1848 fosse dividida em dois territórios, do Novo México e Utah, organizados sem nenhuma menção à escravidão; que a reivindicação do Texas por uma porção do Novo México fosse atendida pelo pagamento de dez milhões de dólares; que um sistema mais eficaz de captura a escravos fugitivos fosse estabelecido e que a compra e venda de escravos (mas não a escravidão) fosse abolida do distrito de Colúmbia.

A CRISE E A SECESSÃO

Num dia de maio de 1856, o deputado Preston Brooks, da Carolina do Sul, entrou no senado à procura de Charles Sumner, senador de Massachusetts. Assim que

Como os Estados Unidos ficaram desse tamanho? | 75

Os negros eram vistos como mercadorias valiosas para os grandes fazendeiros do Sul. A imagem mostra escravos à venda.

o encontrou, desferiu-lhe várias bengaladas ferindo-lhe gravemente. Qual a razão da agressão? Charles Sumner havia feito um violento discurso contra a campanha de inclusão do território do Kansas no grupo de estados escravistas. O senador Sumner era um fervoroso antiescravista.

O episódio demonstra a gravidade da situação das relações entre os estados do Norte, antiescravistas, e do Sul, que adotavam a escravidão como principal regime de trabalho. Sumner falou pela ala mais radical do recém-fundado Partido Republicano, nascido de uma fração do Partido Whig. Esse grupo defendia um maior fortalecimento do Estado, o trabalho livre, a disseminação da pequena propriedade. Com essa plataforma, esperava chegar à presidência. O Partido Republicano promovia uma mobilização política intensa para combater o poder dos escravagistas do Sul no Congresso.

Por outro lado, os representantes do Sul, reunidos no Partido Democrata, acusavam os antiescravistas de tentarem destruir o estilo de vida, isto é, a lavoura com base no trabalho escravo e, em decorrência, uma vida de quase nobreza, de cultura mais elevada, em que se cultivava a música, a arte, a literatura etc. Para eles, o Partido Republicano era um insulto que precisava ser erradicado.

Dessa forma, a briga entre o deputado Brooks e o senador Sumner pode ser vista como uma metáfora da guerra que iria estourar cinco anos depois. Isso num momento em que – aparentemente – o Compromisso de 1850 parecia ter resolvido, no plano político, as diferenças entre o Norte e o Sul. O Compromisso foi, na verdade, uma forma de adiar o conflito, uma medida paliativa que parecia ter resolvido a questão da escravidão nos territórios anexados depois da guerra com o México.

As origens

Em fins dos anos 1840, os líderes dos dois maiores partidos – whigs e democratas –, que tinham seguidores tanto no Norte como no Sul, investiam na tentativa de reverter a crise seccional. O que era essa crise? Na Constituição não havia nada claro sobre o direito de secessão. Evitou-se o assunto. Para os velhos federalistas, o país era uno e perpétuo (União Perpétua), portanto, o assunto sequer deveria ser discutido. Para os antifederalistas, a nação era uma abstração baseada na realidade vivida pelos estados, isto é, a autonomia era a realidade. Ou seja, era como se uns quisessem se fazer ouvir, mas falando bem baixinho, enquanto outros, que fingiam ter ouvido, interpretavam como bem entendessem.

Pouco depois, o senador democrata de Illinois, Stephen A. Douglas, propôs o Ato de Kansas-Nebraska em 1854, legislação que dava direito aos colonos dos novos territórios de levar escravos àquelas regiões, justamente usando a lacuna deixada pelo Compromisso de 1850. Em outras palavras, Stephen Douglas queria renegar o compromisso anterior. Para alguns democratas, isso não era honesto. Para a maioria dos representantes do Norte a proposta era uma aberração, uma conspiração contra a lei, contra o Norte, contra o que já havia sido acordado; uma traição enfim.

Além da polêmica, a decisão provocou sangrentos conflitos no Kansas em 1857, entre famílias donas de escravos e abolicionistas. Essas manifestações deram uma visibilidade maior ainda ao senador de Illinois, Abraham Lincoln, orador eloquente que desafiou abertamente as afirmações de Douglas na disputa pela vaga no Congresso em 1858. Num discurso de 17 de junho daquele ano, declarou:

Imagem de Lincoln em debate com Douglas quando se destacou como orador e político de renome nacional.

[...] Uma casa dividida contra si mesma não pode se manter. Eu acredito que este governo não pode se manter meio-escravista e meio-livre. Não espero que esta casa se divida – não espero que ela caia – mas espero que ela cesse de se dividir.

Quem era Abraham Lincoln? A figura do político já despertava curiosidade. Alto, magro, tinha uma aparência que ficava mais estranha quando usava cartola alta. Nasceu em 1809, de família pobre e pais analfabetos, no sertão do Kentucky. Era um autodidata. Em 1831, a família migrou para Illinois e ele saiu de casa para tentar ganhar a vida por conta própria, cortando madeira para dormentes de ferrovias. Não se deu muito bem com negócios. Realizou-se, isto sim, como advogado e político. Fazia discursos bem-humorados, transformando-se em líder do Partido Whig (futuro republicano) de Illinois. Foi eleito senador e se opôs à guerra contra o México, o que o deixou um tanto isolado por causa da popularidade da guerra. Quando da eleição para presidente, teve até chance de se candidatar, mas preferiu não participar. Apoiou a candidatura de Zachary Taylor. Afastou-se da política por um bom tempo e foi advogar.

Embora seu candidato tenha sido derrotado naquela ocasião, Lincoln ganhou notoriedade nacional. Ninguém esquecia aquele político alto, esquisitão e que fazia discursos inflamados e divertidos, quase sempre baseados nas histórias que tinha ouvido do pai durante a infância. E ninguém esquecia o seu debate com Stephen Douglas. Na eleição de 1860, conseguiu ser indicado como candidato do Partido Republicano. O Partido Democrata, completamente dividido entre ultraconservadores escravocratas e outros mais abertos, não conseguiu chegar a um consenso e apresentou dois candidatos. A divisão entre os democratas ajudou o Partido Republicano, que havia sido fundado alguns anos antes, a eleger Abraham Lincoln como seu primeiro presidente.

O CONFLITO

Com promessas de leis protecionistas à indústria, a vitória de Lincoln foi o suficiente para que a Carolina do Sul se declarasse, em dezembro de 1860, separada da União. Em 1º de fevereiro de 1861, outros seis estados, Mississipi, Flórida, Alabama, Geórgia, Luisiana e Texas, seguiam a Carolina do Sul e também declararam sua secessão. Em 7 de fevereiro, os sete estados adotaram uma Constituição provisória e formaram os Estados Confederados da América.

Menos de um mês depois, em 4 de março, em seu discurso inaugural como presidente, Lincoln recusou-se a aceitar a separação dos estados, evocando a necessidade de união do país. Indiferentes aos apelos, tropas da Carolina do Sul começaram um bombardeio de mais de quarenta horas contra o Forte Sumter em Charleston, no estado da Carolina do Sul, onde estavam estacionadas tropas da União. Era o início do maior conflito que o país já enfrentara.

A Guerra Civil: do Leste ao Mississipi até a "guerra total"

Do lado confederado, a liderança repousava sobre seu presidente, Jefferson Davies, e o comandante das forças do Sul, general Robert E. Lee, da Virgínia, que recusou o mesmo posto à frente do exército da União, mantendo fidelidade ao seu estado. Ressalte-se que foi uma decisão difícil para a Virgínia fazer parte dos estados confederados, uma vez que de lá surgiram alguns dos mais proeminentes heróis da

Independência Americana, entre eles cinco presidentes e alguns dos idealizadores da Constituição nacional. Mas agora, o que estava em questão era a soberania do estado, que passou também a hospedar a capital confederada: a cidade de Richmond.

Ambos os lados anteviam um conflito de curta duração. O Norte, com 23 estados (Califórnia, Connecticut, Delaware, Illinois, Indiana, Iowa, Kansas, Kentucky, Maine, Maryland, Massachusetts, Michigan, Minesota, Missouri, New Hampshire, Nova Jersey, Nova York, Ohio, Oregon, Pensilvânia, Rhode Island, Vermont e Wisconsin), e uma população de aproximadamente 22 milhões de habitantes, tinha larga vantagem material. Indústrias de armamentos, vestuário e suprimentos relativamente estáveis, além de uma rede ferroviária que favorecia o deslocamento militar. O Sul, com seus 11 estados (além dos 7, Virgínia, Arkansas, Carolina do Norte e Tennessee) e por volta de 9 milhões de habitantes, tinha a seu favor os melhores e mais experientes comandantes militares, além de uma geografia que lhe permitia uma vantajosa defesa de seus territórios.

Os conflitos ao longo da Guerra Civil podem ser divididos, genericamente, em quatro grupos: as primeiras campanhas no Leste, com sucessivas vitórias dos confederados, até 1863; os bloqueios navais no Golfo do México; as campanhas no vale do Mississipi e as contra-ofensivas da União na Pensilvânia, Maryland e Virgínia.

O que marcou o início da primeira etapa da guerra foi a Primeira Batalha de Bull Run (conhecida também como Batalha de Manassas) na Virgínia, em julho de 1861, tendo o exército confederado como vitorioso. Por um lado, ela representou o fim de qualquer esperança de que a guerra fosse de curta duração; por outro, demonstrou a força do exército confederado, que obrigou seus inimigos a recuarem até as proximidades de Washington. Mais ainda, foi o primeiro de uma série de feitos notáveis do exército sulista no Leste, mas com custos humanos e materiais igualmente assombrosos. O rastro de destruição e carnificina deixado por esse conflito seria regra até o fim da guerra.

Na mesma proporção em que a União era capaz de repor suas fileiras, os confederados enfrentavam a superioridade numérica com duas armas: o general Lee e seu principal aliado, general Thomas J. "Stonewall" Jackson. Veteranos da guerra contra o México, submeteram o exército federal (do Norte) a fragorosas derrotas, depois das tentativas de tomar Richmond, lideradas pelo general George McClellan, considerado pouco hábil. A partir da Segunda Batalha de Bull Run, em 1862, Lee passou a ser figura lendária, ao cruzar o rio Potomac e invadir Maryland.

Pouco depois, em Antietam Creek, próximo a Sharpsburg (Maryland), os exércitos dos dois lados iriam se enfrentar novamente em 17 de setembro de 1862, um dos dias mais sangrentos de toda a guerra: mais de 4 mil homens morreram de ambos os

Batalha de Antietam: milhares de mortos e feridos de ambos os lados. Não muito diferente de outras batalhas da Guerra Civil.

lados e mais 18 mil ficaram feridos. A reação do exército do Norte, uma vez mais, foi lenta e mal executada. O general McClellan, ignorando que o exército confederado estava dividido e em menor número, foi incapaz de derrotar as tropas sulistas, que conseguiram recuar em segurança de volta para a outra margem do Potomac. Como resultado, Lincoln exonerou McClellan do comando.

Apesar dessa toada de vitórias do Sul, o Norte também obteve sucesso em batalhas estratégicas, contendo a expansão do exército confederado no mar e no Oeste. Além de tomar Richmond, o principal objetivo das forças da União era cortar as linhas de abastecimento confederadas que vinham principalmente da Luisiana, do Alabama e Texas. Para tanto, a União dependia de uma poderosa armada naval, algo impossível no início da guerra e transformada em peça-chave entre 1861 e 1863, tarefa colocada aos cuidados de Gideon Welles, secretário da Marinha de Lincoln.

O presidente determinou um bloqueio naval ao longo de toda costa sul do país, tarefa desempenhada pelo almirante David Farragut. Além disso, Farragut foi responsável pelo sucesso em duas campanhas essenciais ao esforço de guerra: a tomada de Nova Orleans em abril de 1862 e a obstrução da baía fortificada de Mobile, localizada na região estratégica com ligação direta com o Golfo do México. Perder o porto de Nova Orleans e a baía de Mobile significou uma grande derrota para as forças confederadas, pois o estratégico Golfo do México foi bloqueado. Começava a se delinear a ideia de guerra total, como veremos. Apontando para uma virada nos rumos da guerra, ainda era vital para a União estender seu domínio na região do Mississipi. Conscientes da importância do local, o elo em terra para o Oeste, os confederados organizaram uma poderosa rede de defesa em torno de Vicksburg, às margens do rio Mississipi. A tarefa de tomar a região a qualquer custo ficou a cargo do general Ulisses S. Grant, indicado por Lincoln para comandar as forças da União. Grant era outro veterano da guerra contra o México e, assim como boa parte de seus colegas comandantes (de ambos os lados), formado na academia militar de West Point.

Depois da conquista do porto de Memphis, no Tennessee, e com o avanço de mais de 320 quilômetros no coração do Sul confederado, as forças da União sofreriam outra derrota se não fosse a persistência de Grant em abril de 1862, em Shiloh, Alabama: suas forças foram proibidas de bater em retirada apesar da superioridade confederada na região. Com um saldo total de dez mil baixas em ambos os lados, a Batalha de Shiloh foi decisiva e abriu caminho em direção à Vicksburg.

Contrariando qualquer manual militar da época (e visto com certa cautela nos atuais), Ulisses Grant elaborou uma estratégia ousada para tomar a cidade sob comando do confederado John C. Pemberton. Desceu a margem oeste do rio Mississipi até o sul de Vicksburg, cruzou o rio com o auxílio da Marinha, desembarcou suas tropas e, num rápido deslocamento de suas forças, estabeleceu base na cidade de Jackson, ponto de ataque para o cerco na cidade vizinha. Com audácia de causar espanto, Grant cortou suas próprias linhas de suprimento, agindo sem qualquer auxílio de retaguarda. As linhas de defesas da confederação permaneceram, enquanto os exércitos da federação formavam uma grande força única. Mas o fim ainda estava longe. O exército confederado, acuado em Vicksburg, resistiu às investidas federais. Foram necessárias seis semanas de cerco sobre a cidade até a rendição no dia 4 de julho de 1863.

Nesse meio tempo, Lincoln havia encaminhado a Proclamação de Emancipação, em janeiro de 1863, que declarava a libertação de todos os escravos nos estados rebeldes a partir daquela data. Tal ato teve pouco impacto imediato, uma vez que libertava os escravos do Sul dominado, como se sabe, pelas forças confederadas contrárias à abolição. A Proclamação de Emancipação também autorizava o alistamento de contingentes negros nas fileiras do Exército da União. A partir de então, cerca de 178 mil negros foram recrutados e treinados pelo exército, tendo destacado atuação nas batalhas da Virgínia e do Mississipi. Cerca de 29.500 serviram na Marinha da União.

Embora obtivessem contínuas vitórias no Leste, entre as mais célebres, em Chancellorsville, a pouco menos de 100 quilômetros de Washington, os confederados não tinham nenhuma vantagem estratégica sobre a União. Cada sucesso era marcado por onerosas baixas. Além disso, enfrentavam um inimigo que simplesmente reabastecia seus exércitos com mais homens, com muita facilidade.

Contudo, nada parecia quebrar o ânimo (ou talvez o orgulho) do exército confederado. Numa valente investida na Pensilvânia, o general Lee marchou em direção a Harrisburg, contornando a capital do país, mas foi interceptado pelas tropas federais em Gettysburg, local de uma titânica batalha de três dias, em 1º de julho de 1863. Um dos maiores combates de toda Guerra Civil, a Batalha de Gettysburg deixou mais de três mil mortos no exército da União, cerca de quatro mil entre os confederados e mais de vinte mil feridos ou desaparecidos em cada um. Derrotados e combalidos, os soldados do Sul recuaram até o rio Potomac.

Meses depois, Abraham Lincoln determinou a criação de um cemitério no local da batalha, fazendo talvez o mais famoso discurso da história americana, dizendo:

> [...] nós aqui presentes admitamos que estes mortos não tenham morrido em vão – que esta nação, com a graça de Deus, venha a gerar uma nova liberdade – e que o governo do povo, pelo povo, para o povo, não pereça jamais sobre a face da terra.

Embora as vitórias em Gettysburg e Vicksburg, quase simultâneas, marcassem a virada definitiva da Guerra Civil, os combates ainda perdurariam por um ano e meio. Lincoln transferiu Ulisses Grant para o Leste e o nomeou comandante das forças da União.

Enquanto Grant avançava contra o exército do general Lee na Virgínia, outro vulto da Guerra Civil americana marcou sua presença na História: o general William Tecumseh Sherman. Consolidando as conquistas da União no Meio Oeste, Sherman, outro *westpointer* e herói da Primeira Batalha de Bull Run, marchou com exércitos menores através da Geórgia até alcançar sua capital, Atlanta. Da costa atlântica, rumou para a Carolina do Sul até Charleston, onde a guerra havia começado.

Se a doutrina militar define "vitória" como impedir a capacidade do inimigo em combater, Sherman redimensionou tal afirmação. Para ele, não bastava mutilar a capacidade militar, mas, sim, exaurir completamente os recursos (e a moral) do inimigo. A passagem do general Sherman pela Geórgia se transformou na concretização de um conceito até então nunca antes praticado por qualquer exército da história, o de "guerra total", vislumbrado por líderes militares como o prussiano Carl von Clausewitz, veterano das Guerras Napoleônicas.

A Batalha de Gettysburg durou três dias e deixou mais de sete mil mortos.

As tropas de Sherman, diante da impossibilidade de receber suprimentos, praticaram atos de verdadeira devastação: saquearam, pilharam, estupraram, assassinaram. Vandalizaram a Geórgia. O que não tornava as tropas da União muito diferentes de suas contrapartes sulistas. A disparidade reside, apenas, no véu de legitimidade atribuído a tais ações durante o conflito, algo que o próprio Sherman teria se arrependido, na sua velhice, de autorizar, segundo John Keegan, autor de *Uma história da guerra*.

Ainda sob altos custos humanos, Ulisses Grant continuava suas investidas contra o extenuado exército do general Lee ao longo da Virgínia. Venceu nova batalha em Spotsylvania, no que ficou conhecido como Batalha de Wilderness, em maio de 1864. Pouco depois, em março de 1865, tomou Richmond, a capital confederada. De lá, os últimos remanescentes confederados recuaram até alcançar Petersburg, onde organizaram um último contra-ataque, sua última posição. Na corte de Appomattox, em 9 de abril de 1865, o general Lee assinou sua rendição. Era o fim da Guerra Civil, com um ônus material e humano grande demais para ser ignorado nos anos seguintes.

O NASCIMENTO DE UMA NAÇÃO

O título do capítulo é emprestado do filme mudo *The Birth of a Nation*, de 1915, dirigido por D. W. Griffith. A primeira parte de *O nascimento de uma nação*, como foi chamado em português, representa a harmonia entre uma família de fazendeiros escravistas do Sul e uma família do Norte, moradora de uma grande cidade, liderada por político influente. A mensagem é clara. O Sul e Norte, não importando a diferença entre os estilos de vida, viviam em harmonia. O que, como vimos, não correspondia exatamente à realidade.

Mas então veio a guerra – irmão contra irmão, amigos contra amigos. Morte, destruição, pobreza. Na segunda parte do filme, terminada a guerra com a vitória do Norte, o Sul estava paralisado e destruído. Onde antes havia palacetes aristocratas, agora escombros. Onde antes existiam algodoais exuberantes com trabalhadores negros dedicados, agora devastação e escravos abandonando suas funções. O que fazer? Guerra é guerra. Os negros e brancos antiescravistas radicais do Norte impõem, de forma exagerada no filme, a nova ordem: quem manda agora são os ex-escravos. Aliás, os atores que representam negros são, na maioria, brancos com o rosto pintado.

A aristocracia branca, humilhada, busca recuperar a honra perdida. Um dos personagens, o Pequeno Coronel (Little Colonel), honrado ex-combatente confederado, organiza os sobreviventes brancos numa sociedade secreta conhecida como Ku Klux Klan. No final do filme, a KKK, como ficou conhecida a organização racista, realiza várias ações violentas contra os negros e os republicanos do Sul, e sagra-se vitoriosa. Com isso, restaurava-se o mundo harmonioso de antes da guerra. A mensagem é clara: nascimento de uma nação. Nascia a verdadeira nação americana, liderada pela maioria branca, protestante e anglo-saxônia. Pelo menos na imaginação de uma grande parcela da população branca WASP, na sigla em inglês, ou seja, *White, Anglo Saxon and Protestant*.

O filme provocou grande controvérsia. Os militantes da *The National Association for the Advancement of Colored People*, organização dos descendentes dos escravos que lutava contra a segregação, o repudiaram.

A RECONSTRUÇÃO DOS ESTADOS UNIDOS

O filme sugere que o Sul acabou voltando a ser o que era. Em parte, isso é verdade. Mas o nascimento da nação imaginada e representada no filme de Griffith ocorreu de forma bastante complexa, como veremos.

Uma metáfora para depois irmos aos fatos. Ironicamente, foi o Sul derrotado que produziu um símbolo nacional. Foi na destruída cidade de Atlanta que o doutor John Pemberton, médico e químico curioso, fez uma beberagem da mistura de vários ingredientes, que resultou na Coca-Cola. Demorou algum tempo, mas transformou-se na bebida nacional. De Atlanta para os Estados Unidos e depois para o mundo.

Os Estados Unidos que saíram da guerra estavam, depois de Appomattox, realmente unidos. Transformaram-se verdadeiramente num Estado-nação, com um governo central forte. E o governo central havia prevalecido a um custo bastante alto. Cerca de 620 mil soldados mortos. Muitas mulheres ficaram viúvas e outras permaneceram solteiras. As baixas entre civis, em especial mulheres e crianças, nunca chegaram a ser computadas com exatidão. Cerca de quatro milhões de escravos foram libertados, mas como veremos, não ficou claro, na Declaração da Emancipação, qual seria o *status* dos negros libertos. Lincoln pensou em deportar os negros africanos para a Amazônia brasileira ou para regiões da África como solução. Nada de muito estranho. Muitos americanos antiescravistas não queriam os africanos e seus descendentes nos Estados Unidos. Eram considerados uma raça inferior e, libertos, os negros seriam um impedimento para o progresso. Mas a deportação não passou de um projeto, repelido pelo governo imperial brasileiro.

A força e a concentração de poderes no governo federal durante a Guerra Civil teve um tremendo impacto na economia americana. O quase monopólio dos republicanos no Congresso (por óbvias razões: a maioria dos democratas não fazia mais parte da União e estava na Confederação dos Estados Americanos) fez aprovar várias leis de incentivo à economia, o que acabou proporcionando um grande impulso no desenvolvimento dos Estados Unidos. O Senado aprovou um programa de forte apoio às indústrias e à agricultura. Foram adotadas várias tarifas protecionistas e o famoso *Homestead Act*. Numa tradução literal, seria a Lei da Casa, mas num sentido mais cultural, equivale ao lar acolhedor, a casa do pequeno agricultor que dá sentido de segurança e abrigo. A historiadora brasileira Emília Viotti fez um estudo comparativo entre o *Homestead Act*, de 1862, e a nossa Lei de Terras, de 1850. Resumidamente, o estudo mostra que o *Homestead* facilitou o acesso à terra, enquanto a lei do Império Brasileiro dificultou.

O *Homestead* encorajava o pequeno sitiante, de origem imigrante ou não, ao assentamento nas terras do Oeste. Havia, assim, uma intenção de impedir o inchaço das

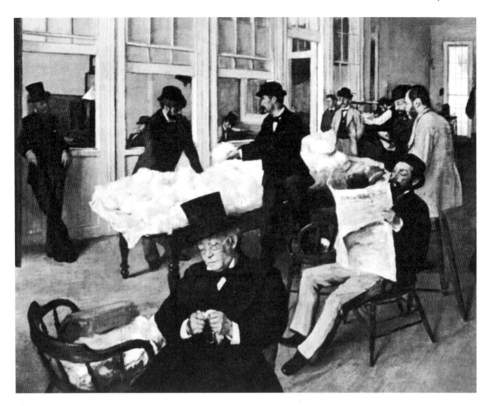

Era em Nova Orleans que funcionava a Bolsa de compra e venda do chamado "rei algodão". Esse lucrativo comércio foi retratado por Edgar Degas na pintura reproduzida acima.

cidades, sempre vistas pelos protestantes como fonte do pecado, enquanto o campo era revitalizador. No caso brasileiro, dava-se o contrário. Para usar uma metáfora de Richard Morse, o *Homestead* funcionava como uma válvula de escape, e a Lei de Terras aqui, como um cinto de segurança.

Era uma "reforma agrária" antes mesmo que as terras do governo fossem ocupadas. Quem preenchesse certas condições poderia obter cerca de três mil metros quadrados de terra para cultivar. Era o sonho do *yeoman*, ou seja, o pequeno sitiante que recebia incentivo de ir para o Oeste.

No filme *O homem que matou o facínora*, de John Ford, James Stewart faz o papel de um advogado que vai tentar a vida no Oeste, e repete a frase de Horace Greeley, o publicista americano: "*Go West, young man, go West and grow up with the country*". ("Vá para o Oeste rapaz, vá para o Oeste e cresça com o país".) Ir para o Oeste significava

A expansão para o Oeste selvagem era escudada na ideia de que tudo era válido em nome da civilização.

empurrar a fronteira e crescer com (e como) o país. Isso resume a ideia do *Homestead Act*. Mas a lei foi aproveitada também pelas grandes companhias ferroviárias, que se beneficiaram de uma variante da lei e se apossaram de imensas áreas para construir as ferrovias. Nessa época foi construída a Ferrovia Transcontinental, ligando a Costa Leste à Costa Oeste, que foi sinônimo de grande escândalo financeiro, como veremos.

Os problemas resultantes da guerra eram imensos e de toda ordem. Aparentemente, poderiam ser resolvidos sem muita resistência já que os estados do Sul estavam submetidos à autoridade da União. Todas as tentativas de acordos anteriores à guerra foram varridas a balas de canhão ou de mosquetes. Mesmo assim os estados, aos poucos, foram recuperando algumas de suas antigas liberdades. Sinais da reconciliação eram visíveis. A introdução do Memorial Day, em 1868, homenageando os mortos dos dois lados, foi um importante gesto simbólico de que as diferenças entre o Norte e o Sul tinham desaparecido.

O nascimento de uma nação | 89

Em pouco tempo, muitas das necessidades militares serviriam para a expansão da indústria. Na primeira imagem, uma trincheira fotografada 20 minutos após uma explosão. Na imagem inferior, soldados em pleno combate.

Um dos maiores efeitos da guerra na sociedade foi a necessidade de uma revolução na organização. O governo, durante a guerra, tornou-se um gigante consumidor incentivando a economia. O exército precisava de tudo. Canhões, as primeiras metralhadoras, os rifles mosquetes, já de carregar pela culatra, pólvora, munição, locomotivas, vagões de carga e de passageiros, trilhos, vigas de aço para construção de pontes, chapas de aço para blindar os navios encouraçados, lenha para combustível e tábuas para construção, tecidos para os uniformes e para as tendas de acampamentos, couro para as botas, cintos, correias, embornais de munição e farnéis, lunetas e balões para observação das tropas inimigas etc., etc., etc. Podemos imaginar que a lista preencheria páginas e páginas.

Essa gigantesca demanda exigia organização de uma estrutura industrial de grandes proporções. Homens de negócios, industriais, inventores e agricultores souberam aproveitar a oportunidade. Surgiram grandes empresas que, depois da guerra, atuaram em todos os setores do país, que crescia em ritmo nunca antes visto. O Norte ganhou a guerra porque estava mais bem organizado para isso: pouco improviso e muito recurso. Mas, acima de tudo, o fator decisivo foi a engenhosidade empregada para encontrar soluções para problemas aparentemente insolúveis, a chamada *american ingenuity*.

O empreendedorismo americano

O período depois da Guerra Civil, em especial a partir da presidência de Ulisses Grant (1869-1877), ficou conhecido como o momento da grande expansão da industrialização americana, e também como um dos períodos mais corruptos da história dos Estados Unidos. Para se ter uma ideia, havia uma lei regulando a propina. Se o juiz ou funcionário aceitasse o pagamento em dinheiro, e privadamente, não haveria exatamente prova de sua desonestidade.

John D. Rockefeller, um dos maiores empreendedores americanos, soube aproveitar o momento para obter vantagens junto a políticos de Washington. Foi exatamente nesse período, mais precisamente em 1872, que nasceu a Standard Oil. A palavra *standard*, já incorporada em nossa língua, significa padrão, padronizar. E era exatamente isso que o fundador da Standard Oil tinha em mente. Padronizar e organizar a confusão no crescente mercado dos produtos refinados do petróleo.

Por padronizar ele entendia racionalizar a produção e a distribuição, acabando com a competição entre as várias pequenas refinarias. Entendia, ainda, disciplinar e dominar todas as etapas da produção, desde a prospecção, o refino, a fabricação dos barris, dos oleodutos, dos vagões tanques, tudo o que fosse necessário para baratear o custo dos subprodutos do óleo. Em outras palavras, estava sendo criado o mercado sob o monopólio de uma corporação. E foi exatamente isso que John Davison Rockefeller fez. Soube aproveitar os momentos de depressão da década de 1870 para comprar a preço baixo e construir novas refinarias, expandir os negócios. Foi impiedoso com os concorrentes e forçou as empresas de transporte ferroviário a dar grandes descontos, podendo, assim, vender seus produtos mais barato e comprar a maioria das pequenas empresas concorrentes que desorganizavam o mercado.

Rockefeller não acreditava na livre-concorrência. Era contra a competição. Apesar de toda a violência no trato com os concorrentes, o processo de estandardização fez baixar os preços, reorganizou o mercado e instituiu um sistema eficiente de distribuição. O monopólio era o caminho para uma futura sociedade mais estável, livrando-se das flutuações e das crises. Quando os trens começaram a ser substituídos por oleodutos, Rockefeller e seus associados trataram também de se apoderar desse mercado. Usando o sistema de venda de ações, transformava seus opositores em sócios menores e monopolizava totalmente o mercado. Empresas de outras áreas começaram adotar o sistema que ficou conhecido como *truste*. Estabeleceu uma sociedade por ações e, em 1882, os acionistas de outras refinarias trocaram suas ações por certificados da Standard Oil Trust. Assim, 90% das indústrias do refino de petróleo passaram para as mãos de uma única instituição.

Na mesma época formaram-se outras corporações. Gustavo Swift criou o processamento de carne e dominava desde currais de gado no Oeste até vagões refrigerados e a industrialização, que ia desde a carne enlatada até os derivados e embutidos. Quando, em 1901, Andrew Carnegie vendeu suas empresas que fabricavam aço e ferro para o banqueiro J. P. Morgan, foi criada a United States Steel Corporation, que dominava mais de 60% da produção de aço dos EUA, o que equivalia a uma produção maior do que a da Inglaterra e Alemanha juntas.

A DURA BATALHA DA RECONSTRUÇÃO

Finda a guerra, os ianques, como passaram a ser chamados todos os nortistas, começaram a ir para o Sul. Vinham em bandos, procurando oportunidades de bons negócios no que sobrou depois da destruição. Eles ficaram conhecidos como *carpetbaggers*, numa tradução livre, aves de rapina que aproveitavam a situação de derrotados dos sulistas. Havia, sem dúvida, aproveitadores. Mas havia também os que migraram com a esperança de estabelecer um programa de recuperação e reconstrução e fazer o Sul se integrar à União em termos mais democráticos e menos racistas. Discutia-se o direito de voto que os ex-escravos deveriam exercer.

Os líderes políticos do Norte não souberam resolver a questão dos ex-escravos. No Sul, os arruinados senhores de terra não abriam mão da propriedade para reparti-la com os negros. Logo no começo da reconstrução, discutiu-se um projeto em que todo afro-americano livre ganharia uma mula e sessenta acres de terra. Entretanto, foram poucos os ex-escravos que puderam viver de sua própria terra. Podemos dizer que os negros foram atirados no meio de uma turbulenta situação política e social. Eram, por isso, vistos como um elemento estranho e mesmo perturbador da ordem do mundo dos brancos americanos.

Os negros vagavam, como disse um historiador, entre a escravidão e a liberdade. Isso quer dizer que os ex-escravos foram jogados à própria sorte, ou pior, foram abandonados numa sociedade de cultura segregacionista, onde os antigos senhores iriam continuar a exercer, de forma violenta, o domínio sobre eles. Em 1881, quase vinte anos após a emancipação, havia *plantations* (grandes propriedades agrícolas) na Geórgia que continuavam a usar trabalho escravo. Os fazendeiros tinham meios de burlar a lei, de forma que os trabalhadores não parecessem escravos. Além do mais, a lei não era levada a sério.

Não há dúvida de que a vitória do Norte significou a vitória do nacionalismo americano sobre o regionalismo. Agora, os Estados Unidos eram, de fato, um país. Continuavam sem nome, mas a palavra América era usada sem vacilações para designar a nação forte que nasceu depois da carnificina que foi a Guerra Civil.

A reconstrução do "novo país" foi uma tarefa dura. Mas, como disse Lincoln, já haviam sido dados os primeiros passos. Era uma reconstrução moderada, que buscava diminuir previsíveis atritos com os sulistas. Os estados da Luisiana e do Arkansas aceitaram, antes de terminar a guerra, adotar governos unionistas, abolindo a escravidão. No entanto, uma minoria radical do Partido Republicano opunha-se aos planos moderados do presidente. Eles queriam uma política vingativa contra o Sul. Rebeldes precisavam ser punidos, pensavam eles. Não era possível fazer concessões a pessoas que dividiram o país. Nesse sentido, os republicanos radicais eram favoráveis aos direitos civis para os negros libertos.

No filme *O nascimento de uma nação*, o congressista radical é representado pelo senador Austin Stoneman, personagem inspirado no senador Thaddeus Stevens. Stoneman é cercado por auxiliares mulatos e negros, partidários de uma ação dura contra o Sul. Em algumas cenas, o senador enfrenta o presidente Lincoln, defensor de medidas mais negociadas e moderadas. Na verdade, os congressistas achavam que o presidente estava exagerando também no uso de seus poderes.

O nascimento de uma nação | 93

Andrew Johnson, que assumiu a presidência após o assassinato de Abraham Lincoln em 1865, ratificou a emenda que legalizava a abolição da escravidão. No entanto, o futuro dos ex-escravos acabou ficando por conta dos senhores brancos do Sul.

Quando Lincoln foi assassinado em 1865, seu vice, Andrew Johnson, teve grande dificuldade para dar continuidade à política do presidente morto. Johnson começou por estabelecer governos provisórios nos estados do Sul. Foi hábil suficiente para escolher políticos moderados do próprio Sul que não haviam apoiado a secessão. Ratificou a 13ª Emenda, que legalizava a abolição da escravidão. Como democrata, não era um forte simpatizante da causa dos negros livres, e procurou deixar o destino dos ex-escravos nas mãos dos antigos senhores brancos do Sul. Estes adotaram os conhecidos *Black Codes* (Códigos Negros), que limitavam, ou mesmo impediam, que os ex-escravos exercessem os direitos estabelecidos pelas novas leis, como, por exemplo, o direito de voto. Para republicanos radicais, isso significava escravidão sob nova roupagem. Portanto, o presidente e o Congresso estavam em constante atrito.

Aqui cabe uma ressalva, para evitar confusões. O Partido Republicano de então era um partido progressista, que defendia, em parte, os direitos dos cidadãos em geral e procurava estender esses direitos aos ex-escravos. O Partido Democrata, como vimos, era o partido dos escravocratas que provocaram a Guerra da Secessão. No entanto, a partir da passagem do século XIX para o XX, os partidos foram, paulatinamente, mudando de posições. Os republicanos ficaram mais conservadores e os democratas mais progressistas. O programa dos republicanos mais radicais era interpretado por analistas da época como se os Estados Unidos estivessem passando por uma revolução nacionalista nos moldes europeus, com traços de socialismo. Karl Marx, que escreveu vários artigos sobre a Guerra Civil, tinha fortes simpatias pelas medidas tomadas por políticos do Norte.

Na verdade, os estados iam, aos poucos, recobrando sua autonomia. Claro que não haveria um retorno à situação anterior, mas os líderes do Sul usavam o argumento da tradição da independência dos estados para defender a supremacia branca. Somente os brancos, diziam eles, tinham condições de conduzir uma reconstrução. Segundo esses líderes, os negros não tinham experiência de liderança. Como vimos, havia uma coincidência de interpretação entre os brancos do Norte e os do Sul quanto ao papel dos negros. Estes não tinham adquirido as condições para participação política e social. A maioria dos americanos brancos, por mais progressista que fosse, não acreditava que os negros estivessem prontos para serem eleitores ou funcionários. Os políticos do Norte adicionavam mais um temor: se os negros adquirissem realmente o direito de voto, poderiam ser manipulados pelos seus antigos senhores do Sul, votando em políticos democratas e desequilibrando a vantagem republicana. Temiam, enfim, que a situação anterior à guerra voltasse a prevalecer. Vivia-se um paradoxo.

O presidente Johnson vetou várias leis favoráveis aos ex-escravos. O Congresso, contrariando o presidente, aprovou a 14ª Emenda, uma das mais importantes da Constituição americana. Por ela, o governo federal ficava com a responsabilidade de garantir direitos iguais perante a lei para todos os cidadãos americanos, o que, pela primeira vez, incluía não só os nascidos nos Estados Unidos, mas também os naturalizados: o direito à vida, à liberdade e à propriedade. A Emenda foi enviada aos estados para sua ratificação, como condição para a readmissão no Congresso. O Sul, com apoio do presidente, rejeitou a lei. A resposta foi imediata: sangrentos conflitos raciais tomaram conta de Nova Orleans e Memphis. Os radicais fortalecidos impuseram seu programa: o Sul seria reeducado à força. O programa previa a ocupação militar, confisco de propriedades consideradas grandes que seriam distribuídas aos libertos. Além disso, o governo federal seria obrigado a criar escolas para os ex-escravos, nas quais eles se prepaririam para votar sem ser manipulados pelos antigos senhores. Os estados do Sul, sem alternativa, ratificaram as novas constituições estaduais dando direito de voto aos negros libertos. Reconhecidos como cidadãos, os ex-escravos estariam protegidos do abuso do poder dos brancos, pensaram os radicais. As forças militares da União, segundo essa interpretação, não precisavam mais ocupar o Sul e começaram a retirar-se. Nada mais equivocado, pois os brancos voltaram a dominar todos os mecanismos de poder.

Problemas. E as soluções?

O Sul encontrava-se com toda a economia paralisada, fazendas arrasadas, cidades como Atlanta e Richmond destruídas pelo fogo, ferrovias arruinadas pela ação das tropas de Sherman e de Grant. Podemos imaginar as dificuldades encontradas para se retomar as atividades agrícolas. Quem iria substituir a mão de obra dos trabalhadores escravos? Imigrantes, como no Brasil? Havia muitos deles, mas poucos se aventuravam a trabalhar no Sul no lugar dos escravos. A base da economia continuava sendo a monocultura do algodão, que só era considerada economicamente viável se fosse operada em grandes propriedades e de forma extensiva. Os donos das fazendas acreditavam que os negros, mesmo livres, só conseguiriam trabalhar sob compulsão. O programa de pequenas propriedades para os negros, como vimos, não deu muito certo.

Os ex-escravos resistiam à ideia de trabalhar nas fazendas de seus antigos senhores por salário. Muitos perambulavam pelas estradas em busca de alguma oportunidade. Alguns foram trabalhar sob contrato fixo de um ano em troca do salário preestabelecido. Mas os contratos sempre favoreciam os empregadores. Outro sistema tentado foi o da parceria. Mas, no longo prazo, os arrendatários ficavam endividados.

Outros negros escolheram as cidades. Iniciou-se a prática da segregação, isto é, os ex-escravos passaram a viver nas piores regiões da cidade, na periferia e em guetos. Não podiam usar os mesmos espaços públicos que os brancos. Bares, restaurantes, hotéis não permitiam sua entrada e permanência. Dessa forma, os negros começaram a organizar seus próprios espaços. Surgiram suas primeiras igrejas e escolas, bares, restaurantes e estabelecimentos comerciais exclusivos. Só assim eles não seriam importunados. No entanto, havia espaços onde era impossível praticar a segregação. O local de trabalho, por exemplo. O patrão branco era obrigado a negociar com o trabalhador negro. Outro espaço era o da política, pois alguns negros começaram a ser eleitos para certos cargos públicos.

Mas havia um espaço no qual ocorreu o que pode ser considerado um prenúncio do que aconteceria nas relações raciais nos Estados Unidos. Trata-se da cidade de Nova Orleans. Num documentário monumental chamado *Jazz*, feito para a televisão,

96 | Os americanos

dirigido por Ken Burns, a relação entre as raças é retratada muito bem. Em Nova Orleans havia mistura em tudo. O *gumbo*, prato típico da Luisiana, é a mistura de várias carnes, frutos do mar, farinha, pimenta e quiabo. No *Congo Square*, praça onde eram permitidas as práticas culturais africanas, dançava-se os típicos ritmos da África. Havia uma mistura do vudu com a religião batista. Mas acima de tudo, existiam muitos mestiços em Nova Orleans. Mestiços de negros com franceses e com espanhóis. Eram os *creole*, quase sempre bons músicos, que participavam ativamente das bandas que acompanhavam enterros, batizados, casamentos e, principalmente, o *Mardi Gras*, o carnaval de Nova Orleans. O espaço exíguo da cidade forçava uma convivência entre brancos – italianos, alemães e irlandeses – e negros, muitos vindos das ilhas do Caribe e do interior dos Estados Unidos. Era uma integração forçada que os obrigava a dialogar. E o jazz foi o resultado desse diálogo. Uma mistura do negro mestiço de Nova Orleans e da Coca-Cola de Atlanta. Ironicamente, dois produtos do Sul ajudaram a soldar a ideia de algo realmente nacional.

Mais problemas

A presença do exército nos estados do Sul tinha como objetivo garantir o exercício dos direitos recém-adquiridos pelos antigos escravos. A violência clandestina e o terrorismo dos brancos visavam impedir que os negros exercessem o direito de voto, por exemplo. O Partido Republicano, que se organizou no Sul, era resultado de uma aliança entre três setores: os próprios negros libertos, homens de negócios que queriam desenvolver a região, e pequenos fazendeiros brancos pobres. Eles tinham em comum a oposição à classe dirigente do Sul. Aos poucos, os pequenos fazendeiros demonstravam seu incômodo na convivência com os negros. Os homens de negócios sentiam-se prejudicados pelos subsídios preferenciais aos ex-escravos. O Partido Democrata dos brancos sulistas aproveitava as desavenças internas do Partido Republicano para dificultar a aplicação das medidas da reconstrução.

Mesmo assim, os subsídios foram adequadamente usados na reconstrução da malha ferroviária, de cidades destruídas, das pontes e das estradas. Mas, como sabemos, houve muita corrupção nessa época, principalmente ligada à luta pelo controle e construção das ferrovias. As especulações na Bolsa de Nova York arruinavam muita gente e enriqueciam poucos investidores desonestos. Um exemplo famoso é o de Daniel Drew, considerado um dos primeiros especuladores da Bolsa de Nova York. Possuía negócios com gado, navegação a vapor, ferrovias. E suas empresas faliram várias vezes, arruinando pequenos investidores.

Cornelius Vanderbilt foi outro grande empresário da época que entrou na guerra competitiva dos preços. E quem era ele? Era o maior proprietário de navios de transporte dos EUA. *New York Times* rotulou-o de *robber Baron* (barão ladrão) numa referência à nobreza medieval que cobrava altos impostos pelo uso de estradas e rios. Ele entrou no negócio das ferrovias e iniciou uma política de redução dos preços para arruinar os competidores. A disputa entre Drew e Vanderbilt envolvia corrupção e propina. Agentes iam a Albany (capital do estado de Nova York) com malas cheias de dólares para comprar juízes. A venda de ações supervalorizadas beneficiou o vice-presidente de Grant, Schuyler Colfax e o futuro presidente James Garfield. A Crédit Mobilier, empresa de construção, vendia ações para a construção da ferrovia que ligava as duas costas dos Estados Unidos. A ferrovia foi considerada importante obra de engenharia, mas financeiramente uma grande arapuca. As construtoras receberam também 6,4 mil acres de terra por cada milha construída, somados a vários outros benefícios e subsídios. Grant parecia não se incomodar com o envolvimento de seus parceiros políticos nos escândalos.

A maior parte das medidas da 5ª Emenda da Constituição – que proibia qualquer tentativa de impedir um cidadão de exercer seus direitos por causa da cor, raça ou religião – ficou no papel. Os senadores não estenderam o direito de voto às mulheres, enquanto os negros tinham muitas dificuldades em exercer a cidadania devido a vários obstáculos. Exigia-se, em muitos estados, que o ex-escravo fosse alfabetizado, pagasse impostos e tivesse propriedade para ser considerado cidadão. Na prática, era quase impossível que os ex-escravos pudessem preencher todos os requisitos para exercer os direitos de cidadania. A antiga aristocracia, paulatinamente, recuperava sua autoridade.

As tentativas reformistas propostas pelos republicanos no Sul foram ameaçadas com o surgimento e a atuação da Ku Klux Klan, que tinha o apoio de brancos de todas as classes. A repressão a essa organização secreta era bastante difícil, pois a KKK tinha uma estrutura descentralizada, ramificações em diferentes estados e era dirigida por pessoas influentes. Os ritos de iniciação, de juramento e de segredo eram poderosas formas de autoproteção. Os negros eram ameaçados primeiro verbalmente, depois fisicamente e, muitas vezes, mortos. Na Carolina do Norte, no Tennessee, na Geórgia, onde os supremassistas democratas voltaram a controlar o poder, houve muitas mortes de republicanos negros e brancos que lutavam pelos direitos constitucionais.

Os democratas racistas do Sul sentiram-se então seguros para fazer campanhas segregacionistas abertamente. Pregavam a supremacia racial branca e, acima de tudo, pregavam contra a intromissão do governo nas atividades econômicas. Por isso, os pequenos agricultores apoiavam os democratas, ajudando a renascer a hostilidade contra o Estado. Os pequenos agricultores, que antes haviam se aproximado dos negros republicanos, agora apoiavam as atuações terroristas da KKK, pois julgavam os negros seus concorrentes. Era como se os militantes da KKK não precisassem mais usar o capuz com a máscara. A prática do linchamento difundiu-se nos estados do Sul. Foram centenas os casos envolvendo uma multidão branca atacando e matando ex-escravos acusados de atos considerados ofensivos pelos brancos.

O FIM DA RECONSTRUÇÃO

A eleição de 1876 foi bastante tumultuada, lembrando a eleição de 2000, disputada por George W. Bush e Al Gore e decidida pelo judiciário. A eleição do republicano Rutherford Hayes só foi possível após um acordo que resultou no chamado Compromisso de 1877, que punha fim ao programa de reconstrução no Sul.

O primeiro ato de Hayes, assim que tomou posse, foi a retirada de todas as tropas federais que ainda restavam nos estados do Sul. Os democratas voltaram a dominar o cenário político. Os republicanos radicais abandonaram o programa de reforma e o Sul voltou a ser o Sul.

Foi assim que se firmou o princípio da *equal but separate*, isto é, "iguais, porém separados". Qual o significado disso? Um panfleto anônimo do fim da década de 1860 havia proposto que a aplicação das disposições legais sobre a igualdade dos afro-americanos seria realizada, mas separadamente. A prática da segregação racial tornou-se lei quando a Suprema Corte aprovou-a em 1896.

DO PAÍS AGRÁRIO À POTÊNCIA INDUSTRIAL

Até 1865 a economia dos Estados Unidos era basicamente agrícola. Não havia nenhuma empresa industrial registrada na Bolsa de Nova York. Do fim da Guerra de Secessão em diante, o país foi se transformando na maior potência industrial e financeira do mundo, superando a Inglaterra. Não que a agricultura tivesse deixado de ser importante, ainda era a principal atividade econômica, mas mudou de qualidade na geração da riqueza geral do país. A agricultura estava se industrializando.

Transformações radicais

Enquanto o país se industrializava, a conquista do Oeste continuava numa velocidade cada vez maior e a *frontier* ia desaparecendo. A palavra *frontier* não pode

O nascimento de uma nação | 99

A fertilidade do solo de algumas regiões, como Oklahoma e as Dakotas, atraiu muitos criadores de gado e ovelhas. Na imagem, uma multidão corre para conquistar seu território.

simplesmente ser traduzida por *fronteira*. Ela tem um profundo significado na cultura americana. Olhando do alto dos montes Apalaches, em direção a oeste, para além do rio Mississipi, estende-se uma imensa pradaria, interrompida vez por outra por uma cadeia de serras e montanhas, até o sopé das Montanhas Rochosas. "Saltando" as Rochosas, chegamos à Califórnia. Entre o Mississipi e a Califórnia, situa-se uma rica região que era habitada pelos índios sioux, pé-preto (*blackfoot*), pawnee, cheyenne e, mais ao sul, apaches, navajos, hopi. Até aproximadamente 1860, as terras ainda não haviam sido totalmente conquistadas pelos colonos brancos. A região de montanhas, ricas em minerais, especialmente ouro e prata, e as ricas pastagens, provocaram uma verdadeira invasão, em especial depois da guerra. Os índios foram empurrados para reservas ou para a morte, dando lugar aos grandes negócios. O mesmo aconteceu com a fauna: os búfalos ou bisontes, animais naturais das pradarias americanas, pratica-

Matar búfalos era limpar o caminho para o progresso.

mente desapareceram pela ação da caça predadora dos colonos. O desaparecimento dos búfalos está relacionado diretamente ao aparecimento de uma figura lendária na cultura popular americana: Búfalo Bill. William Cody era encarregado do extermínio dos milhares de búfalos que atrapalhavam a construção das ferrovias. Búfalo Bill transformou-se depois num *showman* fazendo espetáculos baseados na temática da conquista do Oeste.

Os criadores de gado e ovelhas ocuparam as ricas pastagens, com os milhões de cabeças de *long-horn*, o gado bovino texano típico do Oeste, ou incontáveis rebanhos de ovelhas. Os agricultores descobriram a fertilidade do solo de algumas regiões como Oklahoma e as Dakotas. Os mineiros descobriram quais montanhas poderiam ser exploradas e destruídas para fornecer ouro, prata e outros metais preciosos. Em outras palavras, a conquista de territórios virgens significava, quase sempre, a voraz procura de riquezas. Os americanos deram o nome de *frontier* a essa terra selvagem a ser conquistada. Mary A. Junqueira, em *Estados Unidos: a consolidação da Nação*, resume muito bem o significado de *frontier* para os americanos:

> os norte-americanos usam a palavra *border* para a linha de demarcação entre dois países e *frontier* para a linha divisória entre a civilização e *wilderness* (região erma, "despovoada" que provoca sensações de temor ou reverência no homem civilizado).

Pois no fim do século XIX e começo do século XX não havia mais territórios novos a ser desbravados e conquistados. Acabara-se a *frontier*, o *wilderness*. Entre 1860 e 1910, as fazendas nos Estados Unidos passaram de dois milhões para seis milhões de unidades. Como a lenda do rei Midas, os americanos esperavam que tudo que fosse tocado por eles se transformasse em riqueza, em ouro. O país estava acumulando condições para transformar-se na potência mundial.

A "corrida do ouro" atingiu Nevada, Colorado, Idaho, Montana, Arizona, Dakota do Sul. Acampamentos de mineiros transformaram-se em cidades que atraiam a mais variada "fauna" de personagens imortalizadas por Hollywood. Eram caçadores de recompensas (*bounty hunters*), prostitutas, dançarinas, jogadores, bandidos, caubóis, traficantes de uísque e xerifes, não necessariamente nessa ordem.

Até 1861, o serviço de correio, eficiente, era feito a cavalo, o que imortalizou a figura do exímio cavaleiro que cumpria sua obrigação sob qualquer tempo. Com o telégrafo, costa a costa, assistiu-se ao fim deste romântico correio.

A inauguração da Ferrovia Transcontinental tornou possível cruzar o país, do Atlântico ao Pacífico, em cerca de seis dias. As ferrovias precisavam de acessórios produzidos por novas indústrias, tais como freios pneumáticos, vagões, engates etc. Exigia-se a padronização para atender a rapidez do consumo. Padronização do tempo, dos hábitos e do ritmo do trabalho. A ferrovia passou a ser identificada com a ideia de progresso. Em 1900, cerca de um terço de toda a malha ferroviária do mundo, com mais de 300 mil quilômetros de trilhos, estava nos Estados Unidos. Os trens transportavam, além de passageiros, a produção de algodão, de milho e de trigo. Produzia-se muito mais do que se consumia. O mercado externo era procurado para dar continuidade à geração de riquezas.

Invenções e bons negócios

A eletricidade era vista como um mistério. Vimos que atraiu a atenção de Benjamin Franklin, um dos "pais fundadores" dos Estados Unidos. Mas, durante o século XIX, a ciência avançou em uma velocidade espantosa, se compararmos com o século anterior, e começou a ser utilizada para a obtenção de lucros. O inglês Faraday havia

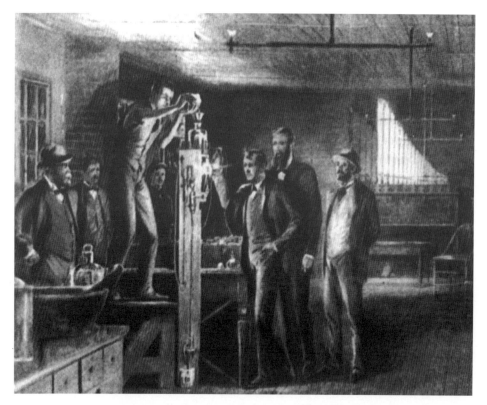

Thomas Edison foi o autor de diversos inventos. Também aperfeiçoou muitos deles. Na figura, Edison testa uma lâmpada elétrica, um de seus maiores inventos.

feito pesquisas com eletricidade na primeira metade do século XIX. Mas foi no final daquele século que os americanos deram um sentido mais prático ao seu uso.

Foi Thomas Edison quem aperfeiçoou vários inventos. John S. Gordon diz que Edison trabalhou com Graham Bell nas experiências que originaram o telefone, e cunhou a expressão *hello!*, o nosso alô! Mas foi a lâmpada elétrica que imortalizou Edison. Grande pesquisador, talvez tenha sido um dos primeiros a aproximar a experiência laboratorial de uma aplicação prática, para a vida cotidiana. No seu laboratório, localizado em Nova Jersey, ele aperfeiçoou o fonógrafo e a luz elétrica. Organizou uma empresa, a Edison General Electric Company, que mais tarde associou-se ao investidor J. P. Morgan, originando a conhecida General Electric, ou simplesmente GE. Em 1880, ele conseguiu da cidade de Nova York os direitos de explorar o sistema de iluminação e distribuição de energia elétrica pela cidade. A casa de força estava localizada na Pearl Street e, com os dínamos funcionando, pretendia distribuir eletricidade em substituição aos lampiões a gás. Durante uma tarde de setembro de 1882, numa grande sala do edifício de J. P. Morgan, 106 lâmpadas iluminaram o escritório do banqueiro. Quando começou a anoitecer, aquela luz muito mais clara do que a vinda do lampião, e sem o característico chiado, chamou a atenção dos transeuntes. Pouco tempo depois vários outros escritórios e residências dos mais ricos estavam usando, leia-se comprando, a invenção – já industrializada – de Edison.

Os mesmos princípios podem ser usados para entender o aparecimento da máquina rotativa que podia, em uma hora, imprimir 240 mil exemplares de um jornal de oito páginas. George Easteman aperfeiçoou o cinema que se transformaria na marca registrada da América. A colhedeira mecânica de McCormick, por volta de 1860, já tinha vendido mais de 250 mil máquinas a partir de um projeto desenvolvido vinte anos antes.

As pesquisas e experiências não incluíam só maquinaria. Mark Carleton viajou para a Rússia para pesquisar uma semente de trigo mais resistente ao frio. Outros descobriram o ciclo da cólera nos porcos, evitando a mortandade dos animais. Um dos mais intrigantes foi o cientista negro George Washington Carver, que descobriu diferentes usos do amendoim, da batata-doce e da soja. Talvez, graças a Carver, é que o *peanut butter and jelly*, a mistura de creme de amendoim com geleia, é até hoje a alegria matinal da maioria das crianças americanas.

Como vimos, produzia-se em quantidades que o mercado interno americano não absorvia. Olhava-se para o exterior. Procurava-se uma nova *frontier*.

A AMÉRICA IMPERIAL

Em jornais americanos do fim do século XIX e começo do XX, a América Latina era apresentada, de forma alegórica e caricatural, como entidade única. Abaixo do rio Grande, encontrava-se a massa de mestiços, índios, mulheres e crianças. Um pequeno jornal de Nova York, o *Utica Saturday Globe*, em 1911, publicou uma caricatura que demonstra claramente a imagem que os americanos faziam dos vizinhos do sul. À direita, dois homens famosos: o magnata Andrew Carnegie, secundado pelo gordo presidente Taft. À esquerda, um grupo de vários homens, liderados pelo presidente do México, agraciando Carnegie com uma comenda. Todos os participantes do grupo à esquerda, sem exceção, usavam sombreros e sarapes (o poncho mexicano). E, para ajudar o leitor americano, nos respectivos sombreros estavam escritos os nomes de

104 | Os americanos

cada país representado no encontro. Lá estavam o Brasil, mexicanizado, uma Argentina, também mexicanizada, e, claro, o próprio México entre Costa Rica, Bolívia, Colômbia, Chile etc.

Pouco antes da Guerra Hispano-Americana de 1898, Cuba foi muitas vezes representada, nos vários jornais, por uma mulher sensual sendo salva pelo paladino da liberdade, o "*noble hero*" Tio Sam lutando contra o vilão espanhol, como numa ópera bufa.

Da mesma forma que os brancos conquistaram o Oeste com a ideia de que estavam levando a civilização para a *frontier*, agora eles olhavam para além do vasto Oeste, para além de seus limites territoriais, para "exportar" a verdadeira civilização cristã. Ensinar aos vizinhos ao sul do rio Grande como deveriam se comportar. Um dos famosos presidentes dessa época, Theodore Roosevelt havia resumido o pensamento vigente: "Se um pequeno e fraco perde o contato com a civilização, é obrigação do mais forte e potente mostrar o verdadeiro caminho da civilização". Foi assim que traduzi a frase: "*[...] an impotence which results in a general loosing of the ties of civilized society [...] may require intervention by some civilized nation*". Pouco tempo antes, Herman Melville, o autor de *Moby Dick*, disse "nós, americanos, somos um povo peculiar, escolhidos [...] Deus predestinou nossa raça e a humanidade espera grandes feitos dela".

Roosevelt e Melville não criaram essa visão do mundo exterior, e de si próprios, sozinhos. Isso foi fruto da disseminação da ideia de que os americanos foram agraciados pela força divina, Deus todo-poderoso, *God almighty* num bom inglês, para conduzir o seu modelo para outros povos. A isso se deu o nome de Destino Manifesto. Mary A. Junqueira sintetizou muito bem esse fato:

> Na primeira metade do século XIX, fortalecia-se a ideia de que os norte-americanos eram um povo eleito com uma missão a cumprir. E tão forte quanto a ideia de construírem a história a partir do zero, era a do "Destino Manifesto", concepção nacionalista que se apoiava na ideia do Direito Natural, concedido pela divina providência àquele país, de tomar para si a parte continental da América do Norte.

Ora, em 1885 a parte continental da América do Norte eram os próprios Estados Unidos. O México e o Canadá não representavam uma forte oposição aos desejos expansionistas da "divina providência". E foi exatamente em 1885 que o reverendo Josiah Strong escreveu e publicou o livro *Our Country*. Nele, reafirmava os princípios do Destino Manifesto de forma claramente ideológica. Os norte-americanos, dizia, tinham a obrigação de "espalhar a benção da democracia e do protestantismo na direção do México, América Central e do Sul, para as ilhas do mar, da África [...] pois as implicações do processo civilizatório criam mais e mais nobres necessidades, e o comércio segue o missionário."

O nascimento de uma nação | 105

Encontro entre Carnegie e representantes latino-americanos. Muitos americanos achavam que todos os habitantes da América Latina falavam castelhano e se vestiam como mexicanos. Repare: o representante do Brasil com um sombrero.

Cerca de 30 anos depois de Strong, mais precisamente a 10 de julho de 1916, o presidente Woodrow Wilson falou no I Congresso Mundial de Vendedores em Detroit. O que ele disse só reforçava a ideia da América como terra que pode semear a felicidade pelo mundo.

> Deixem seus pensamentos e sua imaginação voar e se espalhar por todo o mundo – com a inspiração de que vocês são americanos e isto significa que vocês estão levando a liberdade e os princípios da humanidade por qualquer lugar que forem. Vão e vendam nossos produtos que farão o mundo mais confortável e mais feliz.

O discurso de Wilson foi citado por Victoria de Grazia no livro *The Irresistible Empire*. O título diz tudo, ou quase tudo.

Strong e Wilson fizeram uma boa mistura de religião e negócios e o tempero tornou, como diz Grazia, o império irresistível. Em alguns momentos, ele até podia ser indigesto, mas acabava sendo deglutido.

Espalhando felicidade para além do vasto território

Para um povo que cerca de cem anos antes, isto é, no começo do século XIX, ainda não sabia exatamente o que era, os estadunidenses acharam muito rapidamente sua identidade, ganharam uma autoconfiança sem precedentes e tornaram-se americanos: os vendedores da felicidade.

Após 1814, quando assinou a paz com a Inglaterra na chamada Segunda Guerra de Independência, a nova República americana mergulhou num isolamento. Como dito anteriormente, era uma nação a procura de si mesma. O isolamento durou até os fins do século XIX, quando os Estados Unidos entram em guerra com a Espanha, a chamada Guerra Hispano-Americana de 1898. Esse conflito serviu para que os Estados Unidos tomassem consciência do seu significado na política mundial. Resumindo, o país tornou-se uma potência imperialista, como algumas nações europeias.

Na década de 1890, Cuba e Porto Rico eram as únicas colônias remanescentes do antigo e vasto Império Espanhol no continente americano, enquanto as Filipinas eram o que restava no Oceano Pacífico. Como que seguindo à risca os princípios estabelecidos pelo Destino Manifesto, pelas falas de Josiah Strong, Herman Melville, Theodore Roosevelt e Woodrow Wilson, os americanos olhavam com hostilidade para as relações da Espanha com Cuba e com Porto Rico. Achavam que a velha Espanha exercia um poder autocrático nas suas colônias do Caribe. Com base nesses princípios, davam apoio moral aos movimentos clandestinos de independência que já se espalhavam por Cuba. Mas havia um outro grupo dentro dos Estados Unidos, de forte espírito chauvinista, expansionista e anexionista, que olhava para a ilha como se já fizesse parte do território americano. Esse grupo era incentivado por William Randolph Hearst, dono de uma cadeia de 28 jornais espalhados por todo território americano.

O presidente na época não quis se envolver nas questões internas de a ilha, apesar da pressão dos jornais chauvinistas. Mas os americanos não ficaram de fora dos assuntos espanhóis/cubanos. Um navio de guerra dos Estados Unidos, que estava ancorado em Havana, explodiu, matando cerca de 250 marinheiros americanos. Não se sabe, até hoje, como e por que aconteceu a explosão. O presidente McKinley achou tal acontecimento motivo suficiente para ir à guerra contra a Espanha. Pouco depois de declarada a guerra, o comodoro George Dewey, da Marinha americana, que estava com seus navios em Hong-Kong, atacou as Filipinas destruindo o que restava da frota espanhola. Em Cuba, os combates foram rápidos e, claro, favoráveis aos americanos. O próprio Theodore Roosevelt renunciou ao cargo de secretário da Marinha e formou

Theodore Roosevelt era o tipo do americano que misturava política com demonstração de força pessoal. Ele se considerava um "caubói durão". Na foto, Roosevelt aparece com o *Rough Riders*.

um batalhão chamado *Rough Riders*, algo como os "cavaleiros durões, grosseiros". Derrotada, a Espanha cedeu aos americanos Porto Rico, Guam e as Filipinas. Porto Rico passou a ser um dos principais fornecedores de mão de obra desqualificada para as necessidades crescentes da cidade de Nova York.

Cuba foi temporariamente ocupada, mas depois considerada independente. Uma independência, diga-se, bastante questionável, pois a emenda do senador Orville Platt outorgava aos Estados Unidos o direito de intervir nos assuntos internos do país para proteger os interesses americanos. Podemos dizer que a metáfora da independência de Cuba está na bebida até hoje difundida: *cuba libre*, que é a mistura de Coca-Cola com rum cubano.

A tradição anticolonialista foi sendo esquecida. Necessidades de novos mercados e a justificativa ideológica se aprimoravam, misturando a ideia da superioridade da "raça" anglo-saxônica com a "missão civilizadora", adicionando darwinismo social ao sentido missionário da fé protestante.

Na verdade, a postura expansionista americana já havia se manifestado um pouco antes da guerra com a Espanha. Havia um notável estudo do capitão Alfred T. Mahan defendendo a tese da necessidade de uma Marinha mercante forte para escoar a produção de um país agrícola e industrial e de uma Marinha de guerra para proteger os navios mercantes. Daí a necessidade de conquistar portos de carvão. A compra do Alasca em 1867 e a tomada do desabitado atol de Midway no Oceano Pacífico no mesmo ano estão ligados à ideia da importância de pontos de reabastecimento de carvão para os navios de então, movidos a vapor. O Alasca, pouco depois, se transformaria em um dos maiores produtores de metais preciosos, em especial ouro.

É bom lembrar que os americanos já tinham interesses no Pacífico, mais especificamente no Havaí, desde 1842. Em 1893, grupos ligados à produção do açúcar declararam o Havaí parte do chamado *commonwealth* americano.

A guerra com a Espanha consolidou a posição no Caribe. E, como veremos, quando começou a administração de Theodore Roosevelt, a presença americana no Caribe aumentou. Alguém cunhou as políticas dessa época dos Estados Unidos para a América Latina de "política da má vizinhança", em vez de "boa vizinhança", uma referência ao governo de Franklin Delano Roosevelt, primo distante do primeiro Roosevelt.

MUDANÇAS POLÍTICAS DESEJADAS

Nas últimas décadas do século XIX, surgiu uma organização de ajuda mútua de pequenos agricultores chamada *Grangers*. Esse movimento foi o primeiro que pretendia organizar os agricultores em atividades cooperativas e de solidariedade, para diminuir o isolamento das famílias. As mulheres tinham uma participação ativa. Outro objetivo era lutar contra os monopólios dos grandes empresários, que impunham os preços tanto de mercadorias a serem vendidas como dos produtos a serem comprados. Queriam também eliminar os atravessadores.

Com a grave crise econômico-financeira de 1873, com a quebra de várias empresas, o movimento cresceu, chegando a ter quase dois milhões de membros. Isso era sinal de que havia grande insatisfação e exigências na sociedade americana. Surgiram outras organizações, como a Colored Farmers National Alliance, de agricultores negros, que queria a regulamentação dos fretes das ferrovias, que inflacionavam, em proveito próprio, o preço dos fretes e das passagens. Os mais radicais exigiam a nacionalização das ferrovias, fim da política inflacionária, instalação de armazéns estatais para atender às mínimas necessidades, extinguindo os lucros exorbitantes. Queriam, enfim, uma maior interferência do Estado na sociedade.

Foi essa situação que incentivou os agricultores a organizar um partido chamado Populist Party (Partido Populista). Muitos democratas que tomaram consciência do caráter conservador próprio do seu grupo político passaram a integrar o novo partido. O Partido Populista chegou a eleger deputados, senadores e alguns governadores em estados do Oeste. Os populistas reivindicavam, entre outras coisas, o aumento da cunhagem de moedas de prata, esperando ampliar o meio circulante e estancar a política inflacionária.

O presidente Grover Cleveland, do Partido Democrata, tentou algumas tímidas medidas para amenizar a situação dos pequenos agricultores atingidos pela grande Crise de 1893. As medidas foram inócuas, o que acelerou a migração de democratas para o Partido Populista, que já representava uma terceira força, ameaçando o rígido sistema de domínio de dois partidos. O Partido Democrata estava dividido. O discurso de William Jennings Bryan na Convenção dos democratas no ano de 1895 foi considerado um sinal claro das mudanças no Partido Democrata. Ele disse que era preciso lutar contra "a crucificação da raça humana numa cruz de ouro". O jovem político de Nebraska criticava a ganância dos grandes homens de negócio e pregava, de forma religiosa, a intervenção do Estado para estancar a contínua exploração dos trabalhadores e da população pobre. Uma de suas plataformas coincidia com a dos populistas: aumento da cunhagem de moedas de prata apontando para uma radical mudança na orientação ideológica do Partido. Jennings Bryan foi indicado candidato à presidência pelo Partido Democrata, mas, na eleição, foi derrotado por William McKinley do Partido Republicano.

A guerra com a Espanha afastou, pelo menos momentaneamente, a atenção da população das reivindicações mencionadas. A descoberta do ouro no Alasca ajudou a aliviar, também momentaneamente, a situação de aperto na economia, provocada pela Crise de 1893. O Partido Populista perdeu suas principais plataformas e desapareceu. Mas o populismo sobreviveu nas palavras, nas formulações e nas propostas de muitos políticos, tanto do Partido Republicano como do Partido Democrata. Dessa apropriação é que nasceu o movimento denominado "progressivismo".

O que foi o progressivismo?

O dono de uma revista mensal de grande circulação (cerca de 250 mil exemplares) queria aumentar ainda mais as vendas. Em 1902, começou a especializar-se em denúncias. Denúncias contra abusos de grandes empresas, contra a corrupção de políticos conhecidos, contra a baixa qualidade dos alimentos. As manchetes da revista repetiam mais ou menos a mesma ideia: que o país fora contaminado pela corrupção. Toda a nação, de humildes trabalhadores, passando pelos grandes capitalistas e por políticos conhecidos, cometia algum ato ilegal, burlava a lei ou facilitava o caminho para que alguém o fizesse. A corrupção não era exatamente uma novidade na história americana. Vimos, anteriormente, que havia até uma lei legalizando a propina. Mas na passagem do século XIX para o XX, a situação era diferente. Da revista, as denúncias passaram para livros de grandes tiragens. Esse foi o caso de *The Jungle*, de Upton Sinclair, que descrevia as atrocidades cometidas nos matadouros de Chicago, fornecedores de carne industrializada para toda a nação. Dizia-se que, durante a Guerra Hispano-Americana, morreram mais soldados americanos envenenados pela carne enlatada dos frigoríficos de Chicago do que pelas balas dos espanhóis.

O que as revistas e os livros faziam era "mostrar toda a sujeira", através dos *muckrakers*, como ficaram conhecidos. Os *muckrakers* eram a face jornalística do movimento do progressivismo e forneciam bastante combustível para vitalizar o movimento, embora não tenham exercido o papel de estopim. Podemos dizer que essa tendência inspirou, décadas mais tarde, vários movimentos em defesa do consumidor, como é o caso dos liderados por Ralph Nader, o eterno candidato independente à presidência.

Por cerca de vinte anos, o *progressivismo* tomou conta da vida americana. O movimento não significava simplesmente progresso. Tinha um sentido muito mais amplo e estava associado ao racionalismo, à ideia de um mundo suficientemente rico e pleno para promover o bem-estar e a abundância. Era um movimento que procurava soluções para os problemas sociais do país. Incentivou as ciências sociais, criando novas tendências laicas, separando-as da influência religiosa, apoiando-se mais nas análises científicas, em defesa da pessoa, do meio ambiente. O cinema, que começava a surgir, a literatura, a música, a arquitetura foram influenciados pelo progressivismo. Todas as classes acabaram sendo envolvidas pelo movimento: classes médias, pequenos fazendeiros, herdeiros do populismo, grandes proprietários conscientes da necessidade de reformas, trabalhadores urbanos de tendências socialistas, homens de negócios. Acreditavam, como vimos, no progresso e criticavam o desperdício. Tudo isso associado à capacidade criativa do americano para superar problemas, em especial valendo-se da técnica que resultaria em melhoria das condições materiais. O progressivismo é uma das dimensões do americanismo que enaltece o homem energético, livre e capaz de admirar e, ao mesmo tempo, transformar o mundo natural.

O nascimento de uma nação | 111

Na segunda metade do século XIX as cidades americanas passaram por um grande desenvolvimento. Na figura, o grande fluxo de pessoas e carruagens na Broadway, por volta de 1850, prenunciava a metrópole que estava nascendo.

MUDANÇAS NO MODO DE VIDA: A DEMOCRACIA DO CONSUMO

Toda a segunda metade do século XIX foi um período em que os Estados Unidos alternavam momentos de grande progresso material com depressão acentuada, provocada, em parte, pelas especulações dos grandes empresários. De modo geral, os setores-chave da sociedade americana sentiam a pesada carga que custou a espantosa expansão.

Os agricultores sentiam os efeitos da exaustão do solo causada pela cultura extensiva provocando a erosão, que arruinava as possibilidades de atividades para autossuficiência. A superprodução, decorrente do crescente processo de mecanização, jogava os preços para baixo, provocando prejuízos insuportáveis. Os agricultores eram obrigados a buscar empréstimos nos bancos. Para piorar a situação dos pequenos agricultores,

112 | Os americanos

eles tinham que pagar, cada vez mais caro, por máquinas, sementes e produtos de consumo como roupas e sapatos, que não se faziam mais em casa. E os atravessadores se aproveitavam dessa situação.

Na verdade, os *farmers* (pequenos agricultores e suas famílias) descritos por Tocqueville, na primeira metade do século XIX, fabricavam quase tudo de que precisavam – desde a própria casa até as ferramentas. Eles tinham praticamente desaparecido na segunda metade do século XIX. Não eram mais autossuficientes e foram, por assim dizer, surpreendidos pela avalanche do progresso material. Apesar de a agricultura ser cada vez mais mecanizada, eles não tinham mais tempo para "fabricar" os produtos necessários ao seu dia a dia. Além disso, perderam sua habilidade criativa, na mesma medida em que crescia a especialização e a mecanização de tarefas. Para completar o quadro, sentiam-se cada vez mais compelidos a comprar produtos atraentes que eram anunciados e vendidos em armazéns, depois em lojas e até pelo correio.

Um dos itens que o *farmer* passou a comprar foi a roupa, produto que seus pais costumavam fazer em casa. Inicialmente, os fabricantes só produziam roupas grosseiras, para marinheiros, mineiros e escravos. A Guerra Civil mudou a ideia de produção limitada. Em primeiro lugar, as centenas de milhares de soldados precisavam de uniformes. O aperfeiçoamento da máquina de costura ajudou a produzir, em grandes quantidades, as roupas necessárias para os soldados. Surgiram empresas que lucraram bastante com o negócio de roupas manufaturadas, utilizando as novas máquinas de cortar tecido, casear botões e pregá-los: estandardização. Estandardizou-se a fabricação de sapatos, com a adaptação da máquina para costurar couro. Inicialmente, faziam-se sapatos iguais para os dois pés, não existia pé esquerdo ou pé direito.

Terminada a guerra, todos esses sistemas foram aperfeiçoados. Na passagem do século, era raro ver uma pessoa com roupas que não fossem *ready-made*, como ficou conhecida, ou seja, a nossa familiar roupa feita. O alfaiate desapareceu. O brasileiro doutor Antonio da Silva Mello, além de afamado médico mineiro, um arguto observador, viajou para os Estados Unidos e anotou as peculiaridades da cultura americana. Ele não se conformava com a roupa pronta que via nas lojas americanas.

> As relações do alfaiate e do sapateiro com o seu freguês, mais ainda da mulher com sua modista e a sua chapeleira, representam qualquer coisa profundamente humana, qualquer coisa capaz de tornar-se a razão de ser de uma vida enchendo-a de conforto, de nobreza, de felicidade. Por que destruir a possibilidade de tais contactos e mecanizar, padronizar, industrializar tarefas tão nobres que exigem, não raro autênticas qualidades artísticas?

Silva Mello não admitia as exigências do progresso e da modernidade da sociedade de massas. Tudo era fabricado em série: chapéus, sapatos, calças, camisas, roupas de baixo. Ele não percebeu que a chapeleira, a modista, o sapateiro (o que faz sapato, não o que conserta) e o alfaiate ficaram restritos às altas camadas da sociedade, aos muito ricos, como disse Wright Mills.

Mas os fabricantes sabiam que era preciso produzir roupas em série, mas que parecessem diferentes. Assim, o comprador podia escolher um modelo que o fizesse parecer bem-vestido, elegante como um europeu, como se dizia. A democratização do vestir-se não permitia distinguir com facilidade a classe social das pessoas como acontecia anteriormente, em especial na Europa.

Nas cidades, surgiram grandes armazéns com arquiteturas específicas. Em geral, eram construídos prédios com estrutura de ferro trabalhado. Em Nova York ainda se pode observar alguns desses edifícios. Um dos mais conhecidos é o edifício Woolworth, no número 233 da Avenida Broadway, com seus 54 andares e quase cem anos de existência, hoje patrimônio histórico da nação. Eram as lojas de departamento (*department stores*) que estavam nascendo. Uma das mais famosas, ainda funcionando plenamente, é a Macy's, que abriu suas portas em 1887 com a seguinte propaganda: "Produtos para milionários com preços ao alcance de milhões". Ou seja, a democratização do luxo.

Mas a maior das revoluções no consumo foi a venda por catálogo pelo correio. Os agricultores americanos, desde os tempos coloniais, mas em especial depois da guerra, viviam dispersos e isolados em suas propriedades, distantes uns dos outros. O que não acontecia com o camponês europeu, que vivia na aldeia e ia trabalhar no campo. De forma que era raro os *farmers* se encontrarem para alguma atividade social. Por isso, precisavam se organizar para ter uma vida comunitária. A expansão das ferrovias cobria boa parte do Oeste e chegava a encurtar as distâncias entre um sítio e outro. Chicago era o grande entroncamento de conexão com os diferentes pontos do país, ligando uma pequena cidade ou vila de agricultores entre si e, entre elas e os grandes centros.

Um jovem chamado Aaron Montgomery Ward, que trabalhava como vendedor ambulante pelo Oeste, percebeu as dificuldades vividas pelos agricultores que desejavam comprar os produtos de que precisavam. Consciente da facilidade de transporte oferecido pela malha ferroviária e pelo eficiente serviço de correio, Ward teve a ideia de vender produtos por correspondência.

Com um capital de 1.600 dólares, e mais um pouco de um pequeno sócio, alugou uma sala na parte de cima de uma estrebaria, comprou alguns produtos e imprimiu uma pequena lista com vários itens com um único preço. Um pequeno texto explicando como proceder para fazer a encomenda acompanhava a lista. Ward eliminou os atravessadores e vendia os produtos por um preço 40% mais barato que nas lojas. O frete era pago pela própria empresa de Ward. Vendia quase de tudo: lampiões, papel e envelopes para cartas, arreamento de animais, roupas de cama, camas, cutelaria, baús, armas... Em 1884, a lista, ou melhor, o catálogo, tinha 240 páginas e cerca de 10 mil itens anunciados.

Esse tipo de venda dependia muito da confiança do comprador no vendedor que nunca vira. A empresa de Montgomery parecia ter sido fundada para atender aos Grangers, que, como vimos, foi uma das primeiras formas de organização de ajuda mútua entre os agricultores. Nos catálogos das décadas de 1870 e 1880, a empresa era descrita como "*The Original Grange Supply House*". Oferecia prazos para quem fosse *granger*. Se as lojas de departamento democratizaram o consumo para os trabalhadores das cidades, a venda pelo correio fez o mesmo para os agricultores.

Montgomery não ficou sozinho. Outras empresas surgiram. Mas uma delas, a Sears Roebuck & Company, marcou seu nome na cultura de consumo de massas dos Estados Unidos, e sobrevive até os dias de hoje. Em dias de compras pela internet e pela televisão, os primeiros catálogos da Sears são disputados nos grandes sebos americanos.

OS REPUBLICANOS E AS MUDANÇAS RADICAIS

O republicano William McKinley foi eleito presidente em 1900, mas logo no começo de sua administração foi assassinado por um militante anarquista. Ele foi o terceiro presidente americano a ser morto depois de Lincoln, em 1865, e James Garfield, em 1881. Theodore Roosevelt, seu vice, sucedeu-o. Dizem que quando T. Roosevelt assumiu, alguém exclamou: "aquele caubói maluco virou presidente!!!". A referência era ao espírito aventureiro do novo presidente. Só para lembrar, ele esteve no Brasil e, em companhia de Cândido Rondon, percorreu regiões no Amazonas até então totalmente desconhecidas.

Quando assumiu, os Estados Unidos já eram, como vimos, uma potência mundial. Todo território continental estava explorado, e bem explorado. A chamada *frontier*, o território desconhecido e inexplorado, desaparecera. A situação econômica e social era bastante complexa com o crescimento vertiginoso da população, em especial com a entrada de milhões de imigrantes.

Mudanças na política: Roosevelt e o progressivismo

A situação geral do trabalhador ainda era bastante difícil. Trabalhava-se mais de 12 horas por dia, com um descanso semanal. A situação era pior para as mulheres, que não tinham direito de voto, e para as crianças.

A crescente automação não exigia muita mão de obra, num momento que os Estados Unidos estavam sendo "invadidos" por quase 20 milhões de imigrantes, em sua maioria de origem camponesa e da Europa Meridional e Leste. O imigrante novo era hostilizado pelos velhos imigrantes e, em especial, pela população branca de origem anglo-saxônica. O trabalhador não qualificado fazia as tarefas mais arriscadas e menos saudáveis. Por volta de 1900, os Estados Unidos eram um dos países industrializados que tinham os maiores índices de acidentes de trabalho. Não havia legislação para proteger o trabalhador do abuso dos grandes empresários. Operários das indústrias de aço, por exemplo, recebiam 20% a menos do que o necessário para uma pessoa sobreviver decentemente.

A Nobre Ordem dos Cavaleiros do Trabalho foi a primeira tentativa de uma organização sindical secreta. Eles enfrentaram Jay Gould, o corrupto magnata e dono de ferrovias, e conseguiram acordos trabalhistas mais vantajosos. Mas a grande organização trabalhista, America Federation of Labor, inicialmente restrita aos trabalhadores do setor de cigarros, depois transformou-se na grande central sindical na luta por melhorias salariais.

Foi nessa conjuntura que Theodore Roosevelt, com 43 anos de idade, o mais jovem presidente até então, assumiu. Por um lado, o país experimentava fantástica expansão; por outro enfrentava toda a sorte de problemas internos e externos. Foi nesse exato momento que o movimento do progressivismo ganhou força. Pode-se afirmar que o progressivismo teve, nas primeiras décadas do século xx, dois grandes nomes, Roosevelt e Woodrow Wilson. O primeiro, sem dúvida, até mesmo fisicamente, enquadrava-se perfeitamente na autoimagem do herói americano enérgico: forte, aventureiro, voluntarioso, defensor dos fracos etc. O movimento encarnado por eles, embora o primeiro fosse republicano e o segundo democrata, tinha como fim democratizar as instituições políticas e econômicas americanas com apoio do povo. Aspiravam, em especial Wilson, estender essas bases para além das fronteiras americanas e fazer um mundo seguro para a democracia. O que pretendiam era, em suma, estabelecer um governo mais racional e eficiente e desencadear a luta contra a corrupção. Não pretendiam combater diretamente a pobreza e a desigualdade, mas esperavam que as medidas de um governo forte pudessem diminuir as dificuldades dos setores desfavorecidos da sociedade. Roosevelt, por exemplo, ameaçou usar a força para obrigar os empresários a aceitar uma negociação com mineiros em greve, em fins de 1902. Por isso, várias tendências do movimento operário americano apoiavam Theodore Roosevelt. É bom lembrar que Roosevelt se comportava de forma diferente em se tratando de pequenos e indefesos países no Caribe e América Central.

Roosevelt, quando terminou o seu segundo mandato, em 1909, resolveu tirar umas férias e foi caçar na África. Era voz corrente que, na época, o multimilionário J. P. Morgan teria dito: "Espero que algum leão cumpra sua tarefa". Morgan resumiu o que a maioria dos homens de negócios pensava sobre Theodore "Teddy" Roosevelt.

Estava claro, para Roosevelt e para os líderes progressivistas, que os problemas tinham que ser enfrentados com uma reforma profunda e em níveis nacionais. O presidente parece ter sido um dos primeiros a dar um "título" ao seu programa de governo, usando o *slogan Square Deal*, algo como "acordo justo", que inspirou o *New Deal* do outro Roosevelt, quase trinta anos depois.

Roosevelt, apesar de considerar os negros ainda "não preparados" para a administração, manteve contatos com vários líderes afro-americanos. Quando ele convidou o educador e líder negro Brooker T. Washington para almoçar na Casa Branca, enfrentou protestos de racistas do Sul. Roosevelt condenava o linchamento e determinou que o Departamento de Justiça combatesse a prática.

O presidente iniciou a política de uma participação mais efetiva do governo na fiscalização dos trustes. Para ele, as corporações eram um mal necessário. Só precisavam ser bem regulamentadas e vigiadas. Para isso, criou o Departamento de Trabalho e Comércio. Esse departamento processou gigantes das ferrovias, afetando os interesses de financistas, entre eles J. P. Morgan. Empresas como a Standard Oil, American Tobaco e Du Pont foram afetadas pela política antitruste de Teddy. O presidente caubói também ficou conhecido pela intervenção nas empresas que industrializavam alimentos e remédios, que usavam conservantes prejudiciais à saúde. Paradoxalmente, o caçador Roosevelt foi o presidente que iniciou a instalação de parques nacionais de preservação da natureza.

A construção do Canal do Panamá foi uma das principais ações de Roosevelt na América Latina. Ele dizia que, com os latinos americanos, tinha que "falar manso, mas carregando um grande porrete". A política ficou conhecida como *Big Stick*. E foi o que fez com a Colômbia; falou manso sobre os planos de construir um canal na província do Panamá, então parte do território colombiano. Assim, os barcos americanos não precisariam demorar mais de um mês para ir de São Francisco a Nova York, do Pacífico ao Atlântico. Conta-se que, durante a guerra contra a Espanha, o Oregon, navio de guerra americano que estava no porto de São Francisco, recebeu ordens de zarpar para o Caribe para participar da guerra. Quando chegou a Cuba a guerra já estava quase no fim. Os jornais da época estavam cheios de caricaturas sobre os diversos projetos de construção do canal.

Pois Teddy falou manso com o presidente colombiano, que assinou um acordo para a construção do canal. O Senado do país sul-americano recusou o acordo.

Roosevelt não teve dúvidas; incentivou e apoiou o movimento separatista do Panamá. O navio de guerra Nashville apontou seus poderosos canhões em direção à Colômbia, enquanto os rebeldes criavam um novo país, reconhecido em velocidade recorde pelo governo americano. Quando Roosevelt foi visitar as complexas obras de engenharia no meio da selva panamenha, ele usava um chapéu de palha feito no Equador. Nascia assim o *Panama Hat*, o até hoje famoso chapéu Panamá de origem equatoriana. O canal começou a funcionar no governo de Wilson.

No fim de seu segundo mandato, Theodore Roosevelt não quis concorrer novamente e indicou seu apadrinhado, William Howard Taft, que foi eleito com facilidade. Taft continuou, de forma menos "exuberante", a política de Roosevelt. Fez aprovar duas emendas importantes na Constituição: a 16ª, que instituiu o imposto de renda obrigatório, e a 17ª, que determinou que os senadores fossem eleitos pelo voto direto, popular, e não escolhidos pelos legislativos dos estados.

FIM DE UMA ERA

Com novas eleições se aproximando, Roosevelt rompeu com Taft, considerado muito conservador para o gosto do ex-presidente. No entanto, não conseguiu ser indicado pelo Partido Republicano. Lançou-se pelo Partido Progressivista, que ficou conhecido como Bull Moose Party. Dessa forma, os republicanos entraram divididos na eleição.

O candidato do Partido Democrata era Woodrow Wilson, professor de Princeton e ex-governador de Nova Jersey. O Partido Democrata estava se redefinindo. Era ainda o antigo partido dos escravistas e dos racistas do Sul e, por isso mesmo, apoiou Wilson; mas era também o partido que tinha conseguido fazer muitos apoiarem as propostas progressivistas. O próprio Wilson era um progressivista, como vimos anteriormente.

Assim, em 1912, o Partido Republicano foi colocado em segundo plano na cena política. O poder foi assumido pelo Partido Democrata, que começava a mostrar algumas características do atual partido. Wilson tomou posse em 1913, no momento em que a Europa se preparava para entrar no primeiro conflito mundial.

OS ESTADOS UNIDOS E O MUNDO: PRIMEIRA GUERRA, CRESCIMENTO, EUFORIA E CRISE

UMA SOCIEDADE DE MASSAS

O século inacabado: a América desde 1900, organizado pelo professor W. E. Leuchtenburg, é o título de um dos poucos livros de História dos Estados Unidos. A obra é referência direta ao século xx. Inacabado porque o século xx foi batizado como o *século americano* por Henry Luce, o todo-poderoso editor da *Time-Life*. *O século inacabado* até parece uma provocação (antecipada) a Eric Hobsbawn, que, cerca de vinte anos depois, escreveu *A era dos extremos: o breve século xx*. Para o americano Leuchtenburg, o século xx era inacabado porque, consciente ou inconscientemente, ele concordava com Luce: os anos 1900 foram um "interminável" século americano. Já para o historiador inglês marxista, o século xx foi abalado por guerras, revoluções e crises que o fizeram parecer bastante breve. O autor americano escreveu sob a perspectiva dos Estados Unidos; o inglês, sob a perspectiva mundial, universalizante.

Embora o dono da *Time-Life* tenha cunhado a expressão *o século americano* à época da Segunda Guerra – mais precisamente às vésperas da entrada dos Estados Unidos na guerra –, o 1900 já anunciava a importância que o século xx teria para a história do país.

Já no início do século, as fábricas funcionavam com a força máxima de produção. As fazendas, cada vez mais mecanizadas, atendiam à demanda interna dos habitantes das cidades em crescimento. O desemprego, que havia marcado o período anterior como herança da Crise de 1893, estava em declínio. Havia um otimismo e um dinamismo que todos os americanos pareciam compartilhar com os novos imigrantes que chegavam em levas, em especial ao porto de Nova York.

A rápida e dinâmica expansão da economia americana deu-se em grande parte graças à mecanização da agricultura e da indústria.

Os Estados Unidos receberam cerca de 15 milhões de imigrantes apenas nas duas primeiras décadas do século xx.

Novos americanos: os imigrantes

Esses "novos americanos" chegavam debilitados da Europa. Passavam por triagem na Ellis Island, a pequena ilha no extremo sul de Manhattan, hoje Museu da Imigração. No filme de Francis F. Copolla, *O Poderoso Chefão II*, Vito Corleone, representado pelo ator Robert De Niro, fica em quarentena na ilha por ter contraído varíola.

Novos imigrantes. A expressão estava em sintonia com o rótulo de *novo*. Tudo era *new* no novo século americano. A palavra *new* passou a integrar o vocabulário cotidiano das pessoas, em especial os urbanitas. O presidente W. Wilson colou à sua administração o *slogan New Freedon*, perfeitamente adequando ao espírito. Mas, no caso dos imigrantes, o termo ganhou um caráter pejorativo. Entre 1901 e 1920, os Estados Unidos receberam cerca de 15 milhões de imigrantes. A maioria vinda da Itália, Polônia, Áustria-Hungria, Rússia, Irlanda. Judeus e católicos na fé, poucos deles eram alfabetizados, grande parte era de origem camponesa e outros eram alfaiates, sapateiros, ferreiros. Os imigrantes dos países nórdicos, da Inglaterra e da Alemanha, que haviam chegado uma ou duas gerações antes, se achavam mais americanos que os novos. E de fato, a religião e a língua não eram totalmente estranhas. Suecos, alemães e escoceses eram, quase todos, protestantes de diferentes denominações. Se nem todos falavam inglês, não demoraram muito para se adaptar. Os irlandeses eram discriminados por serem, na maioria, católicos.

Os novos imigrantes eram obrigados a submeter-se aos "agenciadores" de trabalho, que cobravam uma taxa para arrumar-lhes emprego. Eles trabalhavam nas minas de carvão e de ferro, na construção civil, na abertura de ferrovias, nas grandes usinas de aço, nas fazendas. Uma grande maioria, em especial as mulheres, acabava nos *sweatshops,* ou seja, oficinas de confecções nas quais os funcionários trabalhavam sob péssimas condições e baixos salários. Não raro, usava-se o trabalho infantil.

Os velhos americanos, de "primeira linhagem", descendentes dos fundadores do país, achavam que esses imigrantes deveriam ser aceitos nos Estados Unidos desde que passassem por um processo de americanização. Grandes empresários, como Henry Ford, chegaram a criar escolas para ensinar inglês, noções da cultura, preparação de alimentos típicos, noções de como vestir-se adequadamente etc. Essas aulas eram chamadas, ostensivamente, de *aulas de americanização*. A ideia era transformar os imigrantes em bons trabalhadores e bons cidadãos americanos.

Nem sempre de modo tão fácil. O depoimento de um jovem imigrante italiano, publicado em *America past and present*, que escreveu para seus parentes na Itália dá bem uma ideia do que significava "fazer a América" depois de desfeitas as ilusões:

O Estados Unidos e o mundo | 123

Na imagem superior, Ellis Island, em 1902, onde os imigrantes ficavam de quarentena assim que chegavam aos EUA entre 1892 e 1954. Na imagem inferior, um bairro pobre de Nova York habitado por uma maioria de imigrantes.

Mesmo sob condições adversas, os imigrantes encontravam modos de sobrevivência. Na fotografia, a Mulberry Street, no coração da Little Italy, "bairro italiano" de Manhattan em 1900.

Antes de eu vir para cá, disseram que as ruas eram pavimentadas com ouro. Quando cheguei eu aprendi três coisas: primeiro que as ruas não eram pavimentadas de ouro, segundo que as ruas não eram pavimentadas e terceiro, eles queriam que eu as pavimentasse.

Mesmo com os programas de americanização, o governo criava, cada vez mais, obstáculos para dificultar a entrada maciça de pessoas que chegavam aos Estados Unidos. Quase sempre as leis tentavam impedir, em particular, a entrada de imigrantes da Europa Meridional e do Leste. Mas não só.

O México foi outro grande centro de irradiação de imigrantes para os Estados Unidos. A Revolução Mexicana provocou uma total desorganização das condições de vida no país. As diferentes facções e bandos varriam o país, tornando muito difícil a sobrevivência das pessoas comuns. Nas primeiras décadas do século XX, cerca de

10% da população mexicana havia cruzado a fronteira dos Estados Unidos buscando trabalho. Esses novos imigrantes sofriam segregação da mesma forma que os negros. Faziam trabalhos de colheitas de algodão e frutas, eram peões em fazendas de gado. Nas cidades, trabalhavam em construções.

A PRESIDÊNCIA DE WILSON E A GUERRA NA EUROPA

Quando o Partido Democrata apostou na escolha de Woodrow Wilson para ser seu candidato, ninguém pareceu ter levado muito a sério a pretensão do desconhecido professor reitor da Universidade de Princeton. No entanto, com o Partido Republicano rachado e Roosevelt lançando-se por um terceiro partido, o Bull Moose Party, não foi muito difícil Wilson trazer os democratas outra vez para o centro da cena política.

A campanha de Wilson estava baseada nos ideais do progressivismo, não muito diferente do programa de Theodore Roosevelt. Seu *slogan*, *New Freedom*, estava em sintonia com as expectativas culturais e políticas de grandes mudanças. Com isso, derrotou Taft, Roosevelt e um quarto candidato, Eugene V. Debs, do Partido Socialista, que obteve surpreendentes um milhão de votos.

No governo de Wilson foram ratificadas algumas leis já propostas no governo anterior, em especial as que diminuíam a força dos grandes monopólios. "Devemos abolir tudo aquilo que tenha o menor resquício de privilégio", disse o presidente eleito. Por isso ele enviou ao Congresso leis cortando impostos sobre alimentos, lã, algodão e outros produtos, facilitando o consumo dos setores mais pobres da sociedade. Wilson organizou o sistema bancário formando um Banco Central com reservas e direitos de fiscalizar a situação dos bancos privados. Facilitou também o acesso de crédito aos agricultores em dificuldades. Veremos que algumas medidas do governo Wilson inspirariam o projeto de Franklin D. Roosevelt cerca de vinte anos mais tarde.

Uma das leis mais famosas aprovada no governo de Wilson, ratificada em 1919, foi a 18ª Emenda, que instituiu a Lei Seca, proibindo a fabricação, venda e transporte de qualquer bebida alcoólica. Os americanos chamam esse período de *Prohibition*. Essa norma legal, de cunho religioso e moralista, foi, sem dúvida, uma das mais controvertidas leis da história americana. Acabou por incentivar a expansão de atividades ilegais de traficantes de álcool.

O progressivismo do governo Wilson ficou maculado por sua clara posição a favor da "supremacia branca". Como um típico filho do sul (Wilson era natural da Virgínia), ele se recusa a admitir que os negros pudessem usufruir os direitos individuais esta-

A destruição de barris de cerveja era uma forma de controlar a venda de álcool, então considerada droga ilícita.

belecidos pela Constituição. Na primeira parte do já mencionado filme *O nascimento de uma nação*, aparece um longo texto assinado por Wilson em que ele manifesta simpatia pelas propostas de leis segregacionistas e favoráveis à Ku Klux Klan. Wilson aprovava as chamadas leis *Jim Crow*, expressão pejorativa, de caráter segregacionista, que impedia muitos políticos negros de exercerem seus mandatos. Ninguém podia sequer sonhar que menos de cem anos depois, mais precisamente em 2008, um afro-americano seria eleito presidente dos Estados Unidos.

Wilson, além de não aprovar a participação dos negros na política, não aprovava também a participação das mulheres. Mas, ironicamente, ao final de seu governo, foi ratificada a 19ª Emenda instituindo o voto feminino.

Os Estados Unidos e a guerra

O que ficou como marca registrada do governo de Wilson foi a participação do país na Primeira Guerra Mundial. Mesmo antes da entrada direta dos Estados Unidos no conflito, os homens de negócios americanos já estavam lucrando com a guerra na Europa.

Para a maioria dos americanos, a guerra parecia algo distante. Inicialmente, eles não se sentiam tocados pela carnificina europeia; aos poucos, entretanto, foram tomando consciência de que não poderiam permanecer neutros, até pelo fato de a guerra, de uma forma ou de outra, já estar participando da vida deles. Em 1915, a indústria deu um grande salto na produção graças ao conflito europeu. Encomendas dos governos da França e da Inglaterra estimulavam os negócios. Em *Vidas amargas* (*East of Eden*), clássico filme de Elia Kazan de 1954, James Dean faz o papel de Cal, um jovem desajustado morador de uma cidadezinha da Califórnia. O filme é ambientado exatamente na época da Primeira Guerra, e Cal, para ajudar o pai em dificuldades financeiras, planta feijão, vende para os europeus e faz um bom dinheiro. Se Cal, filho de um pequeno agricultor, ganhou dinheiro com a guerra, imaginem J. P. Morgan e a United States Steel, a Ford Motor Company, a Standard Oil...

Wilson insistia na neutralidade, mas como seus navios continuavam levando mercadoria para os países beligerantes, a neutralidade tornava-se letra morta. Os alemães haviam produzido uma frota de modernos submarinos para atacar qualquer navio com destino à Inglaterra ou à França. Estrangular a economia dos dois países era o objetivo esperado pela estratégia da guerra submarina desencadeada pelo Reich.

Em maio de 1915, alguns jornais de Nova York publicaram um anúncio do governo alemão alertando aqueles que pretendiam ir para a Europa: os passageiros que tomassem cuidado, porque a região em torno das ilhas britânicas estava na zona de guerra, e qualquer barco navegando ali poderia ser torpedeado.

Alguns dias depois, o Lusitania, um grande navio inglês de passageiros, considerado da mesma classe do legendário Titanic, partiu do *pier* de Nova York com destino a Liverpool, na Inglaterra. Levava mais de mil e trezentos passageiros a bordo, de várias nacionalidades, dentre eles muitos americanos. Quando o gigantesco transatlântico chegou próximo à costa irlandesa, o nervosismo tomou conta do navio: será que os alemães cumpririam suas ameaças? Enquanto os passageiros se faziam essa pergunta, o comandante do submarino U-20 da Marinha de guerra alemã tinha o Lusitania na mira de seu periscópio. Ordenou o lançamento de um torpedo, um só torpedo, que atingiu em cheio a casa das máquinas do grande transatlântico. Dezoito minutos depois da explosão, o navio afundou levando mais de mil e duzentas pessoas para a morte, incluindo vários dos americanos.

Os soldados dos Estados Unidos lutavam na Europa durante
a Primeira Guerra Mundial para "fazer um mundo seguro para a democracia".
O mote se repetiria ao longo da história dos americanos.

O governo americano exigiu satisfações dos alemães. Wilson queria que a Alemanha interrompesse, imediatamente, a estratégia de afundamento de qualquer navio que se aproximasse da chamada zona de guerra. Os alemães, temerosos que os Estados Unidos entrassem na guerra, prometeram tomar mais cuidado. O povo americano já não estava mais tão seguro da invulnerabilidade do país. A paranoia da segurança nacional, que foi sendo esquecida depois da guerra com a Inglaterra em 1812, voltou a tomar conta dos americanos.

O velho Theodore Roosevelt, que havia voltado recentemente de sua aventura amazônica no Brasil, mesmo não estando muito bem de saúde, era um dos mais belicosos. Acusava o presidente democrata de covardia por não ter declarado imediatamente a guerra à Alemanha. Wilson era um pacifista e, como tal, insistia numa política de neutralidade. Os progressivistas davam apoio moral à posição de Wilson.

Eles se perguntavam de que adiantava lutar por melhorias nas condições de trabalho, por melhores salários, por melhores condições de saúde e de higiene nas fábricas e depois mandar toda essa gente para a carnificina em que já haviam se transformado os campos de batalha na França e na Bélgica? A guerra, diziam os progressivistas, só servia para aumentar os lucros das grandes corporações.

Mas as emoções estavam à flor da pele. Os Estados Unidos foram, como vimos, formados por imigrantes de todos os cantos do mundo, especialmente por povos dos países que estavam em luta na Europa. Os alemães-americanos não demonstravam abertamente sua simpatia pela Alemanha, mas também não condenavam seu país de origem. Os descendentes de franceses e ingleses eram claramente favoráveis aos Aliados (França e Inglaterra), reunidos sob uma coligação que ficou conhecida como a Entente. Os irlandeses, antibritânicos históricos, torciam pela Alemanha. Em algumas cidades americanas, estabelecimentos comerciais de descendentes de alemães foram depredados. Isso demonstrava, aparentemente, que a maioria dos americanos tinha simpatia pela causa da Inglaterra e da França, considerados então os paladinos da civilização contra os bárbaros alemães. Mesmo assim, eles preferiam ficar fora da guerra.

Entretanto, os interesses comerciais americanos na Europa eram enormes. Tanto os Aliados como a Alemanha dependiam cada vez mais dos produtos vindos dos Estados Unidos. Com o bloqueio naval estabelecido pela Inglaterra para estrangular a economia alemã, os navios de guerra ingleses chegaram até a aprisionar alguns cargueiros americanos que iam para a Alemanha, confiscando suas cargas. Até o começo de 1917, os bancos americanos já haviam emprestado mais de dois bilhões de dólares para a França e para a Inglaterra. A Alemanha também havia recebido empréstimos americanos, embora em montantes bem menores. Mais por interesses econômicos do que ideológicos, os Estados Unidos se aproximavam da causa dos aliados.

No início de 1916, morreram mais alguns americanos em outro incidente com um navio afundado pelos submarinos alemães. O presidente Wilson foi firme e bastante claro com o governo alemão: exigiu – e os alemães concordaram – que eles se limitassem a atacar navios armados; caso contrário, os Estados Unidos romperiam relações com a Alemanha. Na realidade, os Estados Unidos ficaram numa situação que, praticamente, não deixava outra alternativa que não fosse declarar a guerra por qualquer ato de provocação por parte dos alemães, o que viria a aliviar, e muito, a situação desesperadora em que se encontravam os exércitos aliados na Europa.

Nas eleições de 1916, Wilson foi reeleito graças, em parte, à promessa de manter os Estados Unidos fora da guerra (*He Kept us Out of War*) e aos votos das mulheres, dos progressivistas e dos trabalhadores.

Wilson começou a sondar, tanto entre aliados como entre os alemães, a possibilidade de uma discussão para a paz. No dia 22 de janeiro de 1917, ele pronunciou um eloquente discurso no senado, pedindo paz sem vencedores. Propunha respeito à liberdade nos mares, para todas as nações, limitação de armas e a criação de uma entidade chamada Liga das Nações, destinada a manter a paz. Poucos dias depois do discurso de Wilson, que havia provocado reações favoráveis na maioria das nações, o embaixador alemão avisou o governo americano de que seu país havia decidido desencadear a guerra submarina de forma mais radical. Os alemães afundariam qualquer navio, de passageiros, mercante, de guerra, armados ou desarmados, que navegassem pelos mares da zona conflagrada. Era a desesperada tentativa de virar um jogo já quase perdido. Cumprindo a promessa, o governo americano rompeu relações com a Alemanha. A guerra estava cada vez mais próxima dos americanos.

O vazamento da informação de que a Alemanha teria procurado arrastar o México para a guerra – com vagas promessas de ajudar o país a recuperar o território perdido para os Estados Unidos cerca de setenta anos antes – só aumentou a tensão. Em março de 1917, os submarinos alemães puseram a pique cinco navios americanos. No dia 2 de abril, Wilson, autorizado pelo Congresso, declarou guerra à Alemanha.

"Nós devemos lutar pelo que trazemos sempre em nosso coração – pela democracia." Embora o discurso de Wilson estivesse cheio de boas intenções, os Estados Unidos estavam longe de ter condições de lutar pela democracia. Não havia um grande exército preparado para atravessar o oceano e lutar contra forças experientes que estavam em guerra há quase três anos.

Mesmo sem grandes preparações, cerca de dois milhões de americanos participaram da guerra na Europa. O peso das forças americanas mediu-se pelo farto material (munição, armamentos, roupas e alimentos) de que dispunham. Graças à presença da imensa força dos expedicionários americanos, os alemães foram barrados e forçados a recuar. A guerra estava perdida e os alemães sabiam disso.

A frente interna

O esforço de guerra mobilizou o país. O poder da presidência tornou-se autônomo e forte o suficiente para organizar diversas comissões e agências que mantinham o país funcionando para a guerra. Um dos novos órgãos foi o Comitê de Informação Pública (Committee on Public Information). Já naquela época era visível a habilidade dos americanos em mobilizar importantes setores da cultura para convencer a população. A propaganda, que já ganhava características mais modernas, as artes plásticas e, principalmente, o cinema, tiveram um papel importante na divulgação de informações e notícias favoráveis e simpáticas à causa dos Aliados. Milhares de voluntários trabalhavam no Committee distribuindo mais de 75 milhões de panfletos e pôsteres. Mais de 75 mil voluntários reuniam-se em praças públicas para fazer um pequeno discurso intitulado "Por que estamos lutando" (*Why we are fighting*). Filmes com títulos como *Kaiser, a besta de Berlim* eram apresentados nas salas de cinema. Os alemães eram apresentados como os hunos bárbaros. Peças de grandes mestres alemães como Beethoven e Bach foram temporariamente banidas das salas de espetáculos.

Pacifistas eram espancados e processados. A Lei da Sedição, aprovada na época, previa duras penas para quem fosse considerado desleal ou usasse linguagem tida como ofensiva ao governo. O socialista Eugene V. Debs foi condenado e preso por ser considerado espião. Atos de violência contra qualquer pessoa que se posicionasse contra a guerra eram comuns. O presidente, aprovando normas como a Lei da Espionagem, incentivava a violência patriótica. Frank Little, militante da IWW (Industrial Workers of the World – o grande sindicato de trabalhadores não especializados de tendências socialistas, fundado em 1905), foi linchado e enforcado por ser contra a guerra.

Uma verdadeira máquina burocrática foi montada para dirigir o esforço de guerra. O Conselho da Indústria de Guerra (War Industry Board), liderado pelo financista milionário Bernard Baruch, tinha por objetivo organizar o fornecimento de matéria-prima, fixar os preços e coordenar a produção das diversas fábricas e minas fornecedoras.

As campanhas de solidariedade, tão típicas na formação cultural americana, como a do "dia sem carne" ou "dia sem pão", tinham como objetivo enviar mais alimentos para as vítimas da guerra.

Um setor que colaborou com o esforço de guerra foi o sindical, embora isso não compreendesse os sindicatos de tendências socialistas. Sam Gompers, líder da poderosa Federação Americana do Trabalho (AFL, American Federation of Labor), fazia parte do Conselho Nacional de Defesa do governo. Nessa cooperação, as mulheres – que afluíram em massa às fábricas para substituir os homens em guerra na Europa –, assim como os negros, começaram a receber salários mais altos. Milhões de mulheres deixaram de ser apenas donas de casa para serem operárias nas fábricas. Mais de quinhentos mil negros deixaram o "velho Sul" para trabalhar em Chicago, Detroit, Cleveland e Nova York.

As mudanças dos costumes: Henry Ford, os negros e o blues

Uma das mais notáveis implicações dessa migração interna na época da guerra foi a difusão do blues, o gênero musical nascido em Nova Orleans e que se espalhou pelos Estados Unidos (depois para o mundo). O ensaísta Daniel Boorstin fez uma

A modernidade foi abalando as formas tradicionais da sociedade americana. As mulheres, por exemplo, tiveram que abandonar o lar para fazer o "trabalho dos homens" durante a guerra. Na imagem superior, antes da guerra, homens trabalhando na construção de uma rodovia. Na imagem inferior, mulheres trabalhando em uma fábrica de arsenais para a guerra.

interessante análise do fenômeno. A guerra havia interrompido o fluxo de trabalhadores imigrantes da Europa para a América. Henry Ford não teve dúvidas, mandou vários agentes percorrerem os pobres estados do Sul recrutando mão de obra entre os negros, desempregados na sua maioria. Ford fretou trens com centenas de trabalhadores que chegavam às suas fábricas para ganhar o salário mínimo de cinco dólares por dia (muito dinheiro para a época), base da política trabalhista do fordismo antissindical. Por causa disso, o nome de Henry Ford foi incorporado em letras de blues:

> Say, I'm going get my job now. Working in Mr. Ford place
> Say, I'm going get my job now. Working in Mr. Ford place
> Say, that woman tol'me last night, "Say, you cannot even stand
> Mr. Ford's way".*

Os negros que chegavam a Chicago, por exemplo, eram quase sempre solteiros, semiespecializados, e iam trabalhar nos matadouros, nas usinas siderúrgicas, nas ferrovias, nas minas. As mulheres, brancas ou negras, iam trabalhar nas fábricas de tecidos, nas lojas de departamento ou em restaurantes. Os negros, que haviam fugido do Sul para escapar da pobreza e do racismo, passaram a desfrutar de condições materiais muito melhores, mas não deixavam de ser segregados. Sem dúvida, as condições de vida e de liberdade dos negros nas cidades industriais do Norte e do Leste não tinham comparação com a situação no Sul. Os salários que Henry Ford pagava não tinham nada a ver com a miséria que haviam deixado no Sul.

Os fazendeiros da Califórnia, Texas, Novo México, Arizona estavam à procura de mão de obra barata. Por isso, eles pressionaram o governo para abrandar as leis anti-imigração, facilitando a entrada de grande número de trabalhadores mexicanos. Até 1920, os estados do Sul e Oeste receberam mais de cem mil imigrantes mexicanos. Em pouco tempo, transformaram-se em americanos-mexicanos, que mais tarde ficariam conhecidos como *chicanos*. Como outros imigrantes, formaram verdadeiros guetos, os *barrios*, em cidades como Chicago, Los Angeles ou Nova York, mantendo sua cultura de origem ou desenvolvendo uma nova forma cultural híbrida, cujo melhor exemplo foi o nascimento da comida *tex-mex*, uma recriação texana da cozinha mexicana.

---

* "Ei, eu vou pro trabalho agora. Trabalhar da fábrica do Mr. Ford.

Ei, eu vou pro trabalho agora. Trabalhar na fábrica do Mr. Ford.

Ei, aquela mulher me disse ontem: Ei, você não pode, não pode não, ficar

No caminho do Mr. Ford."

A cultura musical dos negros

As cidades ganhavam uma população cada vez mais multirracial. Os negros se organizavam como forma de abrandar a segregação racial, explicada, em parte, pela concorrência no mercado de trabalho, temida pelos trabalhadores brancos, e, em parte também, pelas questões culturais herdadas desde a Guerra de Secessão. Mas foi na cultura que os negros acharam uma forte arma de autoafirmação, principalmente na cidade de Nova York, onde sua manifestação se mostrou mais rica. Criaram uma "cidade" dentro da cidade – o Harlem –, que se transformou na fortaleza cultural dos negros dos Estados Unidos, da Jamaica, da própria África e das Índias Ocidentais. O lugar foi logo batizado de "a maior comunidade negra da história".

No Harlem, havia novas oportunidades para as levas de migrantes negros vindos de outras partes do país. Política e arte se misturavam. Weldon Johnson, um dos fundadores do National Association for the Advancement of Colored People, a poderosa organização de luta pelos direitos civis, era compositor, poeta e advogado. Cultura, política e negócios, legais e ilegais.

Imobiliárias especializadas em construções só para a população negra surgiram, dando boas oportunidades a corretores e construtores. O entretenimento transformou-se em um bom negócio. A fundação do Cotton Club, o famoso cassino fundado logo depois da Primeira Guerra, era a referência da apresentação de grandes nomes da música negra americana, como Duke Ellington e Cab Calloway. Era no Cotton Club que se bebiam os melhores uísques, as melhores champanhes (além de drogas), na época da Lei Seca.

O Harlem abrigava o imigrante de origem camponesa, o estudante, o homem de negócios, o artista, o poeta, o músico, o aventureiro, o trabalhador, o pregador religioso, o criminoso, o gigolô. Cada um deles chegou ao Harlem por diferentes motivos, mas acabaram por formar uma comunidade que contribuiu grandemente para a difusão da cultura negra e transformou a cultura americana.

Os negros saíam da monotonia da vida pobre e rural para o dinamismo do mundo urbano, forjando uma nova "consciência de raça", formando uma guarda avançada, uma arma de autodefesa afro-americana contra o racismo e o segregacionismo dos brancos. De tão forte, o movimento cultural do bairro foi rotulado de Renascimento do Harlem.

O jazz

Foi através do gênero musical criado em Nova Orleans que os negros demonstraram sua liberdade de forma plena. Podemos arriscar a dizer que o jazz ajudou a formar algumas das bases para as futuras lutas políticas dos agora denominados afro-americanos.

O jazz – a grande invenção da cultura negra de Nova Orleans – foi, sem dúvida, uma manifestação de resistência dos afro-americanos. Na imagem superior, The King & Carter Jazzing Orchestra (1921). Na foto inferior, Louis Armstrong – trompetista e cantor –, um dos ícones do jazz.

O gênero nascido em Nova Orleans espalhou-se pelos Estados Unidos e pelo mundo como um produto da América urbana negra. A rica experiência musical criou um dos gêneros musicais mais conhecidos no mundo. Não é simples rastrear a origem da palavra jazz. Alguns estudiosos e folcloristas afirmam ser uma forma chula de referir-se à relação sexual.

O que se deve levar em conta aqui é mais a importância sociocultural do gênero do que a origem da palavra. Entre os estudiosos, é unânime a ideia de que o jazz é o resultado da fusão de várias formas musicais dos centros urbanos. Na Europa, depois da guerra, havia também manifestações inovadoras, como a música de Arnold Shönberg, de Bela Bartok, de Igor Stravinsky, mas o jazz era, de longe, uma manifestação musical muito mais democrática. Não se tem notícia de uma reação violenta contra a apresentação de um concerto de jazz, semelhante a que ocorreu em Paris quando da apresentação da *A Sagração da Primavera*, de Stravinsky.

O jazz é mais comunal, da massa. É mais uma manifestação sociológica musical do que uma forma estilística inovadora. O jazz dissolvia a distinção entre compositor e o artista-instrumentista-cantor que se apresentava.

Embora houvesse considerável número de músicos brancos, os verdadeiros criadores eram negros. A cidade de Nova Orleans foi a grande incubadora do gênero. Os senhores de escravos da região eram, em sua maioria, católicos de origem francesa ou espanhola e não se preocupavam muito em coibir as manifestações culturais e religiosas vindas da África. O jazz tem origem nas chamadas "canções de trabalho" (*work songs*) das plantações. Mas aos poucos evoluiu para formas urbanas, com a inclusão da chamada *blue note*, em outras palavras, as notas que não eram encontradas na escala simples das sete notas. Some-se a isso a improvisação e a polifonia.

Só Nova Orleans poderia ter concebido essa música. Porto internacional, recebia influência de imigrantes do Caribe, da Irlanda, da Itália, fusão cultural que desembocou no ragtime, música sincopada imortalizada principalmente por um pianista chamado Scott Joplin, que ficou conhecido internacionalmente graças a Hollywood. O filme *Golpe de mestre* (*Sting*), estrelado por Paul Newman e Robert Redford, teve como trilha sonora *The Entertainer*, música de Scott Joplin, que hoje é utilizada como música de fundo em espera telefônica.

Quando terminou a Guerra Hispano-Americana, as tropas, voltando de Cuba, abandonaram muitos instrumentos utilizados, em especial os metais (trompetes, trombones), que foram reaproveitados pelos músicos, gerando grande quantidade de instrumentos musicais relativamente baratos. A música de bandas tomou conta da cidade. Cada bairro possuía pelos menos uma banda. Pianistas trabalhavam nos

Jelly Roll Morton ou Ferd Morton, considerava-se o único inventor do jazz, honra que deve ser dividida com vários outros músicos.

bordéis de Storyville, o bairro restrito para a prostituição, mas as bandas tocavam em qualquer ocasião e em qualquer lugar. Tocavam nos parques, em piqueniques, nos enterros e, claro, no Carnaval (*Mardi Gras*).

O jazz não tem inventor, mas Jelly Roll Morton, o conhecido pianista, gostava de se declarar seu criador. A invenção do fonógrafo e do disco foi fundamental para a divulgação da música. A primeira gravação de jazz foi atribuída a um grupo de músicos brancos oriundo de Nova Orleans chamado Original Dixieland Jazz Band, e foi efetuada em 1917. Coincidentemente, no mesmo ano se gravava, no Rio de Janeiro, o primeiro samba, "Pelo telefone", de autoria de Donga.

O fonógrafo serviu perfeitamente para a difusão do jazz e do blues. Os negros passaram a ser um novo grupo de consumidores na sociedade consumista da América do pós-guerra. Bairros negros, como Harlem, em Nova York, o South Side, de Chicago e o distrito negro de Detroit, lotavam nas noites de sexta-feira. Depois do trabalho, formavam-se enormes filas diante das casas de espetáculo, como o Cotton Club, ou diante das lojas de discos. As opções eram assistir um show ao vivo ou comprar o disco para ouvir no ambiente mais aconchegante da casa, já aquecida no inverno.

Comprar o último lançamento de um blues virou moda. As gravadoras produziam em massa para um mercado cada vez mais ávido. Esse era o novo país que nasceu com a Primeira Guerra Mundial: os Estados Unidos prósperos, ricos e consumistas.

DE RICAÇOS A POBRETÕES: GRANDE DEPRESSÃO

Entre 1921 e 1933, os Estados Unidos foram governados por presidentes do Partido Republicano. O que interessava aos Estados Unidos eram os negócios; o *business* faz a síntese do pensamento desses representantes do mundo. O Partido Republicano de Lincoln era apenas uma lembrança longínqua. Agora, era o Partido de Coolidge, Harding, Hoover. O Estado deveria ter a menor participação possível nas atividades econômicas. Segundo esses presidentes, era preciso reverter toda a obra que o presidente Wilson havia erigido para enfrentar a grave crise desencadeada pela participação dos Estados Unidos na Grande Guerra.

Até 1929, os presidentes republicanos acreditavam que os americanos viviam no melhor dos mundos e os quase 120 milhões de habitantes dos Estados Unidos comungavam da mesma crença. E os números justificam essa crença.

No começo da década de 1920, os americanos já haviam comprado cem mil primitivos e quase experimentais aparelhos de rádio. No final da mesma década, mais

Na chamada Era do Jazz, os jovens, em especial os ricos, queriam aproveitar a vida como se ela fosse acabar no dia seguinte. Era como se eles adivinhassem que em breve viria a Grande Depressão.

de 4,5 milhões de rádios transmitiam programas musicais variados, em especial jazz e blues. Também os programas humorísticos prendiam milhões de ouvintes em casa. Monteiro Lobato descreve um desses famosos programas: *Amos & Andy*. Os personagens representavam dois negros proprietários de uma decadente empresa de táxi, a Fresh Air Taxi Cab Company of America Incorporated, com sede no Harlem. Diariamente, milhões de americanos que estavam em casa às sete horas da noite paravam tudo o que estavam fazendo para ouvir as aventuras e desventuras dos dois humoristas brancos que se faziam passar por negros. Até os Rockefeller e os Ford, segundo Lobato, ouviam o programa. A propaganda pelo rádio já era "velha" em 1929. *Amos & Andy*, por exemplo, eram patrocinados pela pasta dental Pepsodent. Os dois ganhavam, por ano, duzentos mil dólares em valores da época. Uma fortuna em valores de hoje.

Mercado, heróis e automóveis

Vendia-se de tudo para um mercado ávido por novos produtos. Qualquer produto. Atribui-se a Phineas Taylor Barnum, *showman* e criador do famoso circo Ringling

Ford fez parte da geração que enriqueceu com a produção em massa. Na fotografia, linha de produção do Ford T.

Bros. and Barnum & Bailey Circus, a frase: "a cada minuto nasce um otário". Ou seja, sempre haveria alguém disposto a comprar qualquer coisa que estivesse à venda. Em 1929, quase um milhão e meio de lares possuía geladeiras. E, apesar da má distribuição de renda, no ano em que, sabidamente, estourou a maior crise do capitalismo de que se tem notícia, os americanos compraram mais de 4,5 milhões de carros. Comprava-se muito além da necessidade.

Kenneth C. Davis, um historiador pouco conhecido na academia, escreveu um livro com o divertido título de *Don't Know Much About History* e um subtítulo mais divertido ainda *Everything you need to know about American History but Never Learned*. Algo como "Eu não sei direito nossa História" e "Tudo o que você precisa saber sobre História americana e nunca aprendeu". No capítulo sobre Henry Ford ele começa dizendo, com razão, que Ford faz parte do panteão dos grandes heróis inventores, embora não tenha inventado o automóvel; no entanto, foi o automóvel que fez de

Ford um dos homens mais ricos da época. Os europeus haviam iniciado a "mania" por automóveis. Alguns inventores americanos estavam fazendo experiências com essa invenção, que hoje inferniza a vida da maioria das cidades, empesteando o ar com CO_2. Ford inspirou-se em todos eles e transformou o carro, o automóvel, no que é hoje: um meio de transporte individual para uma sociedade de massas. Isso pode parecer um paradoxo. E é um paradoxo. Um meio de transporte individualizado para uma sociedade de massas? Na época, a ideia era proporcionar liberdade de locomoção para os americanos. O trem era um meio de transporte de massas, mas não deixava o americano, de espírito livre, totalmente liberto. Ele só podia ir aonde o trem levava, não podia "sair dos trilhos". O automóvel não, ele vai aonde o dono quiser. Ou pelo menos até onde a estrada puder levar. Ou mesmo, quando não existe exatamente o que pode ser considerado uma estrada, até onde os *off road* chegam.

Um produto de massas precisa ser fabricado em massa. Na verdade, essa era uma tendência que já vinha se manifestando nos negócios dos Estados Unidos; Ford deu apenas o acabamento final. A linha de montagem aplicada por Ford conseguiu reduzir o preço do famoso *Modelo T*, de novecentos dólares para menos de trezentos. Quando começou a Primeira Guerra Mundial, a Ford Motors Company produzia mais da metade de todos os carros dos Estados Unidos. Os trabalhadores da Ford ganhavam, como já vimos, cerca de 5 dólares por dia. O faturamento individual do magnata chegava a 25 mil dólares por dia. Ele pagava os mais altos salários para compensar a monotonia da linha de montagem, mas também para que seu operário pudesse comprar o produto que ele mesmo estava fazendo. Henry Ford, não obstante, deve ser enquadrado, politicamente, na categoria dos conservadores americanos, como veremos a seguir. Era antissemita, perseguia os membros de sindicados contratando gângsteres e despedia quem fosse apanhado bebendo ou dirigindo um carro de outra marca.

Mas foi a "invenção" de Ford que deu oportunidade aos trabalhadores e à classe média de "serem livres". Até então, viajar para o campo ou a praia, relaxar das tensões do trabalho das cidades, era privilégio dos ricos, dos Rockefeller, dos Vanderbilt e Morgans. Norman Rockwell, o grande ilustrador, que fez inúmeras capas de famosas revistas americanas, foi o que melhor captou esse espírito americano, com um quadro chamado "*Going and Coming*". A família americana indo e vindo, de automóvel, para um dia de piquenique.

E os americanos compravam. Compraram, por exemplo, a euforia que tomou conta do país com a primeira travessia transoceânica por avião, realizada pelo piloto Charles Lindbergh em 1927, outro ícone americano da aviação que também não inventou nada. O piloto transformou-se no símbolo do americano dinâmico, jovem e capaz de grandes proezas. Os meios de comunicação de massa tiveram papel fundamental na imagem heroica de Lindbergh.

A propaganda tornou-se a alma dos negócios.
E o negócio da América era negociar.

Além disso, milhões de pessoas que lotavam todas as semanas as salas de cinema, assistiam, nos intervalos dos filmes, a propagandas de vários produtos, o que ajudava a dinamizar o mercado crescente. Atrizes como Clara Bow e Gloria Samson eram vinculadas a certos produtos, numa clara referência à liberação sexual. As mulheres fumavam e bebiam publicamente.

Na verdade, era como se houvesse dois países: um urbano, cosmopolita, representado pelos artistas, intelectuais, músicos de jazz, por teatros, museus e universidades, que pregavam a total liberdade dos costumes. O outro, conservador, religioso, xenófobo, racista, representado pelos moradores das pequenas cidades e por religiosos fanáticos.

O primeiro, isto é, o país urbano e culto, era representado pelo vigoroso movimento intelectual, artístico e científico. Escritores como Sinclair Lewis, William Faulkner, Ernest Hemingway, John dos Passos, Scott Fitzgerald criticavam, cada um a seu modo e com estilo próprio, a sociedade tradicional. A supremacia da raça branca foi desmascarada pela antropologia de Franz Boas, da Universidade de Colúmbia, de Nova York, considerado mestre do brasileiro Gilberto Freyre. A crítica à sociedade consumista era também acompanhada da procura por uma vida mais pura, por uma postura mais naturalista e na cultura dos índios.

O segundo, reacionário e conservador, era representado pelos defensores da Lei Seca, da supremacia dos brancos protestantes. Foi o renascimento da Ku Klux Klan que melhor representou esse forte segmento da sociedade americana. A organização racista, que havia sido fundada logo depois da Guerra de Secessão, renasceu sem muita expressão entre 1919 e 1920. Aos poucos, foi ganhando adeptos, principalmente entre os habitantes das pequenas cidades do interior e moradores do campo. Os partidários da KKK hostilizavam os estrangeiros, apoiavam fanaticamente a Lei Seca, promoviam tumultos raciais que, não raro, resultavam em linchamentos de negros, em especial nos estados do Sul. Um outro inimigo eleito pelos conservadores foi o comunismo, que alimentava o "terror vermelho", o *red scare*. Movimentos sindicais independentes, como o Industrial Work of the World, foram duramente perseguidos. Segundo a KKK, a Revolução Russa poderia desviar os americanos do caminho da democracia e, principalmente, destruir a propriedade. O medo do comunismo sobreviveu até 1989.

Por que os brancos militavam na KKK? Uma pesquisa revelou que as reuniões, as discussões e as ações do grupo forneciam uma identidade ao homem branco, que se afirmava na negação do outro. De certa forma, assemelhavam-se às organizações dos *camisas pardas*, que estavam surgindo, na mesma época, na Alemanha.

144 | Os americanos

Por essa razão, os homens pobres brancos, que já estavam sofrendo os primeiros efeitos de uma crise que viria, apoiavam a destruição de escolas católicas, a abolição do ensino da Teoria da Evolução de Darwin e faziam campanha contra candidatos católicos e judeus.

Embora a ligação não fosse tão direta, pregadores religiosos como Billy Sunday, ex-jogador de beisebol, e Aimee Semple McPherson atraíam grande público. Suas pregações eram, de modo geral, assemelhadas a grandes espetáculos teatralizados. Apoiavam a Lei Seca, negavam a Teoria da Evolução de Darwin, condenavam os músicos de jazz, os católicos, e os judeus. A 18ª Emenda – *Prohibition* (Lei Volstead), que instituiu a Lei Seca –, era considerada pelos agora ultraconservadores republicanos uma poderosa arma para obrigar os imigrantes a deixar a cultura viciosa importada da Europa.

Mas havia resistências. O próprio Harlem, com seus bares clandestinos (*speakeasies*) e os grandes shows de jazz, as mulheres que trabalhavam fora de casa, os gângsteres traficando bebida. Os irlandeses católicos, os italianos, os intelectuais e também os alemães-americanos, tinham uma tradição cultural ligada à bebida alcoólica. Portanto, era difícil, se não impossível, fazer-se cumprir a lei, principalmente se lembrarmos que uma parcela considerável do aparato policial era de origem irlandesa, culturalmente propensa a beber. Tudo isso entrava em choque com a cultura tradicional e dominante.

Mas os tradicionalistas não se deixavam vencer e elaboravam programas como aqueles que se destinavam a "americanizar" os imigrantes e seus descendentes. Usavam métodos para reforçar, nos recém-chegados, a lealdade à nova pátria. Aulas de educação patriótica tinham por objetivo enquadrar os estrangeiros mais resistentes. Ensinava-se, como já dissemos, o inglês em escolas especiais para estrangeiros. Ao mesmo tempo, algumas instituições começaram a exigir a cidadania americana, recusando-se a reconhecer outra, de origem, não se admitindo, portanto, dupla cidadania. O direito da cidadania era concedido apenas para aqueles que desempenhassem suas obrigações demonstrando boa-fé.

OS SINAIS E A CRISE

A imagem de um raio caindo repentinamente de um céu azul pode ser usada para descrever a Crise de 1929. Em fins de outubro daquele ano, a Bolsa de Valores de Nova York despencou.

Para os religiosos, e também para os nem tanto, aquilo poderia ser um sinal de castigo por uma década de excessos: consumo exagerado de álcool, bailes e shows dos cabarés do Harlem... Mas também pelo excesso de materialismo. Vinte e sete milhões de automóveis, sem contar os caminhões, rodavam pelas ruas das cidades e pelas estradas do país. Quase cem bilhões de quilowatts eram consumidos pelas fábricas e pelos lares. A renda *per capita* era, em 1929, de cerca de 750 dólares. O telefone era um instrumento de uso comum. A eleição de Herbert Hoover, em 1928, parecia confirmar a confiança do eleitorado no programa do Partido Republicano. No discurso de posse ele disse: "Não tenho o menor medo de afirmar que um futuro brilhante espera por este país".

O "excesso" não era uma prática de toda a população, pois a riqueza estava muito concentrada. Menos de 5% da população detinha mais de um terço da renda do país; no entanto, no campo, os rendimentos mal cobriam as mínimas necessidades dos pequenos agricultores. Paradoxalmente, a produção crescia e os preços baixavam, levando a uma situação de penúria principalmente entre os negros, chicanos e outras minorias.

As plantações de algodão, as minas, a tradicional indústria têxtil, todos passavam por dificuldades, que os republicanos recusavam-se a enxergar. Para eles a situação desses setores era fruto da incompetência dos homens de negócios. A falência fraudulenta de construtoras na Flórida fez com que o sonho da casa própria de muitas famílias se transformasse em um pesadelo. Havia sinais de crise evidentes no ar. Mesmo assim, a compra de bens de consumo continuava. O crédito era a forma de substituir o dinheiro.

A especulação com ações da Bolsa de Nova York era assustadora. O valor dos papéis subia diariamente. A conhecida Montgomery Ward, a já citada empresa de vendas por reembolso postal, teve suas ações valorizadas mais de três vezes. Tomava-se dinheiro emprestado a juros altíssimos para comprar ações na Bolsa – no movimento que ficou conhecido como "ciranda financeira".

Um dos primeiros sintomas mais claros da crise apareceu na indústria automobilística. Novos modelos eram "empurrados" para os revendedores que não encontravam compradores. Farejando o perigo, a United States Steel, a grande fornecedora de chapas de aço para a indústria automobilística, interrompeu a produção. Logo depois, foi a vez das próprias montadoras de veículos. Os investidores começaram a descarregar seus papéis. No dia 29 de outubro de 1929, foram vendidas mais de 16 bilhões de ações. Só um exemplo para ilustrar o tamanho do tombo: a United Founder, companhia de investimentos que tinha suas ações cotadas a setenta dólares, ofereceu os mesmos papéis pelo valor de cinquenta centavos de dólar. E não encontrava compradores.

O desemprego cresceu rapidamente. A gigante United States Steel, que tinha 5.235 trabalhadores à época do *crash*, ficou com apenas 424 em pouco tempo. As pessoas perdiam as casas financiadas e iam morar em favelas, que logo receberam o apelido de *hoovervilles*, em alusão ao presidente que não conseguia tomar medidas adequadas para enfrentar a depressão econômica.

Franklin Delano Roosevelt (à direita) esbanjava simpatia e confiança.
Era o que o povo americano precisava.

A Depressão destruiu o mito da autoconfiança e da superioridade do americanismo, tão caro e fundamental às grandes corporações para justificar a não interferência do governo nos negócios privados. Franklin D. Roosevelt, governador de Nova York, tomou medidas no estado que o governo federal, praticamente paralisado, não ousava adotar.

Por tudo isso, Roosevelt foi indicado na convenção do Partido Democrata de 1932 e eleito com 27 milhões de votos populares, quase o dobro do total obtido por Hoover, que tentou a reeleição pelo Partido Republicano.

A ERA ROOSEVELT

DEPRESSÃO E O *NEW DEAL*

A quebra da Bolsa de Nova York foi, como disse Kenneth Davis, autor de *Don't know much about history*, o ataque cardíaco que fulminou um doente terminal de câncer. Ou seja, a crise já vinha se anunciando e o organismo já estava bem doente. O problema era que ninguém queria enxergar, pois estavam todos de olhos vendados. O cerne do problema era a imensa disparidade entre produção e capacidade de consumo. Os americanos ficaram como que cegados pelo brilho ofuscante de tanta riqueza. E, da noite para o dia, o país ficou literalmente paralisado.

Se antes havia enormes filas para aproveitar a liquidação anual da Macy's em Nova York, agora as filas eram para ganhar um pedaço de pão distribuído por alguma instituição de caridade. O Central Park transformou-se numa favela. Os jovens perambulavam por todo o país, viajando, clandestinamente nos trens de carga. Eram os chamados *hoboes*, que esperavam encontrar algum trabalho em qualquer lugar.

E pensar que Herbert Hoover, no discurso de campanha publicado em *A Documentary History of the United States*, havia citado o rigoroso individualismo como a grande base da riqueza americana:

> estamos escolhendo entre um sistema americano e um europeu. E nós ficamos com o americano, que é de um rigoroso individualismo, em oposição ao paternalismo, e mesmo ao socialismo, europeu. A experiência americana em bem-estar da sociedade humana tem demonstrado um grau de avanço sem precedentes no mundo. Nunca estivemos tão próximos de abolir totalmente a pobreza, de abolir o medo de não alcançarmos tal posição.

Na posse, Hoover fez um pronunciamento no mesmo teor. A crise jogou os dois discursos na lata do lixo.

As filas tornaram-se parte do cenário das grandes cidades americanas. Só que era para pedir pão e não para entretenimento. Na foto, fila de desempregados para receber alimentos em Nova York, 1930.

A ERA ROOSEVELT

Desde que começou a crise, passando pela eleição de Roosevelt em novembro de 1932 até sua posse, em março de 1933, o governo Hoover tomou algumas medidas para melhorar a situação. Os efeitos foram praticamente nulos. A descrença era geral e não havia solução à vista para uma população apática, desesperada e com muito medo. Se o futuro era um dos mitos fundadores dos Estados Unidos, agora ele se transformara em fonte de incertezas.

Ao assumir o governo, Roosevelt precisava arrumar a casa para poder encarar o perigo representado pela Depressão. Ele imediatamente pôs em andamento o programa de reformas que chamou de *New Deal*. O programa elaborado por Roosevelt e seus assessores tinha, de certa forma, semelhanças com o que estava sendo posto em prática em diferentes países da Europa e da América Latina, em especial no Brasil e no México: intervenção do Estado para o bem-estar da sociedade. Por incrível que pareça, ele sentia certa admiração por Mussolini, o *Duce*, exatamente pelo controle que o Estado italiano estava exercendo sobre a economia. Ou seja, o inverso do que Hoover tinha afirmado em 1928. Não por acaso, foi esse o tema do discurso que Roosevelt fez ao despedir-se de Vargas, quando nos visitou em novembro de 1936. Ele disse ao presidente Getúlio Vargas que duas pessoas tinham "inventado" o *New Deal*: o próprio Roosevelt e Vargas, que iniciou as reformas no Brasil cerca de dois anos antes dos americanos.

O *New Deal* foi o instrumento político utilizado pelo presidente democrata para salvar o *american way of life*. Se na década de 1920, a paranoia americana era o perigo externo comunista, o chamado *red scare*, agora o medo era a Depressão, o desemprego, a fome, o futuro incerto. A Depressão balançou os velhos mitos americanos, os sonhos, a crença fervorosa da classe média nas virtudes do trabalho duro e da perseverança para se atingir o sucesso. Um mundo parecia esvanecer-se. A vergonha de ser americano pareceu tomar conta de parte do país e, repetindo, parecia ser impossível prever ou planejar o futuro.

No discurso de posse, publicado em *A Documentary History of the United States*, Roosevelt falou do medo numa clássica passagem: "[...] a única coisa que devemos temer é o próprio medo, o terror sem nome, que não raciocina [...] que paralisa os esforços necessários para converter a retirada em avanço". Era uma imagem militar. E ele iria usá-la várias vezes. Os Estados Unidos estavam em guerra contra a pobreza, contra a Depressão e o governo precisava dispor de mais autonomia e poder para pôr em funcionamento o plano de reformas:

> Mas se por ventura [...] a emergência nacional ainda for crítica [...] Pedirei ao Congresso o único instrumento que me restará para enfrentar a crise – amplo poder executivo, tão amplo quanto o que me seria concedido se fôssemos, de fato, invadidos por um inimigo estrangeiro.

O discurso foi transmitido pelo rádio. Um jovem cidadão inglês, que estava nos Estados Unidos trabalhando numa loja, fez um comentário a uma cliente quando ouviu Roosevelt: "O seu novo presidente declarou que, se for preciso, ele vai estabelecer uma ditadura".

Era notável a diferença entre o discurso de Hoover e Roosevelt. Em especial no que se refere ao medo. Um, de forma impositiva, disse que os americanos estavam abolindo o medo de não atingir um futuro grandioso, o outro, na forma de um conselho de um homem experiente, de quem havia sentido na própria pele o pavor de perder os movimentos, pedia ao povo para ter medo, mas do próprio medo. E não sentir vergonha disso.

Ainda no discurso de posse, sugeriu também que, talvez, os responsáveis pela Depressão que se abatia sobre o país fossem gananciosos homens de negócios. E por isso, disse ele, toda a ação do governo democrata tinha como objetivo aliviar a vida dos necessitados.

Quem era Franklin Delano Roosevelt

A palavra que quase todos os livros sobre o período – acadêmicos, biográficos ou ficcionais – usam para começar a definir Roosevelt é *patrício*. Aqui no sentido da história romana. Um bem-nascido, um aristocrata.

Quando Roosevelt tomou posse, o nome já era muito conhecido em todo o país. O primo distante, Theodore, como vimos, foi um dos mais "barulhentos" e populares presidentes dos Estados Unidos.

A origem da família remete à colonização de Nova Amsterdã, a atual Nova York, pelos holandeses no século XVII. É bom lembrar que após se livrar do domínio espanhol, a Holanda transformou-se numa das regiões mais ricas da Europa, rivalizando com Portugal, a própria Espanha e Inglaterra, e por isso mesmo buscava posses coloniais na América. E o local que escolheram para estabelecer seus entrepostos no Novo Mundo era, talvez, a mais estratégica de toda a América da Norte: no delta do rio Hudson, numa ilha chamada Manhattan. O rio Hudson era a via mais importante para o lucrativo negócio com peles. O único problema era que os ingleses já estavam um pouco mais ao norte, na chamada Nova Inglaterra, e também cobiçavam a região do vale do rio Hudson. Por ordem do rei inglês, em 1664 as forças britânicas chegaram à região dominada pelos holandeses, que se renderam sem dar um tiro. Nova Amsterdã transformou-se em Nova York, e várias famílias de origem holandesa se anglicizaram. A mãe de Franklin era originalmente De La Noye e se transformou em Delano. Os ancestrais haviam enriquecido com a importação de chá da China. Durante a Guerra de Secessão, os Delano começaram a trazer carregamentos de ópio para os Estados Unidos. A Divisão Médica do Departamento de Guerra usava morfina, extraída do ópio para aliviar a dor dos milhares de feridos que a guerra fazia. Ao fim da guerra, a fortuna dos Delano havia aumentado.

Os ancestrais de James, pai de Franklin, também anglicizaram o nome suprimindo a palavra *van* que antecedia Roosevelt. James Roosevelt, próspero homem de negócios, casou-se com Sara Delano. Do casamento nasceu, em janeiro de 1882, Franklin Delano Roosevelt, que recebeu as primeiras noções de educação de tutores e dos próprios pais, em especial da possessiva mãe. Franklin fez os estudos preparatórios para a faculdade no prestigiado colégio Grotton, em Massachusetts. A primeira fase dos estudos superiores foi completada na Universidade de Harvard, onde obteve o título de bacharel em História e, depois, de advogado pela Universidade de Colúmbia. Em 1905, Franklin se casou com a prima distante chamada Anna Eleanor, com quem teve cinco filhos, uma menina e quatro meninos.

Quando Franklin assumiu a presidência, com 51 anos, já tinha um passado de ativa participação na vida pública. A autoconfiança vinha de uma família com tradição na responsabilidade de cooperação com a população e com tradição de servir em diferentes cargos da administração pública. Isso tudo foi fundamental para sua atuação como presidente. Como Theodore, Franklin era um homem bastante simpático, efusivo, energético e popular. Franklin sofreu influências diretas de Theodore quando era adolescente. Tiveram o início de carreira pública muito semelhante. Os dois foram deputados na Assembleia de Nova York, os dois foram secretários assistentes da marinha no governo federal e os dois foram governadores de Nova York, o estado mais rico da União.

Mas as simetrias paravam por aí. Franklin fazia parte do ramo democrático da família e se opunha aos republicanos. Em especial, numa época em que o Partido Democrático ia se desligando de algumas de suas origens escravistas e racistas que ainda vigorava, com muita força, no Sul do país. Podia não ser tão intelectualizado quanto Theodore, mas era menos religioso, mais urbanizado e conciliador do que seu agressivo primo. Em 1921, poucos anos após deixar o governo Wilson, Franklin foi atingido pela poliomielite, então uma doença quase letal. Lutou contra a morte. Sobreviveu, mas ficou, o resto da vida, impossibilitado de andar. Locomovia-se com auxílio de cadeiras de rodas. Muitos diziam que a doença tinha arruinado sua carreira política. Mas sua determinação de ferro mostrou que ele lutaria até o fim, que era muito valente para deixar-se abater. No *Diário* de Vargas:

> Suas maneiras afáveis conquistavam, de imediato, qualquer interlocutor. A doença só fazia aumentar as simpatias por ele. Foi o que aconteceu com Vargas quando Roosevelt esteve no Brasil pela primeira vez e encontrou-se com o presidente brasileiro. Vargas anotou em seu diário que achou Roosevelt "de uma simpatia irradiante, de um idealismo pacifista sincero, o próprio defeito físico que o torna um enfermo de corpo aperfeiçoa-lhe as qualidades morais e aumenta o interesse pela sua pessoa".

Mas muitos afirmavam que toda aquela simpatia escondia uma personalidade bastante complexa e contraditória.

152 | Os americanos

Roosevelt era cria da era do progressivismo. Tanto Theodore quanto Wilson foram sua inspiração. Acreditava que só o governo podia construir uma sociedade do bem-estar. Tinha consciência de que a administração dos republicanos baseada nos princípios do individualismo e do *laissez-faire* havia marginalizado grande parte da população dos americanos que vivia no limiar da linha de pobreza. Na campanha, ele costumava dizer que o "país precisava de coragem e novas experiências, ou seja, tentar alguma coisa nova".

Os Cem Dias

Na posse, em 4 de março de 1933, FDR já anunciava uma nova era. Clamava por ação. "Esta nação quer ação e ação agora". De imediato, decretou feriado bancário, por quatro dias para estancar a contínua sangria dos bancos. Proibiu todos os pagamentos em ouro. A reação foi rápida; ganhou a confiança do povo, e no começo de abril os bancos já estavam, novamente, recebendo depósitos no total de mais de um bilhão de dólares.

Cortar as despesas era o pensamento primeiro na equipe de Roosevelt. Pediu para que os veteranos de guerra compreendessem a situação e diminuiu a pensão paga aos velhos soldados da Primeira Guerra. Depois aboliu a Lei Seca, legalizando as cervejarias, a lucrativa atividade que até então estava em poder de gângsteres. Ganhou com isso a simpatia dos americanos descendentes de imigrantes irlandeses e alemães que eram, culturalmente, apreciadores de cerveja. Com as duas medidas, Roosevelt enfrentou dois poderosos *lobbies* americanos: os veteranos e os proibicionistas.

Escreveu o consagrado comentarista político, Walter Lippmann, citado por Blum em *The National Experience: a History of the United States since 1865*:

> No começo de março o país estava em tal estado de desespero e confusão que seguiria qualquer líder que oferecesse um lampejo de esperança. Em uma semana, a nação que havia perdido toda a esperança, reconquistou a confiança no governo [...].

Nos Cem Dias, como ficaram conhecidos os primeiros três meses e pouco do governo de Roosevelt, tudo era novo e rápido. O *New Deal* era um *slogan* que fazia jus ao nome. Ficou claro que o país estava sob o comando de um grupo disposto a promover mudanças radicais. A própria capital, Washington, mudou de aspecto. Antes provinciana ganhou ares de metrópole com uma vida intelectual mais intensa. Em *O século inacabado*:

> Washington é [...] como um regresso ao lar. Por toda parte, nas ruas e nos escritórios, deparamo-nos com velhos conhecidos: os diretores e redatores da imprensa liberal, os jovens mestres progressistas das universidades, os inteligentes e ativos assistentes sociais, os idealistas práticos dos centros comunitários, os radicais que concebem que existe uma possibilidade de virar pelo avesso a antiga ordem.

Foi assim que Edmund Wilson, o conhecido escritor, jornalista e crítico americano, descreveu a capital nos anos em que Roosevelt governou o país.

Para tocar a reforma foi criando várias agências, mais ágeis do que a estrutura burocrática normal.

O planejamento agrícola

A crise jogou a renda *per capita* do agricultor americano para um nível muito baixo. De 162 dólares passou, em apenas dois anos, para 48. Os preços dos produtos agrícolas caíram 55%, um índice bem pior do que a queda dos produtos industriais.

Os agricultores, em especial do Meio Oeste, estavam agitados. Chegaram a se organizar numa estranha associação chamada "Partido" de Férias Agrícolas. Uma espécie de greve de braços cruzados. Não entregar o trigo, principal produto da região, até que tivesse um preço razoável. Chegaram a organizar grupos armados que atiravam nos fiscais de bancos hipotecários que apareciam para tomar posse das terras postas em garantia de empréstimos. Um juiz de Iowa chegou a ser espancado e quase linchado por uma multidão de raivosos homens do campo. Isso significava que a maioria dos agricultores da região não estava mais suportando o peso das hipotecas. Os produtos em baixa não geravam renda suficiente para pagar os empréstimos feitos durante os tempos de vacas gordas. Quanto mais eles produziam menos eles ganhavam, pois os cereais baixavam de preço. Primeiro estavam ameaçados de perder as máquinas que haviam comprado e depois a própria terra.

A ideia do governo foi promover um ajuste agrícola. Controlar a produção em troca de compensações. A criação de uma poderosa agência, a Agricultural Adjustment Administration (AAA) serviu para coordenar as mudanças nas relações do campo. Uma lei, por exemplo, ajudava os agricultores a recuperar suas propriedades com empréstimos que seriam pagos a longo prazo e em suaves prestações. O espectro mais amplo foi aplicado no subsídio dado aos agricultores e criadores para diminuir a produção. Um caso exemplar foi o sacrifício de milhões de porcos, comprados pelo governo. Melhorar os preços do trigo e de outros produtos era o objetivo do programa dirigido pelo secretário da Agricultura Henry Wallace, futuro vice-presidente. O dinheiro para financiar o programa viria de impostos especiais cobrados da industrialização de certos produtos agrícolas e direitos alfandegários direcionados exclusivamente para esse fim.

Agências e ações do *New Deal*

Era certo que o problema dos americanos não era somente a agricultura. Roosevelt coordenava com dinamismo a organização nas ações governamentais. Foram criadas várias agências para regular a produção tanto industrial quanto agrícola. Criou-se o sistema de seguro social (Social Security), que dava assistência aos desempregados e incapacitados. Instituiu-se o salário mínimo e outros inúmeros benefícios aos trabalhadores. Ele, ao contrário dos antecessores, glorificou o trabalhador imigrante como o novo cidadão.

Pouco tempo depois que o programa de reformas começou a ser implantado, todos os americanos já sentiam um contraste com o período anterior. Havia algo novo. Na campanha, Roosevelt já havia usado as palavras *New Deal* acompanhadas de "planejamento", "experimentação" etc. Tais palavras, diziam os inimigos de Roosevelt, eram sinais da crescente socialização, comunização ou fascistização dos Estados Unidos. Ironicamente, tudo o que o presidente queria era salvar o capitalismo. Para isso, usou uma lei de guerra de 1917 com o fim de ampliar os poderes presidenciais. O presidente fazia-se presente constantemente nos lares americanos por meio de um famoso programa de rádio conhecido como *Fire Chats*, que podemos traduzir como "Conversas ao pé do fogo". O programa dava ao povo americano a sensação de que o presidente estava com ele, ali, no próprio lar. Ele, o americano comum, não estava abandonado.

Criou várias agências, aumentando bastante a máquina administrativa do Estado. As agências tinham nomes estranhos, cujas siglas viraram uma verdadeira sopa de letrinhas. Um órgão básico foi o Federal Emergency Relief Authority (FERA), chefiado por Harry Hopkins, amigo e confidente de Roosevelt, que fornecia subsídios e incentivos para a criação de empregos. O Civil Works Administration (CWA) criou empregos diretamente ligados ao poder federal. Essa agência foi substituída pouco depois pela Civilian Conservation Corps (CCC), que empregou jovens no reflorestamento, na reforma de edifícios públicos, como escolas e teatros. A CCC formou um verdadeiro exército que alistou uma média de 250 mil jovens por mês. A agência Works Progress Administration (WPA) contratou entre 17% e 39% da força de trabalho. No auge chegou e empregar cerca de 4 milhões numa massa de cerca de 12 milhões, o que representava uma enorme despesa para o governo, mas dinamizou a economia. Essa agência teve a particularidade de contratar artistas, escritores, músicos etc. que faziam shows, pintavam painéis e se apresentavam em teatros. Outros construíam hospitais, escolas, se dedicavam à conservação de estradas, auditórios, campos esportivos, extermínio de ratos, empalhamento de pássaros, tratamentos dentários etc.

O Congresso foi obrigado a ficar em sessões quase permanentes para examinar e aprovar leis importantes. Uma das iniciativas de mais sucesso foi a Tennessee Valley Authority (TVA), que transformou grandes áreas do vale do rio Tennessee em terras aproveitáveis, construindo represas hidroelétricas para o fornecimento de energia às regiões mais pobres dos Estados Unidos. A TVA ajudou os agricultores que haviam perdido suas terras para os bancos credores a recuperar suas pequenas fazendas e retomar a produção.

Contradizendo o rótulo de socialista pregado pelos mais reacionários, o governo iniciou um regime de planejamento econômico através de diversas formas de cooperação governo-indústria-agricultura. Os empresários acharam, assim, um modo de sobreviver e de suportar a espiral descendente de preços e lucros. Pareciam esperar e ganhar tempo até que acontecesse uma reviravolta de origem, algo impreciso. Na verdade, os americanos já olhavam, desconfiados, para a Europa cada vez mais conflituosa com o crescente nacionalismo alemão. Os dois órgãos mais importantes que coordenaram essa cooperação foram o National Recovery Administration (NRA) e o Agricultural Adjustment Administration (AAA).

Uma das grandes mudanças foi a aceitação, pelos empresários, da sindicalização dos operários. Operários com direitos de negociar os contratos de trabalho. O NRA funcionava como árbitro nos conflitos entre empregados e patrões. Foram inúmeras vezes que o FDR convidou empresários e líderes sindicais para jantares de negociação.

New Deal, Hollywood e os mitos americanos

O homem comum americano sentia que nem tudo estava perdido. Parecia que o sonho americano se recuperava. Não é coincidência que um dos maiores intérpretes do sonho desse homem comum tenha sido Frank Capra, o cineasta americano, nascido na Itália de pais camponeses pobres. Ele soube como ninguém fazer a crítica aos gananciosos sem escrúpulos, mostrando sempre que o homem simples, sem ambições pessoais ganharia o paraíso, muitas vezes usufruído aqui mesmo, no mundo real. Não foi outra coisa que aconteceu com John Doe, de *Meu adorável vagabundo* (*Meet John Doe*), de 1941. Depois de ser demitida pelo novo editor do jornal em que trabalhava, Ann Mitchell (Barbara Stanwyck) publica uma mentirosa coluna em seu último dia, dizendo que um homem irá se suicidar em plena noite de Natal em protesto contra a ganância dos ricos. Inesperadamente, a coluna tem uma incrível repercussão, fazendo com que Ann proponha a ideia de continuar com a farsa. Eles então procuram um homem para fazer o papel de John Doe, o autor da tal carta suicida. Um fracassado ex-jogador de beisebol que ficava viajando clandestinamente nos trens, um *hoboe*, como mencionado anteriormente. O ex-jogador não é outro se não o famoso galã Gary Cooper, que atuou também em outros filmes de Capra. John Doe é preparado pela jornalista e, quando apresentado em um programa de auditório, acaba ganhando a simpatia do público. Doe é um ingênuo, simples, honesto e, ironicamente, otimista e crítico da sociedade gananciosa/materialista/consumista. A sedutora e inescrupulosa Ann Mitchell cria clubes populares frequentados por pessoas que veem em Doe a es-

156 | Os americanos

perança para suas angústias. Os clubes lembram vagamente algumas organizações de solidariedade do governo Roosevelt. John Doe é um abnegado, altruísta, que, como Cristo, quer salvar os sofredores, mesmo com seu próprio sacrifício. A farsa é totalmente apoiada pelo impiedoso patrão de Ann, representado como um empresário contrário à política trabalhista de Roosevelt.

Aos poucos, Doe percebe que está sendo manipulado e decide cumprir a falsa promessa de se matar na noite de Natal. A farsa se converteria em tragédia real. Aí entra o Capra que é bondoso e salvacionista. Ann se apaixona pelo galante John Doe e impede que ele se atire do alto do prédio. E Doe não recebe só o carinho de Ann, mas também a solidariedade do engraxate, da cozinheira, do operário, do balconista, do faxineiro, que vêm jurar que ele é o exemplo a ser seguido. Ao mesmo tempo, o "povo" condena ao escárnio o ambicioso e mau patrão. Capra é imbatível para arrancar lágrimas e suspiros da plateia. Milhões foram aos cinemas, em especial no auge da crise.

A mesma mensagem é dada pelo Senador Smith de *A mulher faz o homem* (*Mr. Smith Goes to Washington*), de 1939. James Stewart faz o papel de um ingênuo homem do interior que se vê, por injunções políticas, assumindo a vaga de um senador falecido. Aos poucos descobre que os homens que ele mais admirava, conhecidos desde a infância, eram corruptos, comprometidos com os mais escusos negócios. Eles envergonhavam os princípios de grandeza, de honestidade, de perseverança de um Thomas Jefferson, de um Lincoln, de um John Adams. A secretária Clarissa Saunders (Jean Arthur), de olhos sempre brilhantes, mostra ao jovem senador os caminhos para combater os grandes e poderosos políticos corruptos. Uma das formas foi a convocação de clubes de movimentos infantis. Aqui Capra mais uma vez presta tributo ao clima de solidariedade da América do *New Deal*. Com o apoio das crianças, da secretária e com sua força de vontade, lendo e relendo a Constituição, consegue a vitória sobre os maus. E, claro, se apaixona pela bela Saunders, a sua salvadora. O título em português modifica um pouco o sentido político do filme.

O mesmo pode-se ver em *O galante Mr. Deeds* (*Mr. Deeds goes to Town*), de 1936, outra vez com Gary Cooper. E não é outra a mensagem que se vê no premonitório *Loucura americana* (*American Madness*), de 1932, no qual Capra demonstra como podem existir banqueiros bondosos que vencem os gananciosos, prevendo as relações entre Roosevelt e alguns grandes homens de negócios. Os heróis de Capra nunca conseguiram vencer os inimigos sem aliados e esses aliados eram a gente honesta e inocente ou pessoas persuadidas a passar para o lado certo, o lado do bem. Depois da vitória final do bem, até os vilões voltam a ter os esquecidos valores humanos.

Cena do filme *A mulher faz o homem*. A defesa do homem simples e honesto: esta era a mensagem dos filmes do cineasta Frank Capra. E também do *New Deal* rooseveltiano.

O outro grande nome do cinema que soube interpretar os anseios do homem comum foi Walt Disney em muitos de seus desenhos animados. Mas poucos fizeram parte do clima do *New Deal* como *Os Três Porquinhos*, de 1933. No meio dos Cem Dias do *New Deal*, o personagem do Lobo Mau encarnava a verdadeira Depressão. E a canção do filme, "Quem tem medo do Lobo Mau", transformou-se logo numa espécie de "hino" informal do *New Deal*. A mensagem do porquinho Prático a seus irmãos indolentes era clara: "aprenda a lição", "faça o melhor que você puder", "faça a coisa certa". A casa de tijolos do Prático aguentou firme a tormenta do Lobo Mau/Depressão e ainda deu abrigo aos irmãos. Era o espírito do *New Deal*. Mas Disney não abandonava, é claro, o moralismo calvinista.

Os dois, Capra e Disney, foram unanimemente aplaudidos não só pelo público, mas pelos intelectuais e críticos da época. Tanto Disney quanto Capra sabiam proporcionar entretenimento de massa que os intelectuais apoiavam por se aproximar das ideias de esperança que o *New Deal* pregava. Eles sabiam compreender a pequena cidade rural do interior americano e revitalizaram os velhos mitos comunitários, tão caros aos chamados *newdealers*.

Assim, o cinema, mais do que qualquer outro meio cultural, captou a mensagem do *New Deal*, ou melhor, do americanismo, e a retransmitiu com sucesso a um povo que se achava alquebrado. O cinema teve papel fundamental na produção, reprodução e recriação dos mitos americanos. O espírito americano sobreviveu, não somente graças ao cinema, mas sem dúvida Hollywood deu um forte "empurrão" na elevação da autoestima do americano do período.

Mesmos os filmes satíricos, comédias ou, ainda, dramas profundos de natureza social, como *As vinhas da ira*, eram construídos para ficar dentro dos padrões culturais e políticos do mito americano.

Os valores da classe média, da chamada pequena burguesia transformavam-se em valores universais. Padrões e comportamentos "adequados" eram aqueles que pudessem ser aceitos pela chamada "gente simples" e até pelo operariado. Este era o espírito do "novo iluminismo". Um conceito de política e de comportamento pautado pela moral austera, pela força de vontade, pela necessidade de vencer e lutar diante das mais adversas situações. Ora, como Roosevelt era um universalista wilsoniano, paulatinamente os valores da política americana, do sistema americano, da democracia, do espírito comunitário, do republicanismo, do chamado *american way of life*, transformaram-se em modelo a ser seguido, a ser divulgado e difundido para o resto do mundo.

Talvez tenha sido John Ford, num filme de 1940, quem melhor interpretou o espírito de coletividade que tomou conta da maioria dos americanos que viveram no período de implantação do *New Deal*. No clássico, *As vinhas da ira*, baseado no romance homônimo de John Steinbeck, os personagens de Ford ensinam ao americano que não se deve desistir mesmo quando a situação é completamente adversa. Tom Joad e a mãe, Ma Joad, guiam a família das terras áridas e poeirentas de Oklahoma (o *dust bowl*), perdidas para os bancos hipotecários, até a terra prometida da Califórnia. No "paraíso" californiano, a família é explorada pela agroindústria e agredida por capangas associados à polícia paga pelos grandes proprietários. Qualquer reivindicação era vista como coisa de comunistas, dos *reds*. A tranquilidade simples e saudável só é conseguida quando a família chega ao acampamento organizado pelo governo federal. Era a nova América de Roosevelt. A América dos jovens recrutados para reconstruir o campo e os logradouros públicos, militantes do Civilian Conservation Corps (CCC), como vimos. Solidariedade é a palavra-chave que resume o clima do acampamento estatal. Nada que lembrasse a desordem dos *hoovervilles*. O responsável pelo acampamento lembra Roosevelt com pequenas diferenças. O cachimbo em vez da piteira. É baixo, mas tem o charme do presidente. As crianças da família conhecem, pela primeira vez, chuveiros e privadas com água encanada. E, depois de uma longa e saudável estadia, a família Joad deixa o acampamento em busca de trabalho numa plantação de algodão. John Ford, diferentemente do texto de Steinbeck, encerra a tragédia da família americana com esperança e confiança. É da boca da velha matriarca que sai a mensagem de novos dias. O irmão mais moço de Tom, dirigindo o calhambeque lotado com a tralha da constante mudança, saindo do acampamento do governo, diz para a mãe, Ma Joad: "Você parece que está com medo!!!" E a mãe prontamente responde: "Medo, eu? Nunca mais vou sentir medo. Por algum tempo achei que estávamos derrotados. Parecia que só tínhamos inimigos. Ninguém parecia amigável. A surra que tomamos só nos deixou mais fortes. Não podem nos eliminar ou vencer, porque nós somos o povo". Ma Joad, a verdadeira líder da família, sentiu-se fortalecida quando viu o que o governo Roosevelt estava fazendo pelo povo.

Foi na campanha da reeleição que essas manifestações de americanização e reconstrução do mito americano passaram do imaginário para o real e vice-versa.

A reeleição de Roosevelt de 1936 deveu muito a Nova York e alguns dos estados do Nordeste com grande concentração de imigrantes/votantes. Muitos haviam se naturalizado se beneficiando do relaxamento das leis anti-imigrante dos anos 1920. A eleição de Roosevelt de 1932 já era considerada uma grande vitória para essa gente. Na campanha, o National Recovery Administration (NRA), a grande agência do *New Deal*, promoveu grandes mobilizações, especialmente em Nova York. A maior ocorreu com um desfile pela 5ª Avenida e terminou, no dizer de Gary Gerstle, na "catedral" da americanização: o Yankee Stadium de beisebol.

Para os trabalhadores, não só de origem imigrante, o NRA teve um significado: estabeleceu as bases para salários, a regulamentação de horas de trabalho, melhorando as condições de trabalho, regularizou o direito de sindicalizar-se (muitas das grandes corporações proibiam seus empregados de serem sindicalizados). O NRA recuperou a moral dos trabalhadores que haviam sido "derrotados" nas décadas anteriores.

O sentimento nacionalista entre os trabalhadores cresceu com o NRA: eles acreditavam que se filiando a um sindicato não estavam satisfazendo somente a seus interesses, mas seguindo a orientação de Roosevelt, que era na verdade o desejo da nação, ajudando o país combalido pela Depressão.

A Política da Boa Vizinhança

Com os demais vizinhos do continente americano, Franklin Delano Roosevelt mudou radicalmente o relacionamento. Substituiu a política *Big Stick* do "machão" Theodore Roosevelt pela *Good Neighbor Policy*, a famosa Política da Boa Vizinhança.

Embora tenha sido cunhada durante o governo Hoover, a Política da Boa Vizinhança foi obra do governo de Franklin Delano Roosevelt. Já no início da gestão, o presidente americano havia deixado claro que respeitaria a autonomia dos vizinhos do Sul. Isso era uma reversão da política de intervenções que vinha, como vimos, desde a guerra com o México já na primeira metade do século XIX. "Bons vizinhos devem cumprir acordos e respeitar tratados" era a mensagem de FDR. A cada Conferência Pan-Americana, esses princípios eram reafirmados pelos funcionários do Departamento de Estado.

Uma demonstração de mudança das relações com a América Latina foi a visita que Roosevelt fez ao Rio de Janeiro em 1936, quando proferiu um dos mais notáveis discursos de simpatia pela política brasileira instituída pela Revolução de 1930.

Quando os perigos da guerra europeia começaram a chegar na América, o governo acelerou o processo de aproximação amigável com a América Latina. É dessa época, mais precisamente de 1940, a criação de uma agência especialmente destinada a tratar com a América Latina. Era o Office of the Coordinator of Inter American Affairs (OCIAA), dirigido pelo magnata Nelson Aldrich Rockefeller, da famosa família dona da Standard Oil Company.

Uma das preocupações do OCIAA, como ficou mais conhecida essa agência – parte da "sopa de letrinhas" dos governos Roosevelt –, era transmitir a ideia de que os Estados Unidos queriam cultivar uma amizade sincera, sem interesses, com seus vizinhos.

A agência chefiada por Nelson Rockefeller usou todos os meios para nos convencer disso. Promoveu programas de saneamento que incluíam combate às doenças tropicais, ajudou a elaboração de projetos de desenvolvimento em várias regiões do subcontinente.

Mas, principalmente, utilizou da força dos meios de comunicação dos Estados Unidos para "invadir" culturalmente os países da América Latina. Foi nessa época a ida de Carmen Miranda para Hollywood. E foi nessa época que Walt Disney criou em seus desenhos animados alguns personagens em homenagem à América Latina. O mais famoso, pelo menos para nós brasileiros, foi o "nascimento" de Zé Carioca, que ainda hoje sobrevive em esparsas publicações infantis.

Assim, os americanos estavam cumprindo os desígnios de transferir a seus vizinhos os valores americanos. Os valores do americanismo composto pela ideia de democracia, de progresso, de uma sociedade mais justa. Em outras palavras, os americanos queriam persuadir, de qualquer maneira, a América Latina a cerrar fileiras com a "grande democracia" na luta contra a Alemanha.

A AMÉRICA EM GUERRA!

A política do *New Deal* dava a impressão de que o governo de Roosevelt estava mais preocupado com as questões internas do que com o crítico cenário internacional. Em grande parte, isso é verdade: os americanos estavam preocupados em arrumar a própria casa. O clima do *New Deal* acabou por acentuar a conhecida política do isolacionismo. Essa postura marcava a política externa americana entre as duas guerras mundiais. E ela foi incrementada pelos presidentes republicanos. Entretanto, Roosevelt sabia que não podia continuar assim. Uma das primeiras medidas em política externa, além da aproximação com a América Latina, foi o reconhecimento da União Soviética. Isso para espanto dos conservadores anticomunistas.

O primeiro semestre de 1933 já demonstrava que a situação da Europa era complicada e tensa. O chamado isolacionismo começou a ser atacado por vários setores do governo, embora essa política fosse bastante popular entre o povo americano.

Adolf Hitler já era o virtual ditador da Alemanha. Uma de suas promessas era acabar com o Tratado de Versalhes que havia manietado a Alemanha e "seu destino" de potência.

De fato, Roosevelt nunca fora um isolacionista. Durante o governo de Woodrow Wilson, o jovem Roosevelt tinha ocupado o posto de secretário assistente da Marinha. E quando começou a guerra em 1914, Franklin D. Roosevelt foi voto vencido entre os membros do governo Wilson: ele, ao contrário de seus colegas, achava que os Estados Unidos não podiam ficar fora dos acontecimentos europeus. Suas previsões se confirmaram em abril de 1917.

Claro que a preocupação central de FDR era a situação interna, mas ele não descuidava da política externa, apesar da opinião contrária da maioria dos americanos. Para os americanos que prestavam atenção na política europeia, parecia que os alemães também queriam arrumar a casa. Hitler precisava derrotar o movimento operário do Partido Social Democrata e do Partido Comunista, combater a arte expressionista, perseguir os judeus e eliminar as ameaças vindas de uma ala do Partido Nazista, liderada por Ernest Röhm e seus *Sturmabteilungen*, as conhecidas SA.

Num de seus primeiros pronunciamentos públicos, Hitler declarou que como ex-combatentes, a maioria dos membros do Partido Nacional Socialista dos Trabalhadores Alemães (NSDAP-Nazista) não desejava ver seus jovens morrerem na guerra.

Mas as reformas econômicas incluíam um acelerado programa de rearmamento e reconstrução das Forças Armadas. A Alemanha estava, rapidamente, se recuperando e ocupando o lugar de potência europeia que havia lhe pertencido até 1918.

Hitler acenava com a paz e se preparava para a guerra. Em janeiro de 1934, seu governo assinou um tratado de não agressão com a Polônia, e no ano seguinte um tratado de limitação de forças navais com a Inglaterra. Os europeus exultaram. Quando da realização dos Jogos Olímpicos em agosto de 1936, o mundo, ou pelo menos o setor mais otimista, achava que do Reich não partiria nenhum ato belicoso. No famoso filme *Olímpia*, de Leni Riefenstahl, vê-se a delegação da França recebendo entusiásticos aplausos quando os atletas franceses fazem a saudação nazista em direção ao camarote do Führer. A delegação esportiva da França parecia expressar a simpatia dos conservadores pelo trabalho "pacificador" que Hitler estava fazendo.

A maior parte dos governos europeus e dos setores conservadores da sociedade ignorava ou fingia ignorar que a Alemanha se preparava para a guerra. A Alemanha não demorou em retirar-se da Liga das Nações, e em 1935 foi introduzido o serviço militar compulsório.

A política americana, apesar dos fortes indícios de conturbação mundial, parecia mais voltada para a situação interna, mas não era bem assim. Já no seu segundo mandado, o presidente americano fez um discurso em Ontário como convidado do Canadá (publicado em *O século inacabado*):

> Nós, nas Américas, não somos mais um continente longínquo, no qual os turbilhões das controvérsias de além-mar não conseguem provocar dano, nem mesmo interesse. Ao contrário, nós, nas Américas, passamos a ser alvo de qualquer escritório de propaganda e de cada Estado-maior de além-mar. O enorme volume de nosso recurso, o vigor de nosso comércio e a força de nossos povos fizeram de nós fatores vitais para a paz do mundo, queiramos ou não.

Os isolacionistas ficaram furiosos e acusaram o presidente de estar exagerando para criar condições de participação nos conflitos europeus. Note-se que o presidente falava em nome de todo o continente americano e não só dos Estados Unidos.

Em setembro de 1939, a Alemanha invadiu a Polônia. A França e a Inglaterra, depois de uma longa política de concessões à agressiva Alemanha, declararam guerra ao governo nazista. Declararam guerra, mas não agiram como se houvessem declarado.

Quando as forças nazistas iniciaram os ataques à Dinamarca, Noruega, Bélgica, e alcançaram o território francês com facilidade, os políticos de Washington começaram a ficar preocupados. Na verdade, pouco antes do ataque alemão ao Ocidente, o presidente Roosevelt enviou um representante seu para tentar negociar a paz. A iniciativa não foi levada em conta, nem pela Alemanha, nem pelos Aliados.

Entre março e junho as forças alemãs quebraram todas as confusas tentativas de resistência das tropas anglo-francesas e entraram em Paris. Milhares de soldados ingleses foram salvos pela evacuação pela praia de Dunquerque. O governo francês entrou em colapso. Um novo governo encabeçado pelo derrotista (e, futuramente, colaboracionista) marechal Pétain, assinou a rendição.

Na Inglaterra, as atitudes iam noutra direção. O governo derrotista do primeiro-ministro Chamberlain foi substituído por Winston Churchill, que tinha outros planos para o povo inglês: resistir. Resistir na própria ilha britânica, resistir nas praias e, se não fosse possível, resistir no Império.

A crença geral nos Estados Unidos era a de que a Inglaterra não suportaria a gigantesca pressão exercida pela mais bem montada máquina de guerra do mundo. Porém, esta não parecia ser a posição de Roosevelt e seus assessores. E o novo primeiro-ministro britânico passou a "assediar" o presidente americano para que eles viessem ajudar, uma vez mais, seus parentes não tão distantes. A ameaça da Alemanha à Europa, em especial à Inglaterra, era também uma ameaça ao modo de vida americano.

O perigo não vinha só da Alemanha, o Japão também representava uma ameaça aos interesses americanos no Pacífico e à Costa Oeste.

A diplomacia na época da guerra

No dia 10 de agosto de 1941, Roosevelt e Churchill fizeram uma reunião secreta em Newfoundland, no Canadá. Era, como se dizia, uma quase declaração de guerra ou uma guerra não declarada à Alemanha.

Naquela altura, a estratégia de guerra do governo nazista se assemelhava à da Primeira Guerra Mundial: impiedoso combate submarino no Atlântico Norte. Um destróier americano foi afundado em setembro. Ainda assim, os homens de confiança de Roosevelt (Hopkins, Sumner Welles) evitaram um comprometimento muito claro. As discussões militares entre os dois lados já apresentavam algumas diferenças nas estratégias: americanos como o general George Marshall (comandante-chefe das forças armadas) achavam que somente uma imensa força de infantaria tinha condições de enfrentar os alemães. Já os ingleses, comandados por Churchill, achavam que deveria haver guerra de desgaste, atacando os interesses alemães primeiro no Mediterrâneo.

Durante o encontro, os dois líderes mandaram uma mensagem de solidariedade a Stalin, pois a União Soviética tinha sido invadida cerca de dois meses antes. Antevia-se já a futura aliança que marcaria a Segunda Guerra Mundial.

O mais importante resultado da reunião dos dois líderes foi a chamada Carta do Atlântico, na qual se comprometiam com as ideias de segurança coletiva, autodeterminação dos povos, liberdade de navegação, liberdade de comércio etc. As diferenças entre os americanos e o Japão se acentuaram quando a Indochina francesa foi tomada pelos japoneses, pondo em perigo as colônias inglesas e holandesas.

164 | Os americanos

A ajuda americana à Inglaterra tornou-se mais concreta quando em 3 de setembro de 1940, vencendo resistências, FDR mandou cerca de cinquenta destróieres para a Inglaterra em troca do uso de bases inglesas em Newfoundland, Caribe e Guiana. No mesmo mês, ele assinou a convocação militar pela primeira vez em tempo de paz.

Contrária à crescente tendência de os Estados Unidos entrarem na guerra, formou-se uma organização de isolacionistas importantes sob o nome de America First Committee. Essa associação era dirigida por nomes como Charles Lindbergh, o piloto herói e o ex-presidente Herbert Hoover. Partidários do presidente, por sua vez, se organizaram na Committee to Defend America e realizaram várias manobras políticas para diminuir a influência dos isolacionistas.

Quando a Alemanha tomou conhecimento do envio dos destróieres para a Inglaterra, considerou o ato um *casus belli*. Isto é, razão suficiente para uma guerra.

Roosevelt argumentava que o ato mantinha a guerra distante dos EUA. Mas, na verdade, ela estava cada vez mais próxima dos Estados Unidos. Roosevelt submeteu ao Senado e à Câmara seu projeto de *Lend-Lease Bill*, a chamada Lei de Empréstimos e Arrendamento. Que, simplificadamente, consistia em ajuda financeira e material aos ingleses (e depois para os outros aliados), e eles pagariam quando pudessem. É bom lembrar que a Inglaterra estava resistindo bravamente ao destruidor ataque diário dos aviões da Luftwaffe, a força aérea alemã.

O discurso de Roosevelt quando pediu que fosse aprovada a lei de empréstimo e arrendamento é famoso, vale a pena lembrar alguns trechos: ele disse que, se um vizinho pedisse emprestado uma mangueira de regar jardim para apagar o fogo de sua casa, seria desumano negar. E mais, ele não teria moral para dizer que aquela mangueira havia lhe custado 15 dólares. O que ele pedia ao vizinho era que ele devolvesse a mangueira quando apagasse o incêndio. O projeto foi aprovado, embora o senador Robert Taft, republicano e isolacionista convicto, dissesse que a comparação deveria ser outra: os Estados Unidos estavam emprestando não uma mangueira, mas um chiclete que seria devolvido depois de devidamente mascado. Roosevelt fez então um pronunciamento em uma de suas "conversas ao pé do fogo" (*fire chat*), na qual cunhou a frase: "Os Estados Unidos serão o arsenal da democracia".

A ameaça dos submarinos alemães deixava claro a fraqueza da frota no Atlântico, e mesmo assim, de forma não muito organizada, o governo tentou patrulhar alguns cargueiros. Para melhor patrulhar o Atlântico Norte, tropas americanas ocuparam a Groenlândia e a Islândia depois do ataque alemão à URSS.

Foi nesse momento que os sinais de uma futura guerra, antes nem imaginada, foi esboçada. O senador Harry Truman sugeriu que os americanos deveriam ajudar a Rússia enquanto a Alemanha estivesse ganhando a guerra e ajudar a Alemanha se a Rússia co-

Roosevelt soube como poucos usar o rádio para manter-se próximo do povo americano.

meçasse a ganhar. Remotos traços da Guerra Fria. Nas eleições de 1944, Roosevelt escolheu Truman para ser seu vice-presidente. Era melhor ter um homem desses por perto.

No dia 17 de outubro de 1941, um submarino alemão atacou um navio americano (USS Kearny) e ele disse *"The shooting has started"*, ou seja, "o tiroteio já começou". Apesar do entusiasmo do presidente, ainda assim, 80% dos americanos queriam ficar fora da guerra.

Pearl Harbor: a guerra chega aos EUA

As diferenças com o Japão já vinham crescendo desde que o Império do Sol invadiu a China em 1937. Os Estados Unidos eram um dos maiores fornecedores de matérias-primas às indústrias japonesas. O governo americano aplicou sanções comerciais. Mas o embargo deixou de fora o petróleo indispensável para manter a ágil máquina de guerra japonesa em funcionamento. Estrategicamente, Roosevelt havia eleito a Alemanha nazista como "inimigo nº 1". O Japão mereceu um plano defensivo da Marinha americana. Previa-se, portanto, um ataque japonês.

A possível agressão japonesa podia ser prevista pela implementação do projeto japonês da Grande Ásia, que transformava uma imensa região do Pacífico em área de influência do Japão. Outro fator foi a indicação para o cargo de primeiro-ministro do príncipe Fumimaro Konoye, considerado um militarista, depois substituído pelo general Hideki Tojo, ministro da Guerra.

Em julho de 1941, Roosevelt ordenou o congelamento das contas do Japão e, finalmente, o embargo do petróleo. Ao Japão, desesperado por matérias-primas para manter sua máquina de guerra e conquistas, só restava uma alternativa: um violento ataque surpresa à frota dos americanos no Pacífico. Achava, com isso, que poderia paralisar os americanos por algum tempo, até que tivesse condições de assegurar a tomada dos poços de petróleo das Índias Orientais Holandesas e possessões inglesas.

Claro que os militares americanos, Roosevelt e seus assessores políticos sabiam o que estavam fazendo. A provocação a um país como o Japão teria resposta. Os serviços de inteligência das forças armadas tiveram acesso ao *Magic*, conjunto de códigos secretos japoneses, que revelava a iminência de um ataque sem precisar quando e onde exatamente.

Na madrugada de 25 de novembro de 1941, uma força tarefa japonesa de seis porta-aviões e outros tipos de navios de guerra iniciou a operação para atacar a base americana no Havaí. O ataque fulminante na manhã de domingo de 7 de dezembro pegou os sonolentos soldados americanos de surpresa. Em pouco mais de uma hora, o ataque havia terminado. Mais de 2.400 soldados americanos foram mortos e importantes navios da frota do Pacífico ficaram fora de combate. "O ataque japonês a Pearl Harbor significou uma tremenda vitória tática, mas um enorme desastre estratégico", como disse John Keegan.

Na segunda-feira, Roosevelt fez um pronunciamento histórico pedindo autorização para declarar guerra ao Japão: "uma data que ficará na História como um dia de infâmia". A declaração foi autorizada por 388 votos com exceção do de uma senadora pacifista. Três dias depois, Alemanha e Itália declararam guerra aos Estados Unidos. Agora, sim, era a Guerra Mundial. E o isolacionismo americano estava enterrado para sempre. "Nós estamos aprendendo uma terrível lição. Diante de nós há uma gigantesca tarefa que é abandonar, de uma vez por todas, a ilusão de que nós podemos ficar isolados do resto da humanidade. Nós vamos vencer essa guerra e conquistar a paz que se seguirá", disse Roosevelt alguns dias depois de Pearl Harbor.

Da noite para o dia, o país estava unido e apoiando todas as iniciativas do presidente Franklin Roosevelt. Automaticamente, estava formada a Grande Aliança, com a Inglaterra e a União Soviética.

Esforço da guerra

Mudanças culturais

Se a guerra congregou os americanos em torno de uma causa comum, ela também abalou as bases do americanismo, em especial com a mudança radical dos padrões de trabalho e de comportamento. A maioria esmagadora das mulheres foi obrigada a deixar o lar para trabalhar nas indústrias. A imagem da mulher/esposa, mãe de família/ *housewife* (dona de casa), que esperava o marido no portão da bela casa com os filhinhos, foi se desvanecendo. Isso atingiu em cheio o orgulho masculino do americano. O tradicionalismo, um dos pilares do americanismo, que representava o homem forte e vigoroso que havia conquistado o Oeste, construído estradas e fazendas, derrotado os índios, o *tough guy*, estava no fim. A delinquência juvenil foi considerada um dos resultados da desestruturação do lar tradicional. Mas outro bode expiatório não demorou a surgir. Vários conflitos raciais estouraram contra jovens negros e mexicanos. Ficaram conhecidos os da Califórnia.

Em junho de 1943, um famoso e marcante conflito racial deu-se em Los Angeles entre marinheiros brancos, que estavam prestes a embarcar para a frente do Pacífico, e jovens mexicanos-americanos, que eram considerados vagabundos, em especial por causa da forma de vestir-se. Eles usavam um paletó jaquetão e calças que se afunilavam na barra. Para se ter uma ideia do tipo de roupa, há dois exemplos. O primeiro é do Amigo da Onça, personagem da charge semanal de Péricles publicada na revista *O Cruzeiro*. A forma como ele se vestia indicava esperteza, malandragem. Mas esse exemplo talvez fique um pouco distante para as gerações mais jovens que não devem conhecer a revista citada. Outro exemplo, que talvez ajude a entender melhor, é o do filme de Spike Lee, de 1992, *Malcom X*, o líder do movimento negro. Os negros, no filme, se vestem da mesma forma que os mexicanos-americanos e o Amigo da Onça. O nome em inglês dessa forma de vestir-se é *zoot suit*, considerada "*un-american*", isto é, impatriótico, pelos reacionários e conservadores. Impatriótico porque gastava-se muito tecido para se fazer um "terno de malandro" cujo paletó chegava quase até os joelhos. Por isso, os marinheiros começaram o quebra-quebra. Claro que não foi só essa a razão, mas se os jovens estavam perdendo as referências de uma família mais estruturada, a "rua" era a alternativa.

Durante a Segunda Guerra Mundial as mulheres foram chamadas para trabalhar nas fábricas.
O cartaz diz "Nós podemos fazer isso!".
As mulheres podem tanto quanto os homens.

O arsenal da democracia

Para dar uma ideia melhor do clima de unidade nacional em torno do esforço de guerra para enfrentar o inimigo, falemos um pouco de um desenho de Disney chamado *The Spirit of 43*. O título já diz um pouco sobre ele. Havia um espírito de solidariedade cada vez mais forte, em especial em 1943. Os russos tinham começado a grande virada da guerra quando destruíram o VI Exército alemão do general Paulus em Stalingrado. Nesse ano, as forças anglo-americanas já haviam dominado o norte da África e invadido a Itália. E nesse mesmo ano, Stalin, Roosevelt e Churchill encontraram-se em Teerã e traçaram um plano conjunto de como conduzir a guerra e de como organizar o mundo futuro. Mas foi Disney quem melhor captou o otimismo de 1943, com o Pato Donald.

Logo no começo, chaminés de fábricas apitando. Muitas. E todas elas com uma cartola e as listas da bandeira americana. Milhares de Tios Sams apitando e gritando: "Dia de pagamento!!! Dia de pagamento!!!". Donald sai de uma das fábricas contando dinheiro. Havia recebido seu salário. Na sua imaginação ele só pensa em gastar. Num canto da tela aparece o tio Patinhas e diz, "Donald não gaste!!!, economize e pague o imposto de renda. O país precisa!!!". (Outra grande novidade de 1943 foi a instituição do imposto de renda para todos os americanos). No outro canto da tela, vemos um malandro, vestido com o *zoot suit*, de que falamos. Parece o primo do Donald, não por acaso chamado Gastão. Ele puxa Donald e diz qualquer coisa como: "Não dê bola para esse velho gagá. Vamos gastar com as garotas, vamos viajar...". Começa um embate entre as duas consciências do Donald. A boa, que diz "É a sua obrigação. Pague o imposto". E a outra, a má, que diz "Deixe de ser trouxa, vamos curtir a vida". Donald finalmente toma a decisão: dá um soco na cara da consciência má. O pato ruim também cai e bate nas portas de um *saloon*, símbolo da perdição, mas que aqui adquire imagem pior: as portas são em forma de suástica. Começa a segunda parte do filme, que é emblemática: uma voz em *off* vai dizendo: "Com seu imposto, nós podemos construir canhões..." e a imagem vai mostrando forjas, fábricas de aviões, navios nos estaleiros, fundições, máquinas trabalhando sem parar. E a voz continua: "Canhões, metralhadoras, mais canhões, caças, bombardeiros, todos os tipos de aviões, submarinos, revólveres. Tudo isso para destruir os *japs*, os *nazi*..." E um avião, com o símbolo da USAAF (United States Army Air Force), foca a mira num avião nazista e o acerta em cheio. O avião cai com aquele sibilar típico das bombas cinematográficas da Segunda Guerra. O mesmo sibilar serve para as milhares de bombas que saem do ventre de um B-25 despejadas sobre alguma cidade industrial alemã ou japonesa. Um submarino, com cara de um gigantesco tubarão, é atingido por um torpedo aliado e afunda num redemoinho. E as forjas continuam trabalhando, sem parar, produzindo tudo o que um exército possa sonhar em ter. Depois, os aviões formam no céu um V da vitória e as nuvens se transformam numa bandeira americana em tom pastel. Um coral canta uma canção de paz. *The End*.

Uma das medidas mais polêmicas do governo americano foi a criação de campos de concentração de japoneses e seus descendentes. Temia-se que os imigrantes japoneses e seus descendentes, a maioria moradora da Costa Oeste, facilitasse com sinais de rádio ou luz a atuação de submarinos e da aviação do Japão. Até os japoneses nascidos nos Estados Unidos tiveram suas propriedades confiscadas e foram, como dissemos, confinados no deserto, mesmo sem terem sido processados por qualquer crime.

A política do esforço de guerra transformou o país. O que restava da Depressão desapareceu imediatamente. Costuma-se dizer que, durante a guerra, não havia um só desempregado nos Estados Unidos. Os americanos ou estavam trabalhando nas fábricas ou estavam lutando no teatro do Pacífico ou na Europa.

O plano de ação do governo na guerra era, na verdade, um novo *New Deal* com um maior apoio dos grandes capitalistas. Os impostos aumentaram, em especial o imposto de renda, que atingia, em maior proporção, os mais ricos. Roosevelt inclinou-se do centro para a esquerda com sua política de maior apoio aos trabalhadores.

Com isso tudo, a mobilização para a guerra superou em muito a produção do Eixo. A produção bélica foi coordenada e acelerada pela criação do War Resourse Board e pela formação da Comissão Consultiva do Conselho de Defesa Nacional. Na verdade, a agência que controlava tudo era o Office of War Mobilization, que ficou a cargo de James Byrnes. As decisões finais, contudo, ficavam, quase sempre, com o próprio presidente Roosevelt.

Do campo de batalha para o lar

Entre 1940 e 1945, haviam sido produzidos cerca de trezentos mil aviões, para ficar num só exemplo. As fábricas deixaram de produzir os bens de consumo, como automóveis, para produzir armas. Menos de uma década depois do fim da guerra, meu pai tinha um automóvel marca Ford, ano 1939. Comparando, era um carro velho quando eu via um raro modelo 50 andando pelas ruas. Como todo menino, eu gostava de carros. E me intrigava porque existiam modelos de carros fabricados em 1940, 1941. E os modelos 42, 43, 44 e 45? Por que não existiam? Só quando comecei a estudar História é que obtive a resposta. As fábricas da Ford, da Chrysler e da General Motors, foram adaptadas para produzir tanques, aviões e carros de combate. Era o esforço de guerra. No dia 29 de dezembro de 1940, Roosevelt, num *fire chat*, usou pela primeira vez a expressão "arsenal da democracia". Os Estados Unidos, disse ele,

Os "inimigos da democracia" não podiam competir com a produção em massa dos Estados Unidos. Na foto, linha de produção dos aviões P-38, usados na Segunda Guerra Mundial.

iriam se transformar no "arsenal da democracia", isso um ano antes de os americanos entrarem na guerra. E foi por isso que nunca conheci um carro americano fabricado durante a guerra. Existiam, mas eram de uso exclusivo militar. O consumidor que esperasse. Ou seja, em breve, todo o esforço da produção gigantesca dos americanos iria ser direcionado para a produção de guerra.

Aliás, todas as propagandas das grandes empresas apelavam para os clientes terem paciência. A Bell Aircraft, por exemplo, fabricante de aviões de caça, chamava a atenção do leitor da revista *Seleções*: "Lançando as bases do futuro agora! – Com as gigantescas tarefas que a guerra está impondo à aviação, as Américas estão assistindo a uma verdadeira antecipação do futuro". A conhecida RCA Victor publicou uma propaganda na revista *Seleções* com um texto mais longo e mais ideologizado:

> Espadas e charruas – Ordem Nova, chamam eles a isto, os homens de Munique [...]. A Nova Ordem está deste lado. Na América [...] Nunca um povo viveu tanto e tão ardentemente para o futuro. Parece-nos natural e justo, aqui na RCA, que estejamos trabalhando em pé de guerra para ajudar a salvaguardar o futuro da América pois muito é o que temos ainda a contribuir [...] Televisão e Facsimilação. Técnicas novas de rádioemissão [...] São essas as charruas, as ferramentas do progresso pacífico [...].

Resumindo: agora armas, no futuro, o bem-estar do consumo garantido.

Já em agosto de 1944, as fábricas voltaram a fabricar bens de consumo para a população. Um dos primeiros produtos foi o aspirador de pó, que retomou a linha de produção na qual antes eram fabricadas peças para metralhadoras.

Mas com a guerra, várias invenções transformaram a vida da humanidade. O DDT, hoje um inseticida em desuso, a penicilina, o radar, o sonar – usado para identificar submarinos –, foguetes e o "Projeto Manhattan", responsável pela fabricação da primeira bomba atômica. A humanidade jamais seria a mesma. No entanto, a crença na técnica americana aumentou.

OS ESTADOS UNIDOS UNIDOS

A ideia era a de que o povo americano precisava estar unido contra o inimigo. Não se podia mais viver como se estivesse em plena democracia. Por isso, pouca liberdade de expressão. Pacifistas, isolacionistas e pró-nazistas (1.700 filiados) foram silenciados ou reprimidos.

Havia uma censura, mais voluntária do que imposta. Os americanos submeteram-se sem reclamar a racionamentos de açúcar, café, carne, sapatos, gasolina, borracha.

A plena produção e o pleno emprego diminuíram as necessidades de reformas para melhorar as condições dos necessitados. Na verdade acelerou o período de transformação que vinha ocorrendo na década anterior. A padronização de todos os setores da vida americana, que já vinha crescendo nas décadas de 1920 e 1930, se acentuou. E a maior responsável por isso foi a consolidação das grandes corporações.

Os americanos se aproximavam em todas as atividades. No entretenimento, por exemplo, dos 135 milhões de habitantes, mais de 54 milhões iam ao cinema semanalmente e 70 milhões liam histórias em quadrinhos todos os dias.

Os veículos nacionais de comunicação de massa, em especial o rádio, difundiam programas de baixa qualidade, de conteúdo predominante escapista. Em outras palavras, a situação já era muito triste com a guerra, por que ver ou ouvir programas dramáticos?

As fábricas de armamentos acabaram forçando uma integração entre Oeste e Sul e entre essas duas regiões e a Costa Leste. Como já dissemos, o esforço de guerra também levou à integração da mulher como força de trabalho nas fábricas: 40% da mão de obra na indústria de aviões era de mulheres, embora seus salários não fossem os mesmos que os dos homens.

Outra integração forçada foi a dos negros, que iniciaram nova fase na luta pelos direitos civis. Mais de um milhão serviram nas Forças Armadas e mais de quinhentos mil negros saíram do Sul para as cidades do Norte e Oeste. Ainda assim, dizia-se que nas sepulturas dos negros estavam gravados epitáfios como este: "Aqui jaz um homem negro que lutou contra um homem amarelo para proteger um homem branco".

Os americanos estavam unidos, mas nem tanto. Havia remanescentes de organizações reacionárias antirrooseveltianas. Em abril de 1943 um general de nome Gullion, que estava sob cerrada vigilância do FBI formou uma organização chamada SGs (Slim Gullions) para, em suas palavras, "salvar a América de FDR, do movimento operário, dos comunistas, dos judeus, e da raça negra". Pois esse general era também o mais forte partidário do envio dos *japs* para campos de concentração.

O FIM DA ERA ROOSEVELT

Quando Roosevelt e Churchill se encontraram com Stalin em Teerã, em 1943, uma das maiores exigências dos soviéticos era a abertura de uma segunda frente na Europa. Stalin não caía na conversa de Churchill de que a atuação no Mediterrâneo era mais importante. Atacar o principal inimigo significava atacar os alemães onde eles eram mais fortes, isto é, na França. Era o que queria principalmente o general Marshall, o comandante-chefe das Forças Armadas Americanas. Mas Churchill foi hábil o suficiente para desviar as atenções de FDR para o Mediterrâneo, onde estavam ameaçados os interesses do Império Britânico. Para sorte dos aliados, o Japão não atacou, como se esperava, a URSS; preferiu a estratégia de ataques periféricos. "Stalin foi salvo porque o Eixo falhou em estabelecer uma estratégia de coalizão", nas palavras de Ted Morgan.

Quando o general Eisenhower ordenou o ataque à França em junho de 1944, a guerra estava decidida. Era só uma questão de tempo e alguns arranjos entre os Aliados. Esses arranjos foram tentados numa nova reunião em Yalta, em fevereiro de 1945. Quem vê qualquer fotografia do encontro dos três grandes, Roosevelt, Churchill e Stalin, percebe que o presidente americano estava no fim da vida.

Voltou para os Estados Unidos e sobreviveu pouco mais de um mês. Em 12 de abril morria aquele que ainda hoje é considerado um dos maiores, senão o maior, presidente americano.

No dizer de Henry Kissinger, "Qual Moisés, Franklin Delano Roosevelt viu a Terra Prometida, mas não lhe foi dado alcançá-la". A Alemanha só se renderia em maio.

Um de seus biógrafos, Ted Morgan, fala o que se passou na embaixada Americana no Rio de Janeiro na tarde de 12 de abril de 1945:

> Pessoas começaram a convergir para a embaixada, pessoas de todas as classes da sociedade brasileira, pessoas das favelas e das finas mansões de Copacabana. Pessoas que nunca tinham visto Roosevelt, que não sabiam quase nada do sistema americano.

Mas alguma coisa dizia àquela gente que a perda de Roosevelt não dizia respeito somente ao povo americano, porque ele havia pensado na "gente miúda" do mundo inteiro. Um homem, bastante pobre, sentou no meio-fio e chorou.

# VENDO TUDO VERMELHO: PARANOIA E ANTICOMUNISMO

Na manhã do dia 6 de agosto de 1945, o sol pareceu se esconder, envergonhado, diante do poder dos homens na cidade de Hiroshima. Uma devastação de centenas de quilômetros mostrava uma cidade em cinzas, de forma quase instantânea. Três dias depois, Nagasaki, outro dos maiores centros industriais do Japão, teria o mesmo destino. Os ataques, desferidos pelos americanos, foram pensados para causar um dano material tão severo quanto psicológico no seu resistente inimigo. Porém, a mensagem era clara para o mundo todo: acima de tudo, os americanos eram um povo a ser temido.

Os principais líderes das Forças Aliadas, Winston Churchill, da Inglaterra, Joseph Stalin, da União Soviética, e o presidente americano Franklin Roosevelt, haviam se reunido em Yalta, na Crimeia, meses antes dos ataques nucleares ao Japão. Em fevereiro daquele ano, buscavam decidir o destino da Alemanha, quase exaurida, o da Polônia, gatilho de toda a guerra, e o do Japão, um persistente rival. Depois da derrota alemã, em 8 de maio, uma nova conferência foi marcada. Em Potsdam, só um dos membros da reunião anterior permanecia. Churchill havia sido substituído pelo novo primeiro-ministro, Clement Attlee. Harry Truman assumira o cargo de presidente após a morte de Roosevelt. Tanto quanto antes, a Stalin coube exigir o que considerava seus direitos sobre territórios conquistados. Via negociações, ficou decidida a divisão da Alemanha em quatro zonas de influência a serem administradas por americanos, ingleses, franceses e russos; o estabelecimento de um governo provisório na Polônia e a pronta rendição dos japoneses, sem apoio dos alemães.

Truman, na desconfortável posição de substituto de um líder amado, não se dobrou à pressão. Atento aos acontecimentos, sabia que seu país estava no limiar de uma nova condição. Inglaterra e França não eram mais potências regionais nem impérios coloniais. A União Soviética, personificada em Stalin, demonstrava uma disposição

O encontro dos grandes aliados já previa o desencontro da Guerra Fria. Na foto, Churchill, Roosevelt – já visivelmente enfermo – e o líder soviético Joseph Stalin em Yalta, em fevereiro de 1945.

tão intransigente para o futuro quanto era prática nos tempos de guerra. Ao ordenar o ataque com as duas bombas atômicas no Japão, Harry Truman acabou respondendo a todas essas questões. Pela primeira vez na história, o tamanho do poder militar de um país não era mais condicionado pelo tamanho de seus exércitos.

A CULTURA DE MASSAS AMERICANA E A GUERRA FRIA

Em setembro de 1959, a nova edição da revista em quadrinhos americana *Showcase* trazia a releitura de um velho personagem dos anos 1940. Mais adaptado aos novos tempos, dizia o herói em juramento solene: "No dia mais claro, na noite mais densa, o mal sucumbirá ante a minha presença. Todo aquele que venera o mal há de penar quando o poder do Lanterna Verde enfrentar!" A adaptação para o português parece ficar devendo à emoção do verso original: "*In the brightest day, in the blackest night, no evil shall escape my sight. Let those who worship evil's might, beware my power, the Green Lantern's light!*"

Quando a realidade podia parecer confusa ou complexa, poucas coisas podiam ser tão precisas ou refletir tão bem a postura dos Estados Unidos em relação ao mundo quanto às palavras do super-herói Lanterna Verde. Após a devastação causada pela Segunda Guerra Mundial e diante de novos desafios, os americanos viam seu país como o farol da liberdade e da democracia para o mundo. Uma posição tomada não por presunção política, mas, de certa forma, delegada pelas antigas potências europeias e principalmente por força da nova arma. Acima de tudo, cabia à vitoriosa nação americana o papel de policial planetário. E, se havia um mal a ser combatido, esse mal não era outro senão o comunismo soviético.

O novo *red scare*

Desde que o ex-primeiro-ministro britânico Winston Churchill, numa visita ao Westminster College, no Missouri, usou o termo "cortina de ferro" em 5 de março de 1947, tornou-se claro que havia uma oposição crucial entre o mundo soviético e o "mundo livre". Esse antagonismo virou centro de todo grande acontecimento histórico até o fim da década de 1980, eventos cujos reflexos são sentidos até hoje, consequência do que foi a Guerra Fria.

Enquanto o surgimento da ONU e a divisão da Alemanha entre os Aliados tentavam diminuir tensões diplomáticas, um sentimento de cautela se instalou entre russos e americanos. Os russos, vivendo sob uma interpretação totalitária do marxismo, acreditavam que a "democracia liberal" servia apenas aos interesses de uma burguesia imperialista gananciosa; que uma revolução comunista mundial era inevitável e que a eles cabia auxiliar, militar ou economicamente, movimentos proletários que surgissem. Os americanos, de sua parte, enxergavam no comunismo soviético uma nefasta negação da liberdade e da individualidade, contrária a tudo aquilo por que lutaram desde a fundação de seu país. "Insegurança" pautava a opinião dos dois lados.

À medida que as cinzas da Segunda Guerra esfriavam, os serviços de informação americanos foram mobilizados para a elaboração de relatórios sobre tudo o que se referia à União Soviética. O antigo Office of Strategic Service (OSS), transformado na Central Americana de Inteligência (CIA), em 1947, buscava agir com

178 | Os americanos

rapidez e oferecer ao governo informações exatas sobre o novo rival. Nesse intuito, nenhum outro pensador teve tanta importância nos círculos oficiais quanto George Frost Kennan.

Diplomata americano na União Soviética entre 1944 e 1946, Kennan foi autor de um célebre artigo publicado na revista *Foreign Affairs*, chamado "The Sources of Soviet Conduct", de julho de 1947. Escrevendo sob o enigmático pseudônimo de "X", criou, sem querer, a base da política internacional americana para os próximos anos. Um postulado teórico abreviado sob o nome de "política de contenção". Segundo o artigo, para deter a expansão da influência russa (que aumentava significativamente no Leste Europeu), cabia às forças americanas manter uma pressão equivalente "numa série de mudanças constantes e correspondentes segundo as manobras soviéticas". Reações iguais e imediatas onde fossem necessárias, de acordo com as ações do adversário. Nesse tabuleiro, não se pensava em vitória imediata. Num jogo que incluía arsenais nucleares, o importante era mantê-lo, sob pena da aniquilação atômica.

De Marshall à Coreia

A Europa, depois da Segunda Guerra Mundial, reergueu-se com a ajuda americana. Um investimento de U$13,3 bilhões lançou os Estados Unidos à hegemonia econômica mundial. O Plano Marshall, projeto de reconstrução da Europa financiado pelo governo americano, provocou uma prosperidade interna quase sem igual: estimulou o investimento, a produção e a criação de empregos. Favoreceu o consumo e a geração de renda, tudo para atender às necessidades europeias. Entre os europeus, em 1951, a produção dos países beneficiados alcançou níveis em torno de 40% superiores aos de antes da guerra, coroando o extraordinário sucesso do Plano Marshall.

Acompanhando esse desenvolvimento, os russos acentuaram seu domínio na Polônia, Bulgária, Romênia, Hungria, Tchecoslováquia e Alemanha Oriental, países satélites de Moscou. O plano do Kremlin era estabilizar o seu poder produtivo usando os recursos de seus aliados mais próximos. Em outras palavras, Estados Unidos e União Soviética realçaram sua influência onde seus exércitos haviam chegado primeiro durante a guerra.

Como um novo gerente, os americanos assumiam pouco a pouco as responsabilidades imperiais de França e Inglaterra. Enquanto a Segunda Guerra deixou antigas colônias europeias praticamente abandonadas, as décadas seguintes viram essas regiões oscilarem entre as ofertas da democracia liberal e as garantias do comunismo soviético. Indochina, Coreia, China, Índia, Oriente Médio e África, junto de suas gigantescas reservas de energia e matérias-primas, viraram o foco das atenções de americanos e russos.

Cientes de que uma nação arrasada pode guardar ressentimentos perigosos para o futuro, o governo americano via como essencial manter o Japão próximo de seus interesses, missão dada ao general Douglas MacArthur. Além dos benefícios gerados pela relação entre Japão e Estados Unidos, a presença americana no Pacífico Norte representava uma vantagem tática inestimável durante a Guerra Fria.

A Guerra da Coreia

Antiga colônia do Japão, a Coreia havia sido ocupada por tropas aliadas ao fim da Segunda Guerra Mundial. Pela Conferência de Potsdam, de 1946, ficava definido que seria dividida na altura do paralelo 38 entre Norte, sob a influência soviética, e Sul, de domínio americano. O país não despertava atenção imediata, chegando mesmo a ser desocupado em 1949, quando americanos e soviéticos retiraram suas tropas. As coisas mudaram, porém, após a derrota do nacionalista liberal Chiang Kai-shek para a Revolução Popular de Mao Tsé-tung, na China. A balança do poder pendia para o comunismo no leste asiático.

Não se sabe dizer as razões com exatidão, mas, em 24 de junho de 1950, tropas norte-coreanas cruzaram em massa o paralelo 38 invadindo a Coreia do Sul. Numa ação veloz, tomaram quase todo o país. Supõe-se que o premiê russo Joseph Stalin tenha sido o mentor da invasão, acreditando que os norte-coreanos, bem armados, teriam uma vitória rápida sobre a Coreia do Sul, unificando o país sob o comunismo. Seja como for, isso não aconteceu. Na Coreia, os americanos enfrentaram o primeiro grande teste da política de contenção, reagindo imediatamente e de maneira enérgica. O presidente Harry Truman ordenou ao general MacArthur que oferecesse auxílio aos sul-coreanos. Apoiadas pelas Nações Unidas, as tropas americanas frustraram o avanço dos norte-coreanos, obrigando-os a recuar para além do paralelo 38, chegando até os limites da fronteira manchu-coreana em novembro de 1950.

Confiante, o general MacCarthur acreditava que a empreitada não levaria mais do que algumas semanas, achando improvável que os chineses, logo atrás da fronteira, resolvessem agir contra as tropas americanas. Contrariando essas expectativas, o 8º Exército Americano foi obrigado a fazer uma retirada forçada até abaixo do paralelo 38, após o avanço de um imenso exército chinês comunista, em janeiro de 1951. Admitindo o novo contexto, MacArthur pediu reforços urgentes, percebendo que a situação deveria ser encarada como uma guerra inteiramente nova, de condições e potência totalmente diferentes e grande poderio militar. Na verdade, o discurso do general implicava uma ação mais ousada, que levaria à vitória total, mas que exigia o uso de arsenais nucleares. Essa posição, típica a comandantes de campo, provocou desentendimentos entre MacArthur e seus superiores em Washington.

180 | Os americanos

O presidente Truman e os chefes de Estado-Maior tinham uma postura mais cautelosa. Não parecia prudente dar continuidade a uma guerra dessas. Afinal, os grandes inimigos eram os russos, poderosos, que tinham armas atômicas e se constituíam, supostamente, na fonte original de todo o mal comunista. Além disso, avançar contra a China podia significar o início de um novo conflito mundial, dessa vez muito mais ameaçador. Ao governo americano interessava um fim negociado na Coreia.

Contrariado, o general MacArthur insubordinou-se não aceitando as ordens de Harry Truman. O presidente foi obrigado a agir, não podia tolerar tal comportamento. Mesmo assim, ainda esperou para ver se o comandante americano se emendava. No dia 5 de abril de 1951, um deputado do Partido Republicano leu, no Congresso, uma carta de MacArthur desafiando abertamente a autoridade do governo. No dia 11, Truman demitiu o controvertido general. O anticomunismo da ala direita do Partido Republicano aproveitou para desacreditar o governo. O senador Jener, de Indiana, disse que o país estava nas mãos de um grupo secreto dirigido por agentes soviéticos. O discurso do senador foi apoiado por um colega, que pouco depois ficaria famoso como o mais virulento político americano. Tratava-se de Joseph McCarthy, como veremos mais adiante. A demissão mostrou as contradições dos Estados Unidos. Por um lado, Washington tinha sólidos argumentos para sua posição; por outro, era como se os americanos aceitassem uma derrota diante do "mal" comunista, sentimento compartilhado por boa parte da população e que despertou uma corrente de antipatia por Truman e todos os representantes de um partido que governava o país desde 1933. Enquanto ocorria o debate envolvendo a insubordinação de MacArthur, o 8º Exército Americano, sob o comando do general Matthew B. Ridgeway, recuperou as posições ao longo do paralelo 38. As Nações Unidas, buscando intermediar um armistício, deram início a negociações de paz em julho de 1951, mas não tiveram sucesso. Aspectos delicados sobre trocas de prisioneiros e sobre a autoridade de um futuro governo impediam a trégua. Com o aumento do número de mortos e feridos, a opinião pública passou a opor-se à guerra.

No ano seguinte, o povo americano elegeu Dwight Eisenhower como presidente. Republicano, o heroico ex-general havia sido comandante das forças aliadas durante a Segunda Guerra Mundial. "Ike", como era chamado, prometia "ir à Coreia". Favorecido pelas numerosas baixas, não foi difícil para o novo presidente chegar a um armistício no conflito, a vigorar a partir de julho de 1953. Pela nova decisão, zonas militarizadas seriam construídas ao longo de uma faixa próxima ao paralelo 38 e direções distintas governariam cada uma das Coreias.

A aparente facilidade com que o armistício foi alcançado também teve outra razão. A morte de Stalin em 1953 reduziu a agilidade política de Moscou. De certa forma, esse fato tornou as lideranças sino-coreanas mais suscetíveis a negociações, assim como a relativas concessões. Mas dentro dos Estados Unidos, isso era irrelevante. A Guerra na Coreia ensinara que, mesmo em tempos de paz, era essencial a existência de um contingente militar permanente. "Apaziguamento", para os estrategistas americanos, era um termo perigoso, pois guardava as raízes de uma possível derrota. Mais do que nunca, a máxima de Alexis de Tocqueville, "o preço da liberdade é a eterna vigilância", virou lema. E nos anos que viriam essa ideia foi levada ao extremo. A cautela deu lugar à paranoia generalizada, o *red scare*.

Propaganda e dissuasão

Tanto armas quanto propaganda foram de vital importância durante a Guerra Fria. Elas definiam a maneira que os Estados Unidos se colocavam nas mais variadas situações. O medo crescente de um ataque ou mesmo de uma invasão comunista em solo americano guiava o país.

George Kennan, em *A Rússia e o Ocidente*, afirmou em 1961:

> Nada existe, asseguro, mais egocêntrico na natureza do que uma democracia em guerra. É a primeira vítima a sucumbir à própria propaganda; passa a atribuir à sua causa um valor absoluto que a cega para tudo mais. O inimigo é a encarnação de todo mal. Nosso lado, em compensação, é o centro de toda virtude.

É claro, Kennan referia-se ao sentimento de aversão que os americanos tinham em relação ao "perigo vermelho" ao longo da década de 1950. Na verdade, poucas coisas nessa época eram tão embaraçosas quanto ser acusado de ligação com o comunismo. Os sindicatos, grupos nos quais seria mais comum encontrar simpatia aos ideais proletários, faziam questão de se afastar da imagem soviética. Os "bons costumes" incluíam respeito à família, autoridades, decoro, além de um ódio feroz à União Soviética. E isso só foi possível graças a uma poderosa estrutura de propaganda.

A Guerra de Independência no século XVIII lançou, como vimos, as primeiras e frágeis ideias de um sentimento nacional. Ter um inimigo comum, a Coroa inglesa no caso, reduziu as diferenças entre os colonos e projetou uma atmosfera de unidade necessária para vencer a antiga metrópole. Terminado o conflito, a definição de "pertencimento" foi razão de sérias desavenças nos anos seguintes, até a Guerra de Secessão. No período do entre guerras e, em especial, depois da Segunda Guerra Mundial, o espírito de unidade se consolidou. O elemento principal dessa coesão era o anticomunismo. Mas, junto a isso, outras duas diretrizes ajudavam a sustentar a integridade do país. Uma delas era a fé inabalável de que qualquer desafio podia ser superado através da técnica e da tecnologia. Outra, ensinada às crianças como uma antiga história de ninar, era o temor, compartilhado por todos, da aniquilação nuclear. O país foi inundado por panfletos e propagandas veiculadas no rádio e na televisão. Às pessoas em geral, mais às crianças, em particular, dava-se instruções no caso de um ataque nuclear. Num filminho divulgado na década de 1950, as crianças aprendiam que assim que vissem o clarão da explosão da bomba atômica, deveriam jogar-se embaixo das carteiras e mesas e cobrir a cabeça, "até que o perigo tenha acabado". A imagem de uma tartaruga chamada Bert, com um capacete era o exemplo a ser seguido. A carapaça da tartaruga é a proteção natural do bicho humanizado. Como os seres humanos não possuem essa proteção natural: "Aprenda a encontrar um abrigo" e então "abaixe-se e proteja-se", "*duck and cover*", em inglês. E uma canção executada por vozes femininas agudas, mas suaves, dava um ar divertido à tragédia. Algo como "*this is Bert, duck and coverrrr*" ("este é Bert, abaixe-se e proteja-se"). O filme era produzido pelo Official Self Defense Film e pela Federal Civil Defense. Durava cerca de dez minutos. Era apresentado nas salas de cinema e na televisão. Difundir a paranoia, o medo, ao mesmo tempo em que se veiculava a ideia de que os efeitos da bomba atômica poderiam ser driblados jogando-se no chão. As mensagens continuavam no filme com um menino fazendo cara feia enquanto a mãe passa óleo para bronzear. O calor da bomba é igual a um dia de sol forte no verão, dizia a mensagem do subtexto.

Entre as décadas de 1950 e 1960, empresas especializaram-se em vender *kits* para a montagem de abrigos antiatômicos. Seguindo passo a passo (*step by step*, da cultura americana) o "você mesmo pode construir o seu abrigo antiatômico e salvar sua família quando a bomba chegar". De modo geral, a orientação para montar um abrigo era difundida em revistas do tipo *Mecânica Popular*. Era tão fácil que qualquer um podia montar o seu próprio abrigo. Utilizava o sistema do "faça você mesmo" (*do it by yourself*) que marca a cultura americana demonstrando que a engenhosidade e a tecnologia podem resolver qualquer problema. Mesmo o terror de uma guerra nuclear.

Tudo isso estava dentro da ideia geral de que o bom americano era um sujeito integrado à sua comunidade. Dotado de habilidades individuais, deveria ser fiel à comunidade com empenho e satisfação. Sua dedicação seria premiada com o afeto do grupo que, satisfeito, o convidaria a tomar parte como membro. Paradoxalmente, um país que deve sua existência ao individualismo, inverteu o sentido de seu próprio fundamento, substituindo a primazia dos interesses pessoais pelos interesses do grupo e da comunidade. Tudo em razão da luta contra o comunismo soviético.

Um ataque atômico era anunciado como algo do qual qualquer cidadão americano poderia se proteger atirando-se sob mesas e carteiras. Acima, cenas de propaganda produzida pela Defesa Civil. Apresentada em salas de cinema e na televisão, difundia a paranoia na população.

Hollywood, paranoia anticomunista e consumo

Um dos mais poderosos veículos de propagação dessa visão de mundo era o cinema. Com a consolidação do gênero ficção científica, incontáveis filmes narravam uma temática praticamente invariável: um poder exterior, normalmente alienígena, surgia no coração do país e ameaçava destruí-lo por completo. O herói dos filmes, embora eventualmente agisse sozinho, era apenas o agente de uma reação maior, coletiva, não raro, executada pelas forças armadas. Entre outros filmes clássicos nessa linha estão *A invasão dos vampiros de almas* (1956), *A bolha assassina* (1958), *Guerra dos mundos* (1953) e *O planeta proibido* (1956).

Não é difícil reconhecer nas ameaças alienígenas desses filmes uma analogia com os soviéticos e tudo o que representavam. Em *A invasão dos vampiros de almas*, por exemplo, conta-se a história da fictícia cidadezinha de Santa Mira, assolada pela invasão de bizarros seres desprovidos de qualquer sentimento ou vontade, mas idênticos aos cidadãos comuns. Enquanto tentavam escapar dos invasores, os únicos que sabiam da verdade eram desacreditados pelas autoridades locais e os habitantes, um a um, eram dominados pelos alienígenas. Conforme a história avança, o herói do filme, um médico formado na cidade grande que voltou à terra natal, vai sendo sufocado pela conspiração, contando apenas com seu intelecto e engenhosidade para escapar das mais difíceis situações.

Os americanos conheciam os riscos de uma publicidade exclusivamente "ideológica". Palavras de ordem como "nação", "vitória", "futuro", "povo", ditas ao sabor de seu próprio significado, lembravam discursos dos ditadores europeus nazi-fascistas. A grande vantagem americana era a maneira como atrelavam essas palavras a uma outra: *consumo*.

Na paradoxal situação de uma "guerra sem guerra", o consumo se tornou o motor do desenvolvimento tecnológico. Os inventos militares eram aproveitados e adaptados ao uso doméstico com enorme velocidade. Enquanto os primeiros jatos cruzavam a barreira do som, poderosos motores da Rolls Royce e da Pratt & Whitney encurtavam as distâncias entre os países. Investimentos privados tornavam a comunicações mais simples e eficientes. Polímeros plásticos substituíam a madeira, tecidos e metais. Mais longe, mais rápido, mais eficaz: a técnica, mais do que força militar, garantia a coesão nacional.

Enquanto o presidente Eisenhower e o secretário de Estado John Foster Dulles lidavam com os desafios internacionais, internamente, os Estados Unidos experimentavam um avanço econômico monumental. Os velhos temores da Depressão da década de 1930 haviam sido substituídos por uma prosperidade e abundância jamais vistas. Supermercados, lojas de departamento, restaurantes, cafés e revendedoras de carros passaram a compor a fervilhante paisagem das cidades americanas. À luz de neon, tudo indicava progresso e felicidade.

A nação se acreditava grande por poder oferecer conforto a todos. O fato de milhares de pessoas viverem perto da miséria era visto como inconveniência temporária. O "país das oportunidades" não restringia benefícios a uma elite: a modernidade estaria à disposição de qualquer um.

Substituindo o rádio, a televisão passou a ocupar o espaço privilegiado da casa. Havia menos de 17 mil aparelhos de televisão instalados nos lares americanos em 1946. Em 1949, 250 mil aparelhos eram vendidos mensalmente. Em 1953, dois terços das famílias tinham uma TV. Se a igreja era o templo do espírito, a televisão era o novo altar do americanismo. Reunia diversão, fé, patriotismo e acrescentava novos significados. Pela televisão, líderes falavam à nação. Pela televisão, americanos sonhavam com o passado e imaginavam o futuro. Pela televisão, foi-lhes ensinado por que os comunistas eram tão perigosos.

Assombrados, foi através da TV que os americanos souberam que os russos, em 1949, também possuíam bombas nucleares, que lançaram seu primeiro satélite, o Sputnik I, em 1957. No mesmo ano, cientistas soviéticos criaram a tecnologia capaz de lançar um míssil intercontinental, antes mesmo dos americanos. O surgimento dos mísseis ICBM (Intercontinental Ballistic Missile), que permitiam um ataque direto sem a utilização de aviões bombardeiros, marcou uma mudança na maneira de ver o mundo. Se antes os soviéticos eram odiados, agora eles eram temidos.

Mais uma vez, a ficção revelava sentimentos incontidos dos americanos. Pouco depois das primeiras investidas ao espaço, foi lançada pela rede NBC de televisão a série *Star Trek*. Em 8 de setembro de 1966, ouvia-se pela primeira vez a célebre narração em *off* do ator William Shatner, "Espaço... a Fronteira Final. Estas são as viagens da nave estelar Enterprise...". Conhecida no Brasil como *Jornada nas estrelas*, além de ser um marco da ficção científica, a série acabou se tornando um dos maiores símbolos da Guerra Fria no mundo todo. Membros de uma espécie de ONU espacial (a Federação Unida de Planetas), a elegante tripulação da Enterprise explorava o cosmos "em busca de novas vidas e civilizações", muito frequentemente, esbarrando com seus piores inimigos, os klingons.

Uma alusão nada sutil aos russos, os klingons eram retratados como um povo orgulhoso e bárbaro. Intransigentes e traiçoeiros, estavam sempre prontos a torpedear as naves da Federação que estivessem próximas da "zona neutra". Essa era uma área desmilitarizada que separava as áreas de influência de cada potência estelar e cuja semelhança com Berlim não era nenhuma coincidência.

Praticamente todas as alusões feitas em *Jornada nas estrelas* estão relacionadas com a situação presente na época do auge da Guerra Fria. Um dos pontos mais curiosos da série era a principal lei, a Diretriz Primeira, que os "mocinhos" da Federação defendiam como válida para toda a galáxia. Por essa "lei" nenhuma potência espacial poderia interferir no desenvolvimento de planetas de civilização atrasada. "Atrasados" eram aqueles que não tinham a tecnologia que permitia velocidades maiores que a luz. Ou seja, não era permitido interferir diretamente, mas isso não significava abster-se de proteger uma sociedade menos desenvolvida. Não raro, os tripulantes da Enterprise, liderados pelo heroico capitão James T. Kirk, faziam o possível para fornecer recursos a raças "pouco favorecidas", mesmo que de forma secreta. Isso garantia simpatia e apoio desses povos à causa da Federação. Não é coincidência que, mais ou menos na mesma época, o Departamento de Estado americano tenha lançado a Aliança Para o Progresso a fim de promover o "desenvolvimento" na América Latina.

Longe da discrição, o próprio nome da nave que levava os personagens ao centro dos acontecimentos, Enterprise ("empreendimento", em português), fazia referência a uma dupla mensagem: num sentido mais direto, evocava o espírito de arrojo e iniciativa empresarial a serviço da exploração espacial; por outro lado, suscitava poderio militar, uma vez que a nave emprestava o nome da embarcação mais condecorada da Marinha americana na Segunda Guerra Mundial, o porta-aviões Enterprise.

Mas a série, criada por Gene Roddenberry, não deixava de fazer críticas à Guerra Fria. Os personagens centrais eram de várias raças e nacionalidades. Uma africana, um japonês, e até mesmo um russo, além do racional (e alienígena) senhor Spock, gozavam de igualdade segundo o que consideravam "direitos inalienáveis", conquistados num momento histórico do seu passado comum. A grande tirada da série era que não se passava numa "galáxia muito, muito distante", como outras obras chegariam a indicar, mas, ao contrário, tratava-se do futuro da Terra, que teria chegado a uma era utópica através da eliminação de todas as tensões e conflitos. A mensagem principal de *Jornada nas estrelas*, afinal, apontava para o pacifismo.

Na mesma linha, outro filme que também manifestava uma sutil insatisfação com a direção política praticada pelos americanos é *O dia em que a Terra parou* (1951). Dirigido por Robert Wise, narra o pânico dos americanos com a chegada do alienígena Klaatu e seu guarda-costas robótico, Gort. Inversamente ao que era mostrado em muitos filmes, Klaatu não era um ardiloso invasor do espaço querendo dominar a Terra, mas o contrário. Vinha em missão de paz, alertar sobre os riscos da corrida armamentista despendida pelos humanos, iniciada logo após o fim da Segunda Guerra. Desacreditado e perseguido, Klaatu dá um ultimato aos líderes da Terra: ou cessavam as hostilidades no planeta ou seriam destruídos por uma poderosa força extraterrestre. À beira de sua quase extinção, a humanidade, afinal, rende-se ao bom senso e evita o desastre. A realidade, contudo, era diferente.

Mísseis, bombas e loucura

O desenvolvimento da tecnologia dos mísseis intercontinentais no fim da década de 1950 acentuou a cautela que americanos e russos mantinham. A ideia de destruição nuclear já não era uma especulação teórica, mas uma possibilidade concreta. Um ataque não convencional (usando armas nucleares) exigia uma reação igual e imediata, segundo os parâmetros, definidos pela política de contenção. Pior, um ataque de qualquer um dos lados podia levar ao extermínio da humanidade, algo que os técnicos americanos chamaram de Destruição Mútua Assegurada (ou Mutual Assured Destruction), que compõe o irônico acrônimo MAD, "louco", em inglês. Uma ação direta, portanto, deveria ser evitada a todo custo. Manter a paz era uma questão de dissuadir o inimigo.

Dissuadir significava não agredir, mas obrigar os russos a mudarem suas intenções. Talvez a mais célebre seção militar que cumpria essa função era o Comando Aéreo Estratégico (Strategic Air Command) ou SAC. Divisão da Força Aérea americana, o SAC era responsável pelo lançamento de armas nucleares e por manter bombardeiros 24 horas por dia no ar em posições-chave. Além disso, mantinha o controle da maioria dos silos de mísseis ICBM, no fim da década de 1950. Aqueles que serviam no SAC tinham orgulho de repetir seu curioso lema "Paz é a nossa profissão".

Fundado em 1946, o SAC seria comandado pelo general Curtis LeMay entre 1948 e 1957. LeMay transformou uma seção despreparada e mal-equipada numa das mais eficientes e avançadas divisões das Forças Armadas americanas. Mas não sem custos: LeMay era famoso por sua postura enérgica e agressiva, um comportamento que causaria vários dissabores em Washington. O general LeMay, anticomunista ferrenho, era sempre a favor da utilização de artefatos nucleares para solução de conflitos internacionais, algo que virou alvo de sátira numa das obras mais emblemáticas do seu tempo, o filme *Dr. Fantástico*, de 1964.

Dirigido por Stanley Kubrick, *Dr. Fantástico* era uma crítica à política suicida mantida por americanos e soviéticos. No filme, a ação militar desempenhada pelo SAC era sustentada ora por um provincianismo simplista, ora por um racionalismo genocida. Depois de um colapso nervoso (deflagrado por um mau desempenho sexual, ou a recente disfunção erétil), o general Jack D. Ripper, um dos comandantes do SAC, ordena o ataque nuclear à União Soviética. Em pânico, cabia aos líderes do Estado-Maior americano calcular as consequências dos atos do disparatado general Ripper.

Num diálogo histriônico, o presidente americano (um dos vários papéis do ator Peter Sellers no filme), via telefone, tenta convencer o presidente russo de que o governo de seu país não é responsável pela investida de um avião bombardeiro em direção à União Soviética. Enquanto isso, no gabinete de guerra, comandantes americanos discutem se o arroubo do general Ripper não era algo que eles mesmos ansiavam.

O doutor Fantástico, um cientista especializado nas questões atômicas, comunica ao presidente e seus assessores que a vida na Terra, depois de uma guerra nuclear, vai mudar radicalmente. Para a humanidade sobreviver, dizia ele, o governo deveria fazer uma seleção dos indivíduos mais aptos, que deveriam viver em cavernas hermeticamente seladas pelo tempo necessário para os efeitos da radiação se dissiparem da atmosfera. Uma vez que a existência da raça humana estava em jogo, era necessário proteger os homens dotados de habilidades necessárias para reconstruir a civilização. Além deles, uma maioria feminina para cada um era um "sacrifício necessário", e deveria obedecer a critérios de beleza e atração física. Tudo em nome da sobrevivência, claro.

Despejar as bombas de hidrogênio sobre o território russo ficava a cargo do piloto de um B-52, as famosas fortalezas estratosféricas e sua tripulação. Dono de modos bastante peculiares, um caipira com sotaque sulista carregado, o major Kong busca cumprir suas ordens ao custo de sua própria vida. Comunicado de forma impessoal através de códigos militares, o plano de ataque tinha, talvez, Moscou como alvo. Após escapar de ser abatido, o avião do major Kong fica avariado e não pode soltar sua carga. Sozinho, com a ajuda de um alicate e com seu chapéu de vaqueiro, o piloto finalmente consegue liberar a bomba, caindo junto com ela. Ou melhor, montado sobre ela, rumo à devastação atômica.

Ao som da canção "We'll meet again", da cantora Vera Lynn, o filme termina com uma mensagem um tanto dúbia. Não importava o que aconteceria, americanos e russos voltariam a se enfrentar. Parecia não haver possibilidade de recuo em nenhum dos dois lados.

A NAÇÃO DA CLASSE MÉDIA

Se os números da guerra indicavam solidamente os equívocos de Washington, eles não teriam qualquer força se não fosse uma gigantesca malha de telecomunicações. Mais do que um monumental fracasso, a Guerra do Vietnã mostrou a força da televisão como catalisadora da vontade geral no país. Primeira guerra televisionada da história, o Vietnã consagrou os meios de comunicação de massa como canal de crítica e espaço de discussão.

O rádio, a televisão, o cinema, as revistas em quadrinhos, entre tantas, acompanharam (ou alimentaram) uma completa transformação da cultura americana em

Grandes cidades deixaram de ser polos de atração para moradia. Nos subúrbios, uma enorme classe média crescia entre 1950 e 1960, consagrando o *american way of life*.

suas mais variadas formas. O clima de descontentamento e a reprovação aberta aos paradigmas do "americanismo" que pautavam as décadas de 1960 e 1970 teria sido totalmente impensável dez ou vinte anos antes. Imediatamente após o fim da Segunda Guerra Mundial, a atitude americana em relação à sua autoimagem era da mais pura celebração. Um entusiasmo vitorioso, graças ao sucesso contra a Alemanha nazista, confirmado pela nova atribuição de liderança mundial contra o "perigo vermelho".

Numa autoindulgência, os americanos se permitiram ser felizes. E ser feliz, naquelas circunstâncias, era permitir-se o conforto. Enquanto a indústria do país passou anos atrelada ao esforço da Segunda Guerra Mundial, reorientou-se para atender uma gigantesca demanda de consumo. A General Eletric, a White-Westinghouse, a Ford, a GM, a Esso, entre tantas outras indústrias de uma infinidade de setores, passaram a inundar o mercado com produtos que prometiam uma vida mais moderna, elegante e confortável. Televisões, geladeiras, carros, aspiradores, enceradeiras, ventiladores, ferros de passar, barbeadores elétricos, torradeiras, fogões, aquecedores, cortadores de grama, refrigerantes, enlatados, eram indicadores de sucesso e felicidade. Do carrinho do supermercado ao porta-malas de um *Chevrolet*, a prosperidade era comprada em pacotes fechados.

O que já se insinuava antes da guerra foi acentuado depois dela, graças a um parque industrial intocado pelos conflitos e ansioso para atender uma demanda crescente. Mas a cultura de consumo na década de 1950 representou não apenas uma transformação econômica, mas uma inovação *estética*. O que é peculiar, essa inovação não significou o rompimento com um padrão anterior, mas, ao contrário, cravou as bases de um modelo conservador levando a sociedade americana a uma homogeneização generalizada.

As décadas de 1950 e 1960 consagraram o *american way of life*. Foi nesse período em que o total populacional do país saltou de 140 milhões para 180 milhões de habitantes. Desses, 10% migraram do campo em direção às cidades. Ao mesmo tempo, os grandes centros urbanos deixaram de ser polo de atração para moradia, sendo gradualmente (e intensamente) substituídos por suas periferias. Os subúrbios, construídos em ritmo alucinante, mudaram a paisagem do país: de costa a costa, longas e arborizadas ruas, casas assobradadas com cercas de madeira e um carro na garagem se multiplicavam, consolidando a emergência de uma enorme classe média.

Em meados da década de 1950, os Estados Unidos produziam e consumiam mais de um terço dos bens e serviços do mundo. Entre 1940 e 1960, com o esforço de guerra e a expansão econômica dos anos 1950, o PIB americano cresceu 2,4 vezes. Depois da década de 1960, a economia da superpotência seria a primeira a atingir a marca de um trilhão de dólares em preços correntes. Boa parte dessa renda se devia aos gastos iniciais do governo americano com o orçamento militar. No período da Guerra da Coreia, o Pentágono foi o principal financiador da tecnologia eletrônica. Com o cessar-fogo, o mercado de consumo tomou o seu lugar. Incrementos na área da pesquisa e desenvolvimento favoreciam o surgimento de novas especialidades técnicas. Refinarias, indústrias químicas, usinas de gás natural, hélio, magnésio e siderúrgicas transformavam a paisagem americana.

Acompanhando o rendimento crescente da economia, a população aumentava na mesma proporção. A geração *"baby-boom"* (a explosão demográfica com os nascidos no finalzinho da guerra) indicava uma demanda segura de consumo, o que não passava despercebido pelos grandes investidores. A necessidade da produção de fraldas, cremes, talcos e outros produtos infantis era um polo atraente para a indústria. As famílias, tradicionalmente compostas por três ou quatro membros até o fim dos anos 1940, somavam cinco ou mais entre os anos 1950 e 1960. Em vez do carro sedã, de duas portas, dava-se preferência ao *station wagon* para acomodar toda a família. O crédito para compra de carros, especialmente da Ford e da Chevrolet, aumentou de 8,4 bilhões de dólares para 45 bilhões entre 1946 e 1958.

A consequente mecanização da indústria, por outro lado, assustava o operário médio. O setor têxtil, bastante suscetível a esse processo, teve uma pequena evasão do número de trabalhadores. Em compensação, a produção de energia elétrica aumentou em 340% entre 1940 e 1960, o que apontava para setores mais interessantes no mercado de trabalho.

Na busca por novas tecnologias, a instrução técnica era estimulada entre todos os setores sociais da população. A expansão da indústria eletroquímica estava condicionada pelos laboratórios universitários, especialmente os da Caltech e de Stanford e o MIT, em Massachusetts. Esse foi outro fator que modificou o perfil da população americana. Enquanto a formação universitária era algo restrito a famílias abastadas no fim do século XIX – algo em torno de 2% dos jovens entre 18 e 24 anos –, em 1970, esse número saltou para 40% da população da mesma faixa etária.

De forma crescente e constante, a sociedade americana passava a se desligar da expectativa da ascensão social verticalizada, algo tão natural às gerações que viveram ao longo da Grande Depressão. Bem diferente, a geração seguinte estava muito mais inclinada e priorizava uma "mobilidade lateral", isto é, não esperava ter uma casa ou um carro, mas ter uma casa maior ou um carro maior, mais moderno e bonito.

Todavia, a propagação dessa sociedade afluente não era livre de problemas. Sob o verniz da riqueza e prosperidade, a classe média americana suprimia suas contradições com equivalente disposição. Uma vez que o fator determinante da unidade nacional era a luta contra o comunismo, não é de surpreender o surgimento de um clima de repúdio e paranoia a tudo que se afastasse do "ideal americano", entenda-se, um ideal de conformismo. O que chegou a ser pior, a aversão a toda ideia que se afastasse do que era considerado o "próprio" ou "adequado" chegou a ser institucionalizada pelo governo americano.

JUVENTUDE E MAIS PARANOIA: MACARTISMO

O maior representante dessa "cruzada contra o mal interno" foi, sem dúvida, o senador republicano de Wisconsin, Joseph McCarthy. Entre 1952 e 1956, McCarthy

Os americanos

liderou o famigerado Comitê de Atividades Antiamericanas, em que obrigou centenas de americanos a deporem sobre supostas atividades de espionagem e subversão para os comunistas. Explorando o "temor vermelho", McCarthy e seu principal assistente, Roy Cohn, alardeavam uma conspiração em ação no país desde o fim da Segunda Guerra Mundial. Submetendo os "suspeitos" a insinuações ou acusações abertas, na maioria jamais comprovadas, cineastas, escritores, atores, diretores, músicos, jornalistas, advogados, membros do próprio governo e das forças armadas foram intimados aos bancos do Comitê.

Na "caça às bruxas" de Joseph McCarthy não havia qualquer meio de defesa além da 5ª Emenda, que protegia o cidadão americano contra abusos de poder do Estado, mas provar o excesso era quase impossível. As acusações eram praticamente invariáveis; bastava qualquer suspeita de ligação com a esquerda socialista. O problema era que muitas vezes, aos olhos de McCarthy, socialismo se confundia com vanguardismo artístico. Aqueles que se recusavam a depor tinham seus nomes publicados nas "listas negras" do Comitê, levando-os a uma cruel desmoralização. Entre as mais notórias vítimas do macartismo incluíam-se Charles Chaplin, Orson Welles, J. Robert Oppenheimer, Linus Pauling, e várias outras personalidades.

Rock e quadrinhos

Uma das forças mais influentes de seu tempo, o macartismo deu voz a uma sociedade que via um assassino violento com mais simpatia que um comunista. À reboque do Comitê de Atividades Antiamericanas, outras comissões de investigação foram criadas. Uma delas, particularmente, atestava a preocupação que os americanos tinham em relação ao futuro de seu país, especificamente, em relação aos seus filhos. O Subcomitê Senatorial Sobre a Delinquência Juvenil, que tomou forma em 1954, tinha por objetivo corrigir o comportamento "transviado" entre os jovens e partia da ideia de que esse comportamento era resultado de mentes perversas e doentias. Segundo o Subcomitê, forças sinistras se escondiam sob fantasias "inocentes" e corrompiam a inocência de crianças e adolescentes, incautas sobre a verdadeira natureza de seu conteúdo, travestido como divertimento. É claro, o Subcomitê referia-se às histórias em quadrinhos.

O despertar de um comportamento "marginal", muito associado ao sucesso crescente do rock, era, no mínimo, uma reação ao estado de conformismo que se instituiu na década de 1950. "Saberes oficiais", porém, consideravam o "fenômeno" consequência de um plano elaborado por mentes perniciosas, talvez (e provavelmente) comunistas. Liderado por Robert C. Hendrickson, o Subcomitê Sobre a Delinquência Juvenil escorava suas investigações nos "estudos" de Frederick Wertham, psiquiatra alemão radicado nos Estados Unidos. Depois de ter publicado uma série de artigos em revistas de grande circulação, Wertham era resoluto em afirmar que as revistas em quadrinhos induziam as crianças a um comportamento agressivo, violento e autodestrutivo, algo que não poderia mais ser ignorado. Aos moldes do macartismo, escritores, desenhistas e editores de quadrinhos se apresentaram diante de Hendrickson para oferecer esclarecimentos sobre suas publicações.

Não apenas revistas que traziam o *Superman, Batman* ou a *Mulher-Maravilha*, já famosos desde os anos 1930, os quadrinhos que faziam mais sucesso no começo da década de 1950 contavam histórias de terror. A maior responsável por esse filão era a EC Comics, editora de William Gaines. Suas revistas tinham títulos como *Weird Science* (Ciência Bizarra), *Crime SuspenStories* (Histórias de Crime e Suspense) ou *Tales from the Crypt* (Contos da Cripta), de temas inequivocamente violentos. Depondo voluntariamente diante da subcomissão, Gaines foi acusado de ser comunista. Chegou a se defender dizendo que sua editora já havia publicado até mesmo uma versão da Bíblia em quadrinhos, o que pouco adiantou.

Para se esquivar de uma punição mais severa, as editoras de quadrinhos fizeram um acordo com o Subcomitê, comprometendo-se a elaborar um código interno para a criação das suas histórias dali em diante. Dentre as regras, destacavam que crimes jamais deviam ser mostrados de forma a criar empatia com criminosos ou gerar descrédito sobre a lei, que "profanidades" ou obscenidades estavam proibidas ou ainda que as histórias sobre amor romântico deviam "enfatizar o lar como valor e o caráter sagrado do casamento".

UMA NAÇÃO DE CONTRADIÇÕES

Justiça, lei, casamento e família, alinhados como bases da integridade americana, atendiam a um projeto de unidade nacional sustentado pela massificação dos gostos e pelo custo pessoal de alguns indivíduos. Mas não só. O esforço atávico de proteger o padrão de vida americano escondia outra de suas maiores contradições, a segregação racial.

Embora o fim da Guerra de Secessão tivesse obrigado os estados do Sul a aceitar a presença da população negra como cidadãos plenos de direitos, a cultura escravista ainda os impedia de desfrutar a igualdade social ao longo das décadas de 1950 e

1960. Mais ainda, de forma mais ou menos velada, a segregação era defendida ou incentivada. Na campanha para governador em 1961, George C. Wallace, um jovem juiz do Alabama, foi eleito pregando a favor das tradições do "velho Sul". Membro do Partido Democrata, Wallace defendia o federalismo de seu estado, acusando o governo de inconstitucionalidade quando determinava a integração social.

Já outras manifestações racistas aconteciam de forma clandestina e eram bem mais comuns. Embora a ação de grupos como a Ku Klux Klan fosse ilegal, sua presença nas cidades sulistas era permanente. No entanto, a Ku Klux Klan em si era o menor dos problemas: suas opiniões eram compartilhadas por inúmeras pessoas. O governo federal, numa campanha massiva de integração, mobilizou a Guarda Nacional diversas vezes de modo a garantir os direitos constitucionais dos negros. O episódios envolvendo Rosa Parks, que se recusou a ceder assento a um branco dentro de um ônibus em 1955, acendeu o pavio de uma explosiva luta pelos direitos civis, que culminaria numa série de conflitos entre brancos e negros, particularmente na cidade de Los Angeles, ao longo da década de 1970.

Líderes do movimento de defesa pelos direitos dos negros, como Martin Luther King ou Malcolm X, divergiam sobre seus métodos. O reverendo King, em 1963, à frente da célebre Marcha sobre Washington Para o Trabalho e Liberdade, proferiu seu famoso discurso "Eu tenho um sonho", em que evocava o espírito de união e solidariedade entre negros e brancos. Malcolm X, com uma sutil inclinação socialista, colocava-se radicalmente contra qualquer acordo com a população branca, para ele, apenas interessada em domesticar a "nação negra" americana. Em circunstâncias igualmente violentas, ambos foram mortos a tiros, em 1965 e 1968, respectivamente.

De certa forma, o movimento pelos Direitos Civis, levado a cabo pela administração de John Kennedy em diante, era apenas uma face das várias tensões que perturbavam cada vez mais o povo americano. O fenômeno de conformismo que se verificou entre o fim da Segunda Guerra até a metade da década de 1960 foi dando espaço cada vez maior para autocrítica. Agravada pela guerra no Vietnã, uma cultura de oposição à moral conservadora ganhava mais e mais força, especialmente entre os jovens. O que havia surgido como um sentimento de decepção e melancolia entre intelectuais da Costa Leste, deu lugar a um movimento de maior alcance. Defendendo uma renovação dos valores e a negação da moral pequeno-burguesa, os *hippies* se propagaram por todo o país, encontrando na liberal (e "jovem") São Francisco uma sede e polo de atração.

Martin Luther King em seu famoso discurso "Eu tenho um sonho", durante a Marcha sobre Washington Para o Trabalho e Liberdade, em 1963.

Criando postura e linguagem sonora e visual própria, assumidamente distinta dos padrões considerados conservadores, impulsionados pelo consumo de drogas e pelo rock'n roll, os *hippies* eram o outro lado de um conflito de gerações. Seus pais foram os sobreviventes da Grande Depressão e da Segunda Guerra; a eles, restava uma herança da qual discordavam ou pela qual simplesmente não se interessavam, o que atemorizava a velha geração.

Os *hippies* não tinham necessariamente um engajamento político. Almejavam a restauração do mais puro naturalismo americano. Inspiravam-se mais em Tom Sawyer e Huckleberry Finn, personagens do escritor Mark Twain, ou então nas obras de Ralph W. Emerson e Henry Thoureau do que em algum teórico socialista europeu. Propondo uma sociedade alternativa em que prevalecia o "amor livre", reivindicavam para si um valor que foi perdido pelas ilusões de uma sociedade materialista e de consumo.

Mesmo que desafiasse as convenções e a moral da sociedade americana, não tardou para o movimento *hippie* ser quase completamente absorvido pela dinâmica de mercado. Suas cores, sua música e seu estilo, originalmente calcados nas modestas capacidades de seus membros, andarilhos mendicantes, viraram foco do desejo consumista. Mas não apenas no que tocava à imagem, junto à *overdose* de experimentações pelos *hippies*, algo mais estava sendo absorvido pelo público americano. Algo que indicava um esvaziamento de sentido e que acompanhava uma espécie de divórcio entre a população e o governo.

DOS "ANOS DOURADOS" A UMA ERA DE INCERTEZAS

O período depois da Segunda Guerra é considerado, até parte da década de 1960 a "era da prosperidade" americana. O país havia se consolidado como potência mundial e mantinha uma hegemonia cultural por quase todo o mundo. Exceção feita ao mundo comunista e onde a "civilização" não chegava. Ou para usar uma imagem absolutamente americanizada, até onde o caminhão da Coca-Cola não podia chegar.

A abundância parecia não ter fim. Os supermercados ofereciam (e oferecem) de tudo. Na foto, prateleiras abarrotadas de refrigerantes.

No entanto, a partir de fins da década de 1960 e início da década de 1970, começava um longo período de altos e baixos em que muitos americanos passaram a duvidar da infalibilidade de seu modo de vida.

OS ANOS "TRANQUILOS" DE EISENHOWER

Se alguém quiser um símbolo para o período Dwight Eisenhower, procure no YouTube, o conhecido site da internet, as gravações dos filmes de *Papai sabe tudo*, seriado semanal do rádio e, pouco depois, da televisão. *Papai sabe tudo* (*Father Knows Best*) representava a família típica da classe média de uma cidade do Meio Oeste. Um pai bem comportado, que tinha a resposta certa para as perguntas, uma mãe prestimosa, que cuidava do lar e dos três filhos. Nada de contestação, nada de *Juventude transviada*, o filme de Nicolas Ray da mesma época. Tratava-se da típica família que votava em Eisenhower para presidente e Richard Nixon para vice: o *average american*, isto é, o americano comum, temente a Deus, defensor da tradição, avesso a grandes novidades urbanas.

Nada melhor do que a vida dos personagens da série da televisão para retratar o cotidiano dos americanos na época de Eisenhower. Tudo funcionava – ou pelo menos parecia funcionar – perfeitamente. Vimos, no capítulo anterior, que por trás dessa tranquilidade havia uma paranoia, um medo que esse "tranquilo" estilo de vida representado pelos carros na garagem e pela vida nos subúrbios pudesse ser destruído. O perigo era a guerra nuclear. Os filmes, como vimos, denunciavam esse medo. Mas ainda assim os americanos tinham o maior índice de desenvolvimento do mundo.

Uma das marcas do período do governo de Eisenhower foi o crescimento demográfico. Era exatamente o oposto do que os Estados Unidos tinham vivido no período da Depressão. Nos anos 1950, começaram a nascer os bebês gerados logo depois de terminado o conflito. O índice de crescimento populacional na década de 1950 era semelhante ao da Índia. Toda essa gente, essas famílias, queriam estabilidade, lugar para morar com bastante conforto. Toda essa gente queria, enfim, comprar casas, carros, máquinas de lavar, torradeiras, rádios, vitrolas e os recém-inventados *longplays*, televisores, mais carros e assim por diante. Carros precisavam de estradas. No capítulo anterior, vimos com havia uma ligação íntima entre a produção de bens de consumo e a tecnologia militar. Pois os americanos estavam aptos a produzir bombas atômicas e liquidificadores.

Dos "anos dourados" a uma era de incertezas | 199

Construídos em série, como em uma linha de montagem, e afastados dos grandes centros urbanos, os subúrbios americanos diferem dos nossos em muitos aspectos.

A construção de estradas foi um dos grandes feitos do governo republicano. O chamado Interstate Highway Act, de 1956, autorizou o governo federal a construir milhares de quilômetros de estradas (*highways*), que cruzaram o país em todas as direções. Essa foi uma forma de o governo republicano, que pregava a não intervenção do estado na economia, subsidiar indiretamente a indústria automobilística em detrimento do transporte coletivo. Aqui também havia uma conexão entre o campo militar e civil: as estradas tinham uma função logística e estratégica para facilitar a fuga da população em possíveis casos de ataques atômicos.

As casas para essa população foram construídas aos milhões. Nasciam os chamados subúrbios, bem diferentes dos nossos. Afastados dos grandes centros urbanos, os subúrbios americanos buscavam reproduzir a vida pacata do campo, mas com todo o conforto urbano. Eram construídos em série, inspirados nos mesmos princípios da linha de montagem da indústria automobilística. *Suburbia*, em inglês, reunia milhares de residências agrupadas num planejamento urbano bastante discutível, mas compensado pelos produtos oferecidos nas casas: uma cozinha montada com máquina de lavar, triturador de lixo, refrigerador. Alguns projetos previam até um carro, *standard*, na garagem.

Os salários dos trabalhadores e funcionários das empresas estimulavam as compras, não havia limite. O crédito estava disponível para quem quisesse; comprar era (e é) uma religião; os *shopping centers* eram (e são) os templos.

O subúrbio e o americano comum

Os moradores dos subúrbios orgulhavam-se em ser "gente simples", mas educada. Esses americanos não queriam saber de política, de discutir a situação mundial e evitavam os comportamentos excêntricos. Num filme de propaganda da Monsanto, a gigante das sementes, aparecia um grande cartaz no muro de um de seus laboratórios: "Nenhum gênio aqui dentro. Somente um punhado de americanos simples trabalhando juntos". A mensagem trazia, no subtexto, um certo anti-intelectualismo que caracteriza o pensamento da maioria dos americanos. Ao mesmo tempo, entende-se que a maioria dos americanos é capaz de fazer qualquer trabalho, inclusive pesquisas científicas para melhorar a qualidade e a produtividade de sementes de cereais.

Foram esses americanos – comuns, simples, que lotaram os subúrbios –, que representavam a uniformidade da sociedade conformista. Em uma década, cresceram mais de 50%. A cantora e compositora Malvina Reynolds, quando viajava pela Califórnia no começo da década de 1960, passou por Daly City e compôs uma canção chamada "Little box", criticando a sociedade de massa criadora de um indivíduo sem alma.

A televisão, como se sabe, ajudou a formar o indivíduo sem alma. Ed Murrow, dirigente da rede CBS (Columbia Broadcasting System), achava que a televisão estava sendo usada para desviar a atenção dos americanos dos problemas reais que os Estados Unidos estavam enfrentando. A maioria da população fazia parte de uma geração de descomprometidos, sem curiosidade intelectual, como se a efervescência cultural da década de 1920 ou o envolvimento político no período do *New Deal* nunca tivessem existido. Houve um crescimento das diversas denominações religiosas. Mas eram religiões acríticas, que produziam livros de autoajuda e não exatamente livros religiosos. Um dos mais vendidos na época foi *A força do pensamento positivo*, do reverendo Norman Vincente Pale, de 1952. Tanto publicações religiosas como não religiosas pregavam a autoconfiança, a garantia do sucesso profissional, fruto do esforço pessoal e, claro, a união da nação na luta contra o ateísmo comunista.

A sociedade afluente americana dá chances para todos — jovens, velhos, latino-americanos, japoneses, irlandeses, italianos, coreanos... Só não aproveita quem não quer. Pelo menos é assim que se vende a imagem da América.

Nada mais familiar do que a torta de maçã, a bandeira dos EUA e o beisebol. Síntese da felicidade americana.

Na contramão

Contra a sociedade conformista, um grupo não muito grande lutava, no campo da cultura, para distanciar-se da mesmice. Um pequeno grupo de músicos do jazz usava o bebop como trincheira. O bebop é uma das variações do jazz que nasceu no fim da Segunda Guerra Mundial e se caracteriza pela complexidade rítmica e melódica, pelos improvisos e pelo virtuosismo nas execuções.

Esses músicos de jazz se rebelavam contra a disciplina mecanizada, exigida nas orquestras comerciais, que limitava a criatividade e a improvisação. Eles se reuniam em pequenos clubes fechados, em especial em Nova York, para trocar experiências. De modo geral, não era permitido dançar. Era só para ouvir.

O jazz não estava só, na contramão. Era acompanhado de perto por uma ala *outsider* da academia. Um dos intelectuais mais conhecidos foi Wright Mills, que deu aula na Universidade de Colúmbia até sua morte prematura em 1962. Mills escreveu, entre outras obras, *A nova classe média*, publicado no Brasil em 1966. No livro, fez uma crítica ao comportamento dos "colarinhos brancos", isto é, a crescente classe de funcionários e burocratas nos Estados Unidos.

Na ficção lá estava, com o pé na estrada, Jack Kerouac, que em seu livro *Pé na estrada* (*On the Road*) afirma: "nós vamos indo e nunca vamos parar até chegarmos lá. E para onde nós vamos indo, meu chapa? Eu não sei, mas nós temos que ir".

Uma visão de mundo exportável: a política externa dos republicanos

Durante o governo republicano de Eisenhower, a Guerra Fria foi institucionalizada: ganhou um contorno mais definido, pois ficou mais fácil identificar quem pertencia ao "outro lado". Um dos secretários escolhidos pelo presidente era um executivo da General Motors, para quem o que era bom para os Estados Unidos era bom para a General Motors, e o que era bom para a General Motors era bom para os Estados Unidos. A política externa foi pautada por filosofia semelhante.

Para o historiador Gerald K. Haines, depois da Segunda Guerra, os americanos acreditavam que os Estados Unidos eram superiores não somente política e economicamente, mas também culturalmente. Eles pensavam que tinham o dever de difundir os valores e ideais norte-americanos por toda a América Latina e, em especial, pelo Brasil. Por isso, as agências do governo "venderam" uns Estados Unidos da mesma forma que os produtores de Hollywood vendiam um filme ou a General Motors vendia um Chevrolet ou a RCA vendia um aparelho de televisão.

No início da Guerra Fria, durante o governo de Eisenhower, a diplomacia cultural foi considerada de grande importância para luta contra o comunismo. Os planejadores da política norte-americana viam o Brasil como aliado preferencial e detentor de uma posição estratégica privilegiada na América Latina; uma nação ideal para desenvolver traços individualistas e democráticos, para adotar padrões de racionalidade similares aos norte-americanos em questões de política, economia e bem-estar social.

Não foi por coincidência que, na primeira metade da década de 1950, tenha se tornado popular, nas rádios brasileiras, o programa de Al Neto (Alfonso Alberto Ribeiro Neto). Pretendia-se que fosse um programa cultural, isto é, de informações científicas, educacionais e políticas. Todos os dias, muitas emissoras entravam em cadeia e ouvia-se a emblemática "Oh! Suzana", canção bastante conhecida via Hollywood. Em seguida à música de abertura, um *speaker* anunciava: "este é o comentário de Al Neto: 'Nos bastidores do mundo'. O que há por trás das notícias. Ao microfone, Al Neto". Para quem se interessar, as crônicas de Al Neto estão na seção de áudio do Arquivo Nacional do Rio de Janeiro:

> Amigo ouvinte. O liberalismo está surgindo no mundo e no Brasil como força polarizadora dos partidos democráticos. E isto se dá no momento exato em que o socialismo, por outro lado, começa a perder os matizes de direita e esquerda, para adquirir a cor uniforme dos partidos que desejam o Estado onipotente.
>
> No Brasil, já notamos também a tendência em direção aos polos do pensamento político e econômico do nosso tempo. [...] Os nossos partidos sentem que precisam dizer claramente à nação se querem resolver nossos problemas por meio da democracia ou por meio do socialismo. A crise que atravessamos é consequência da nossa marcha desorientada para o socialismo. [...] Certas iniciativas democráticas, como a do câmbio livre, fracassam porque nossa economia já tem muitos laivos socialistas. [...] Não somos uma nação democrática como prova a existência de mecanismos controladores do Estado. Mas não somos, tampouco, uma nação socialista. [...] Talvez, nas próximas eleições possamos ver claramente quais são os partidos liberais que querem a predominância do indivíduo ou do povo e quais são os partidos socialistas que querem a predominância do Estado ou da burocracia. E é certo que a nação vai votar por aqueles que tiverem cor bem definida e não por aqueles que jogam com pau de dois bicos.

Novamente ouvia-se "Oh! Suzana", a canção que havia aberto o programa, que se encerrava com o locutor anunciando:

> Acabaram de ouvir o comentarista Al Neto. Voltem a ouvi-lo amanhã nesta mesma hora. E agora, atenção! Se quiser receber gratuitamente publicação de interesse para você ou sua família, escreva para a caixa postal 4.712, 4 – 7 – 1 – 2, Rio de Janeiro.

O tema e a abordagem estavam em sintonia com um mundo que ainda tinha na memória a lembrança fresca da guerra contra o totalitarismo nazi-fascista. O cronista chamava a atenção para o avanço do socialismo nos países democráticos. Na Itália e na França, isso se dava em função das benévolas concessões feitas pelos liberais. A queda de um primeiro-ministro, segundo as crônicas de Al Neto, explicava-se pela perigosa aventura de uma reforma agrária socializante. O exemplo deveria servir de aviso aos políticos brasileiros. Deveríamos tomar uma decisão e não permanecermos em posições dúbias. Ainda que deixasse aberta a ideia de livre escolha, Al Neto fazia a crítica ao socialismo: o câmbio livre fracassou "porque nossa economia tem laivos socialistas". O ouvinte, ou o leitor, já que era possível adquirir as crônicas pelo correio, tinham certeza que o cronista pedia, tão somente, uma tomada de posição. Nossos políticos deveriam escolher entre o liberalismo e o socialismo.

Os assuntos das crônicas diárias de Al Neto eram os mais variados: liberalismo *versus* socialismo; antibiótico e as plantas medicinais brasileiras; formação de técnicos; reforma agrária; classes produtivas – socialismo – capitalismo de Estado; democracia no Nepal; Guerra da Coreia. Apesar do amplo leque temático, a base era uma só: as grandezas e vantagens do mundo livre em contraposição ao mundo comunista.

Se a crônica sobre o liberalismo no Brasil tinha um tom que sugeria, como já se disse, um certo distanciamento e neutralidade ("Os nossos partidos sentem que precisam dizer claramente à nação se querem resolver nossos problemas por meio da democracia ou por meio do socialismo"), num outro programa sobre a reforma agrária na Guatemala, o radialista deixa mais clara a sua posição política:

> Amigo ouvinte. Em todas as tragédias existem, inevitavelmente, passagens cômicas. Tragédia cem por cento tragédia só mesmo nos brilhantes escritos do senhor Nelson Rodrigues. Na tragédia da reforma agrária guatemalteca acaba de surgir um episódio cômico. O herói – ou será que eu devo dizer, o palhaço? – é um certo senhor Esteves [...] que é o administrador geral da reforma agrária na Guatemala. Essa reforma é dos princípios esquerdistas da divisão forçada da terra [...].

Qualquer dúvida que ainda pudesse restar quanto ao caráter pró-mundo livre na luta contra o socialismo do pensamento de Al Neto se diluiria quando o desavisado ouvinte (ou leitor) soubesse quem era Al Neto: cidadão brasileiro e editor de rádio da Embaixada Americana no Rio de Janeiro. Sua luta pela liberdade e pela democracia era conduzida pelas mãos dos funcionários da United States Information Service e da United States Information Agency. Órgãos do governo americano que surgiram nos anos imediatos depois da guerra.

O programa de Al Neto fazia, portanto, parte do esforço da política cultural americana de disseminação dos valores do liberalismo, do mundo livre e, sem dúvida, do americanismo. Assim, poder-se-ia contra-atacar qualquer propaganda de caráter socialista ou comunista (muitas vezes, como já se disse, na visão dos especialistas americanos, o nacionalismo era confundido com ideologias de esquerda).

A política externa dos Estados Unidos de Eisenhower foi entregue ao secretário de Estado John Foster Dulles. A doutrina de Dulles contaminou todos os departamentos do governo e se pautava pela ideia básica de que a URSS tinha um plano de expansão militar de conquista do mundo. As provas pareciam claras: a Revolução Chinesa, a invasão da Coreia, a sovietização da Europa Oriental, bombas atômicas, propaganda comunista, sabotagens etc., etc., etc. Contra tudo isso os americanos usaram os mais variados métodos. Ações operadas pela CIA (Central Inteligence of America), em especial na Europa Oriental. Nessa região europeia, a atuação dava-se com intensa ajuda a grupos que faziam oposição aos regimes comunistas, em especial na Polônia, Hungria e Tchecoslováquia. A CIA financiava jornais clandestinos, estações de rádio e shows musicais.

É conhecida a participação da agência americana nos golpes de Estado na Guatemala, no Irã, no Congo; no começo da década de 1960, a tentativa, fracassada, da invasão de Cuba (Baía dos Porcos).

O vice-presidente Richard Nixon chegou a dizer, sobre Foster Dulles, que finalmente os Estados Unidos tinham um secretário de Estado que não se curvava aos comunistas.

UM PROTÓTIPO DO *AVERAGE AMERICAN*: RICHARD NIXON

De origem humilde, filho de pequenos sitiantes, Nixon nasceu, em 1913, numa povoação rural na Califórnia chamada Yorba Linda. O lugar tinha pouco mais de duzentos habitantes, e seu pai, Frank Nixon, tocava a propriedade que rendia o suficiente para sustentar a família. Ele tinha mais três irmãos.

Num determinado momento, o sítio entrou em decadência e os Nixon tiveram que mudar-se para Whittier, pequena cidade de cinco mil habitantes. Conta-se que ele era bom aluno, sensato e engajado socialmente, participava do time de futebol, do teatro e de outras atividades escolares. Mas, ao mesmo tempo, era conhecido por ir até o fim para derrotar quem se pusesse em seu caminho. Isso ele parece ter herdado do pai, considerado muito rígido. Um dos irmãos de Richard costumava dizer que o pai era um verdadeiro carrasco na educação dos filhos. Embora participasse da vida social da escola, Nixon era considerado um menino solitário.

Pode-se dizer que Richard Nixon tinha alguma relação com a cultura do Oeste, tão bem retratada nos filmes de Hollywood. Recentemente, o *New York Times* publicou um artigo de David Brooks que faz uma curiosa relação entre os filmes *westerns* e a falta de rumo em que se encontram os republicanos depois da derrota de McCain e de Bush para Barack Obama. Os republicanos, segundo Brooks, gostam de filmes de caubói porque admiram sua bravura, a rudeza e a luta individual e solitária do vaqueiro. Gostam de John Waine, por exemplo, em *Rastros de ódio* (*The Searchers*), de John Ford, no qual o personagem Ethan Edwards é um vingativo tio que sai à captura da sobrinha que havia sido raptada por índios bravios.

Nixon também admirava essas qualidades do homem do Oeste. Ele gostava de mostrar que fazia parte dessa cultura rude. Fazia parte de seu ser. Ironicamente, republicanos como Goldwater, Nixon, Reagan, Bush, Dick Cheney e a recente "machona" Sarah Palin não entenderam nada das mensagens de John Ford.

Os filmes de Ford eram muito mais sobre a luta do povo simples na construção de uma comunidade honesta, equilibrada. Os duelos, os tiros eram parte do cenário. O que Ford fazia era mostrar o esforço da comunidade em construir uma sociedade estável, com escolas, igrejas, bancos, casas comerciais e o inevitável *saloon*. É o que se vê, por exemplo, no já mencionado *O homem que matou o facínora*, de 1962. Ranson Stoddart, personagem de James Stewart, advogado que vai fazer a vida, é a lei em pessoa, civilizando o Oeste bravio, onde prevalece a "lei do revólver". As armas dele são livros de lei. Por isso, o bandido Liberty Valance, interpretado por Lee Marvin, o agride violentamente. Valance já está derrotado mesmo antes de ser morto. Derrotado e superado pelos aspectos da modernidade representada pela lei e pela ferrovia que está chegando e substituindo a diligência. Isso, os republicanos conservadores como Nixon, jamais perceberam; só tiveram olhos para parte da mensagem de John Ford, aquela em que todo personagem interpretado por John Wayne, o caubói solitário, resolve tudo sozinho.

Ao longo de sua carreira política, Nixon sempre se comportou como um caubói solitário. O poder tende a empurrar o líder político para a solidão. Nixon levou essa tendência ao extremo. Agia com arrogância e segurança que lembravam o caubói enfrentando um perigo. A autoestima de Nixon, segundo uma namorada citada por Dallek, escondia "um desconforto e um constrangimento implícito, uma profunda sensação de insatisfação. Ele parecia só e muito sério... Era esperto e, de certa forma, isolado. Lá no fundo não se sentia seguro de si mesmo". Um caubói que vivia sozinho e não tinha amigos. Nesse ponto, Nixon esteve em sintonia com a religião protestante/calvinista que sugere que não se deve confiar nem ser confidente de nenhum amigo. Só Deus pode ser seu confidente, na interpretação de Max Weber.

Depois que a família Nixon mudou-se para Whittier, próximo de Long Beach, o jovem Dick Nixon ficou responsável pelas compras para o pequeno negócio paterno. Ele se levantava todos os dias às quatro horas da manhã e dirigia uns vinte quilômetros até o mercado de Los Angeles para comprar as mercadorias que seriam vendidas na quitanda do pai. Para Robert Dallek, Nixon via sua própria perseverança como "uma forma de tornar-se alguém – de sair do mundo limitado de seus pais e romper as correntes que o prendiam a uma vida de trabalho enfadonho e penoso em uma cidade pequena".

Enfim, trabalhar duro e sentir-se útil era a forma de manter a autoestima elevada. Na faculdade de Whittier, ganhou todas as bolsas disponíveis e participava das equipes vencedoras em várias modalidades de esporte, em especial o futebol americano. Quando entrou na Universidade de Duke para fazer o curso de Direito, quase não saía da biblioteca. Dedicou-se, com disciplina férrea, aos estudos. Os colegas se referiam a ele com a expressão *nerd*, termo que descreve alguém que se dedica intensamente a atividades intelectuais. Essas qualidades empurraram o jovem Nixon à política: participou de associações estudantis e foi eleito representante de turma. Deixava sempre claro, em discussões, que desprezava estudantes de famílias ricas e tradicionais. Para combater essa gente, dizia ele, muita inteligência e muito ódio. A origem humilde de Nixon tinha um forte peso no quadro psíquico do jovem que o acompanhou até o fim da vida.

Foi na política estudantil que Nixon iniciou sua vida pública. Foi eleito presidente do centro acadêmico da faculdade. Dallek diz que "embora fosse quacre, cuja rígida criação religiosa o proibia de dançar, Richard prometeu intensas atividades sociais na universidade, usando a proposta de festas dançantes mensais como plataforma para ser eleito". Essa estratégia já revelava a argúcia política do futuro homem público. E foi assim que atraiu os estudantes mais pobres que eram desprezados pelos filhos das elites.

Quando Nixon formou-se, num honroso 3º lugar, em 1937, não conseguiu emprego em nenhum grande escritório de advocacia nas cidades da Costa Leste. Foi trabalhar com um pequeno grupo de advogados em sua cidade no sul da Califórnia. Logo se envolveu na política local, na Câmara dos Vereadores. Por pouco não foi eleito. Decidiu-se casar com Patricia Ryan e foi trabalhar para o governo na Washington do *New Deal*. Quando os Estados Unidos entraram na guerra, Richard Nixon alistou-se na Marinha e, como tenente, era responsável pela logística do transporte de feridos no teatro de guerra do Pacífico. O escritor Gore Vidal, que

208 | Os americanos

serviu nas Forças Armadas, diz que Nixon ficava, a maior parte do tempo, jogando cartas e fazendo um bom dinheiro.

Finda a guerra, aceitou o convite para se candidatar a deputado federal da Califórnia pelo Partido Republicano. Numa campanha pouco ética, Nixon atacou o adversário com métodos que seriam a sua marca. Ele soube, como poucos, usar com destreza o medo inato que o americano comum tinha do comunismo. Acusou o oponente de liberal e simpatizante dos comunistas. O período era propício. Com o fim da Segunda Guerra, o medo do comunismo renasceu, como vimos no capítulo anterior. O sistema americano, o *american way of life* corria perigo. Os comunistas haviam se infiltrado em todos os setores da vida dos americanos, dizia Nixon. O comunismo ameaçava a religião dos americanos, ameaçava as liberdades básicas da tradição americana e queria impor um regime de economia planejada, acabando com a livre-iniciativa.

Resumindo, Richard Nixon defendia as sagradas tradições americanas contra a ameaça comunista. Com esse argumento conspiratório, abocanhou 57% dos votos e foi eleito deputado em 1946. Ele soube explorar os anseios das pessoas comuns que procuravam valorizar a honra, opondo-se às elites intelectualizadas, excessivamente liberais. Aquele que acreditava nas pregações de Nixon era o típico americano das comunidades e que tinha sua autoestima baseada nos valores da honra pública. Fé na família, em Deus e na pátria. Em outras palavras, se alguns políticos, como o ex-vice-presidente Henry Wallace, não consideravam o comunismo e a União Soviética como o centro de "toda coisa ruim do mundo", seriam coniventes, simpáticos ao comunismo. Eram uns "verdadeiros comunistas". O apoio silencioso a Nixon vinha dos grandes empresários do petróleo, que forneceram milhões de dólares para a campanha do republicano, que aos poucos ficou conhecido como Dick, o trambiqueiro.

Daí em diante, Nixon usaria a fórmula. Na Câmara, em Washington, apoiou o Plano Marshall, que recuperou a Europa Ocidental depois da guerra, por acreditar que era a melhor arma para conter o comunismo que ameaçava o velho continente. Mas, segundo a visão dos políticos mais reacionários, o comunismo em casa continuava a crescer ameaçando a América. Para a maioria da população, isso pareceu verdade quando Alger Hiss, alto funcionário do Departamento de Estado, foi acusado de pertencer ao Partido Comunista e, pior, suspeito de passar segredos de Estado para a União Soviética. Nixon não perdeu tempo. Tinha plena consciência de que o "caso Hiss" podia render um longo tempo de exposição na mídia, em especial na televisão, o novo meio de comunicação que tomava conta da América. Como membro do Comitê de Atividades Antiamericanas, o HUAC (House Un-American Committee), Nixon não suportava o fato de Hiss ser oriundo de famílias patrícias, isto é, da elite americana. Ele faria tudo para provar que essa gente não era digna de confiança. Hiss foi condenado e Nixon, como previra, passou a ser uma celebridade política nacional.

Ele aproveitou e saiu candidato para uma vaga no Senado em 1950. Da mesma forma que na campanha para deputado, golpes baixos contra o oponente, no caso, uma mulher. A adversária foi pintada como conivente com o comunismo. Usou muitos truques sujos e pouco éticos que arrasaram a adversária. Em plena Guerra Fria, sob o "domínio do temor ao comunismo", um hábil "malandro" como Nixon soube tirar proveito disso e venceu com mais de 59% dos votos. Mais tarde, ele declarou que os americanos estavam apavorados com o comunismo que ameaçava o estilo de vida deles. Ninguém, disse ele, queria saber de sistema de educação, melhoria das condições de trabalho. Eles preferiam treinar suas crianças para a bomba atômica com o *Duck and cover*, como vimos no capítulo anterior.

O sucesso de Dick Nixon nas eleições para o Senado foi tamanho que o candidato do Partido Republicano, Dwight Eisenhower, o convidou para ser o vice na sua chapa. A campanha dos dois foi pautada pela defesa das instituições e tradições americanas contra a ameaça do comunismo. Nixon, em especial, usou todos os recursos disponíveis na época. Contratou técnicos de Hollywood para organizar cenários de seus discursos na campanha. Como sempre, atacou os "inimigos da América", qual sejam, comunistas, simpatizantes do comunismo, intelectuais da Costa Leste, jovens universitários. Enfim, todos que pareciam opor-se ao modelo *Papai sabe tudo*.

Podemos dizer que, de certa forma, McCarthy e Nixon eram do mesmo time. No capítulo anterior, falamos do macartismo e verificamos que ele fez parte da paranoia americana exacerbada, assim como Nixon, mas com notáveis diferenças: o vice-presidente era muito mais sofisticado e preparado intelectualmente.

Eisenhower foi eleito e reeleito. Ficou até 1960 e Nixon o acompanhou. No poder, como vice-presidente, atuou como uma espécie de embaixador e visitou vários países. Uma viagem pela América Latina foi desastrosa e quase resultou na sua morte. Em Caracas, quando a caravana do vice-presidente estava passando pelas ruas da capital venezuelana, uma multidão raivosa atacou o carro de Nixon. Apedrejaram, cuspiram e alguns manifestantes quase conseguiram tirá-lo do automóvel. Nixon manteve-se frio e calmo, o que chamou a atenção da mídia, como ele sempre quis.

Foi para a União Soviética como representante do presidente Eisenhower na Exposição Nacional Americana (American National Exhibition), uma feira de produtos americanos em Moscou, acompanhado por Nikita Krushev. Quando chegaram ao estande de cozinhas americanas, Nixon começou a discutir com um soviético, tentando demonstrar as vantagens do sistema americano. Foi o famoso "debate da cozinha".

Nixon x Kennedy

Richard Nixon, ou Dick, o trambiqueiro, viu sua esperada oportunidade de chegar à Casa Branca na eleição de 1960 contra John Kennedy. Eisenhower deu-lhe um apoio bastante discreto, e não participou da campanha. Porém, Nixon esperava que seu conhecimento de política externa o ajudasse a divulgar a ideia de que ele era o melhor anticomunista jamais produzido nos Estados Unidos. No entanto, a bandeira do anticomunismo estava bastante dividida. Dentro da própria direita encontrava-se a John Birch Society, uma organização ultrarreacionária que havia se apoderado de uma parte importante do discurso contra os comunistas. O próprio Kennedy, enaltecendo o mundo livre, atacava com igual ferocidade o mundo da "cortina de ferro". Dessa forma, Nixon ficou sem uma das principais bases para sua campanha.

Ele queria muito derrotar o jovem John F. Kennedy, formado em Harvard, uma das melhores escolas dos Estados Unidos, culto, simpático, filho de família rica e muito esnobe para o gosto de Nixon. A procedência da riqueza da família era questionada: havia uma fofoca de que seu pai, Joe Kennedy, teria enriquecido na época da Lei Seca.

Para o público, o jovem John Kennedy inspirava confiança e havia sido herói da Segunda Guerra, e não simplesmente trabalhado na burocracia como Nixon. Na campanha, Kennedy passou a mensagem de que ele representava a transformação e Nixon o continuísmo do governo de Eisenhower.

Nos debates da televisão, Kennedy superou Nixon. O jovem candidato católico passou a imagem de dinamismo e Nixon, cansado da intensa campanha pelo país, parecia um velho alquebrado.

O resultado das urnas deu a vitória a Kennedy por uma margem pequena de votos.

KENNEDY, UM DEMOCRATA CATÓLICO NA CASA BRANCA

Kennedy foi o primeiro católico a ser eleito presidente dos Estados Unidos. Tomou posse quase ao mesmo tempo que Jânio Quadros no Brasil. Na época, havia uma forma de esperança para um Brasil que havia eleito um candidato da "oposição" e para os Estados Unidos, que também elegeram um candidato de fora dos quadros tradicionais. No discurso de posse de Jânio, a esperança parecia ser verdadeira:

> Nesta hora em que países e povos secularmente dominados se levantam e se libertam da opressão colonialista, minha eleição para a presidência tem um aspecto que merece destaque na História: a oposição chega ao governo em obediência à vontade popular expressa no pleito.

Kennedy fez um discurso também cheio de referência a uma nova era:

> Nós observamos hoje a vitória não de um partido, mas a celebração da liberdade – simbolizando o fim e o começo – significando renovação e mudança. [...] O mundo é muito diferente hoje. O homem tem em suas mãos o poder de abolir todas as formas de pobreza, mas tem também o poder de destruir toda a forma de vida humana.

O que havia de comum entre os dois políticos é que eles pareciam celebrar uma nova era, ainda que sob a ameaça atômica sugerida por Kennedy. No entanto, a parte do discurso de Kennedy que ficou mais famosa foi quando ele disse: "Não perguntem o que o seu país pode fazer por vocês, mas perguntem o que vocês podem fazer pelo seu país." Não demorou muito para que os dois presidentes, o americano primeiro e depois o brasileiro, enfrentassem a dura realidade distante dos discursos. Kennedy, poucos meses depois, enfrentou o fiasco de uma invasão fracassada; Jânio não suportou o que ele próprio chamou de "forças ocultas" e, num ato até hoje mal explicado, renunciou.

Kennedy e os problemas

Kennedy dizia que a "nova Fronteira está aqui quer queira quer não". A adoção do *slogan* "nova fronteira" tinha relação direta com a cultura do Destino Manifesto. Expandir fronteiras simbólicas da democracia para o próprio país e outros cantos do mundo. No plano da política doméstica, o novo presidente enfrentou problemas com os setores empresariais, em especial o siderúrgico. Quando precisou de apoio no Congresso para instituir leis de melhoria em condições sociais, enfrentou forte oposição de *lobbies* dos grandes empresários. Suas propostas ficaram, na maioria dos casos, bloqueadas no legislativo. Ele fez algumas tentativas em relação aos direitos civis, esperando estender políticas antissegregacionistas para o restante do país. Conseguiu pouco progresso na instituição de novos salários mínimos e planos de saúde para idosos. O chamado Corpos da paz (*Peace corps*) era um programa com o objetivo de enviar jovens para o exterior a fim de difundir os princípios de democracia, de educação, de higiene para povos subdesenvolvidos. De certa forma, inspirou-se nos Civilian Conservation Corps de Roosevelt, que era um programa doméstico, só que pensado em termos internacionais.

Quando o democrata John F. Kennedy sucedeu Dwight Eisenhower, em 1961, deparou-se com uma série de problemas delicados na política externa. O comunismo avançava a olhos vistos na Indochina. Na América Latina, despontavam movimentos socialistas, alguns vitoriosos, como a Revolução Cubana de 1958. Sem alternativas, Washington aumentava sua participação militar em diferentes ações espalhadas pelo mundo. Cuba era um problema cada vez maior para os Estados Unidos. Um país alinhado com a União Soviética, tão próximo do território americano, era um risco grande demais para ser ignorado. Kennedy tentou reverter a situação e uma invasão foi planejada. Através da CIA, o governo americano armou e treinou um contingente de exilados cubanos. A intenção era restabelecer o governo do ex-presidente Fulgêncio Batista, mais inclinado aos interesses dos Estados Unidos. A tentativa, porém, foi um fracasso embaraçoso. As tropas cubanas venceram as forças invasoras fazendo vários prisioneiros. "Existe um velho ditado", disse Kennedy pouco depois, "de que a vitória tem uma centena de pais e a derrota é órfã [...]. Sou o funcionário responsável do Governo e isso é perfeitamente óbvio", aceitando a responsabilidade pelo fiasco.

Em outubro de 1962, o governo de Fidel Castro, em troca de assistência militar e tecnológica, aceitou a proposta soviética de estabelecer uma base de operações em Cuba. Ou seja, manter um arsenal de mísseis nucleares capazes de acertar alvos a 3.500 quilômetros de distância, às portas do território americano. Entre os conselheiros de Kennedy, estavam seu irmão, Robert, então procurador-geral, o secretário de Defesa Robert McNamara e o general Curtis LeMay, chefe do Estado-Maior militar. Cada um tinha sua própria maneira de encarar a questão, o que subitamente quase levou a uma nova Guerra Mundial.

Os irmãos Kennedy sabiam que os Estados Unidos não podiam demonstrar fraqueza na situação: ficar indiferente à existência de armas de destruição em massa no Caribe era inaceitável. Mas reagir era sinônimo de contra-atacar e as consequências eram conhecidas dos dois lados. O general LeMay, novamente, era a favor de uma ação direta, uma nova invasão à Cuba e possivelmente até mesmo o uso de armas nucleares. McNamara, por outro lado, era mais cauteloso, buscando uma solução alternativa, diplomática, sem a utilização da força, mas que dependia da agilidade e confiabilidade dos serviços de informação.

A diferença de opinião entre LeMay e McNamara era o âmago do dilema americano: como vencer o comunismo? Na Crise dos Mísseis, a situação se resolveu através do diálogo. Depois de estabelecer um bloqueio marítimo ao redor de Cuba, os navios soviéticos retornaram ao seu país. Os russos se comprometiam a não instalar mísseis nucleares no local, desde que o governo americano garantisse não invadir a ilha. Além disso, exigiam que os Estados Unidos removessem armas nucleares que haviam sido instaladas na Turquia. A presença dessas armas atômicas naquele país era uma ameaça semelhante à de Cuba para os Estados Unidos.

Anos mais tarde, McNamara afirmou que o impasse na Crise dos Mísseis chegou assustadoramente perto do fracasso, e que só foi evitado graças a muita sorte. Esse momento, o mais perigoso de toda Guerra Fria – optar entre a ação e a obliteração em Cuba –, colocou em xeque a política americana, que, se até então era sustentada em função da dissuasão, foi obrigada a se submeter quase exclusivamente à boa-fé de seus rivais.

Apesar da tensão que a crise dos mísseis em Cuba causou, ela tornou evidente a nova disposição que Washington reservava à Guerra Fria. Essa disposição, atrelada à figura de Kennedy, apontava para concepção de "coexistência pacífica" entre russos e americanos. Isso significava que, diferentemente da década anterior, os Estados Unidos apresentavam uma inclinação muito maior à negociação, mas não iriam se furtar de uma ação enérgica caso necessário.

Como presidente, John Kennedy demonstrou uma honesta disposição de limitar os prejuízos globais de uma disputa que era restrita ao seu próprio país e à União Soviética. Enquanto lidava com as hostilidades cubanas na América Central, buscou a simpatia de outras nações, especialmente na América do Sul. Em nome da defesa hemisférica, deu início à Aliança para o Progresso, ajuda assistencial e econômica que previa um investimento de cem bilhões de dólares para os países da América Latina ao longo de dez anos. Encontrando ampla simpatia dos países contemplados, a Aliança era, sobretudo, um meio de fortalecer os regimes democráticos de modo a afastar a influência comunista. O que não significava incentivar ou patrocinar ditaduras de extrema direita, algo ao qual Kennedy se opunha. Mas foi exatamente o que aconteceu.

As preocupações de Kennedy não se restringiam ao continente americano. Ex-colônias africanas estabeleciam novos governos, ainda carentes de estrutura ou habilidade política suficiente para se manterem. Um exemplo foi o Congo, antiga colônia belga, que se viu obrigado a buscar assistência com o governo americano após sua Independência em 1960. Na Indochina, a situação se tornaria mais grave.

Kennedy só teve tempo de dar o pontapé inicial no envolvimento dos Estados Unidos no Vietnã. Uma bala (ou seriam duas, três?) interrompeu o caminho do jovem presidente americano. Num dos mais obscuros episódios da história americana, John F. Kennedy foi assassinado em Dallas a 22 de novembro de 1963.

JOHNSON, O VIETNÃ E OS PROTESTOS

O vice-presidente Lindon B. Johnson assumiu a presidência em circunstâncias bastante adversas. Era um político experiente, mesmo assim o súbito assassinato de Kennedy pegou-o de surpresa. Johnson era um texano que havia militado, com fervor, no *New Deal* rooseveltiano. Fez escola no congresso como líder da maioria do Partido Democrata.

A *Great Society* (Grande Sociedade) foi a política adotada por LBJ, como ficou conhecido, para fazer uma "guerra à pobreza", como ele mesmo disse. Para isso ele usou todo o poder disponível pelo executivo. Uma das primeiras medidas foram leis para a redução de impostos dos mais pobres e garantia aos direitos civis. As leis antissegregacionistas de Johnson foram as mais radicais desde o período da Reconstrução depois da Guerra de Secessão.

Em 1964, LBJ foi eleito com grande maioria de votos contra o republicano ultra-direitista Barry Goldwater. Um passo importante foi a promulgação do sistema de seguro saúde, o *Medicare* para os idosos e o Helthcare que dava assistência médica para os mais pobres.

Vietnã: uma guerra sem heróis

Em 1954, houve a vitória da Liga de Independência liderada por Ho Chi Mihn no Vietnã do Norte. Semelhante ao que aconteceu na Coreia, o país ficara dividido entre o Norte comunista e o Sul, protegido por forças francesas e americanas. O apoio sino-soviético por unificação aguçava os desejos de Hanói. A partir daquele ano, a presença de "conselheiros" militares americanos no Vietnã do Sul só aumentou. Em nove anos, de aproximadamente 700, saltou para 75 mil o número de militares americanos na região, e isso era apenas o começo.

Quando Lyndon Baines Johnson assumiu o mandato de Kennedy, incumbiu-se das responsabilidades de continuar a interferência no Vietnã. Johnson temia a chamada "Teoria do Dominó". Tal teoria, desenvolvida ainda no governo de Eisenhower,

Americanos em combate durante a Guerra do Vietnã.
Os EUA assumiram a reponsabilidade de combater o avanço do comunismo.

sustentava a tese de que se um país caísse sob o domínio dos comunistas, os vizinhos cairiam também, seguindo o exemplo. Por isso, cabia aos americanos conter o avanço do comunismo na região.

Sob circunstâncias bastante confusas, o governo americano acusou os norte-vietnamitas de terem disparado contra seus destróieres, então, em missão de espionagem no golfo de Tonkin em agosto de 1964. Em fevereiro do ano seguinte, depois da morte de nove assessores americanos durante um ataque em Pleiku, começou a retaliação. Intensos ataques aéreos dariam início à malfadada ofensiva americana no Vietnã.

Sob o comando do general William Westmoreland, a estratégia americana era bombardear a região fronteiriça entre o Norte e o Sul do país. O objetivo era quebrar a vontade do exército norte-vietnamita, permitindo às forças do Sul avançarem contra seus vizinhos e unificarem o país num governo pró-Estados Unidos.

Os americanos não esperavam enfrentar um inimigo que não desistia. Acima, cartaz vietnamita usado durante a guerra.

O erro americano, porém, foi ter aplicado uma tática que só fazia sentido em países de economia industrial altamente desenvolvida, e não numa nação agrícola, de população não concentrada e com sistemas de transporte rudimentares. O resultado dos ataques foi exatamente o inverso: deu mais determinação à população vietnamita, agora imbuída de um objetivo comum, a resistência ao invasor estrangeiro. Lutar contra invasores já lhes era familiar desde a dominação francesa, mas agora os vietnamitas desfrutavam da grande vantagem de serem auxiliados pela China e União Soviética.

O Vietcong, alcunha da Frente de Libertação do Vietnã, era a espinha dorsal da resistência. Comandado pelo general Vo Nguyen Giap, o Vietcong deu o tom do conflito numa formidável utilização da guerrilha, uma tática dotada de extraordinária velocidade e mobilidade, atacando alvos distintos e de forma quase ininterrupta. Armada através de uma linha de abastecimento que vinha da China e União Soviética, a Trilha Ho Chi Mihn, a guerrilha vietnamita seria responsável por severas baixas nas forças terrestres. Com razão, ela parecia crescer cada vez mais depois de cada contra-ataque americano.

Entre 1966 e 1968, o número de soldados americanos no Vietnã cresceu de 500 mil para 800 mil. Em Washington, o Pentágono resistia a considerar o Vietnã uma causa perdida e via como inevitável aumentar sua participação militar. No Departamento de Estado, era caro reconhecer que aquele conflito era, na verdade, uma guerra civil vietnamita com a presença de forças estranhas. Diante da situação, a opinião pública saltou da oposição a uma condenação aberta à Guerra do Vietnã, despertando um sentimento de antipatia pelo governo jamais visto até então.

A ERA NIXON OU OS GOLPES BAIXOS NA AMÉRICA

A expressão *golpes baixos* na tradução livre feita aqui não dá conta da maneira como muitos americanos referiam-se ao "estilo" político de Richard Nixon. Em inglês, falava-se dos *dirty tricks* de Nixon, ou seja, os truques sujos do presidente. No entanto, durante um longo tempo, Nixon foi considerado um político controvertido, mas popular.

Em janeiro de 1966, Pat Buchanan, um jovem conservador editorialista de um jornal de St. Louis, encontrou-se com Richard Nixon, que se preparava para a campanha de 1968. Pat Buchanan virou o principal redator dos discursos de Nixon. Mas o encontro foi importante porque lançou as bases filosóficas do que seria o governo republicano: cortar até a raiz todas as heranças do *New Deal*, desde Franklin D. Roosevelt até o programa *Great Society* de Lindon Johnson.

Quando o presidente Johnson anunciou, com ar deprimido, que não iria concorrer à reeleição pelo Partido Democrata, o republicano conservador Richard Nixon viu sua chance de se tornar, finalmente, o presidente dos americanos. Finalmente porque, como vimos ele havia sido derrotado, por uma pequena margem de votos, por John Kennedy em 1960.

E Nixon fez toda sua campanha falando em acabar com a guerra. Acabar com honra. Como veremos, façanha pouco provável. Mas conseguiu derrotar o candidato democrata e tornou-se o presidente americano mais controvertido até então.

O presidente Nixon

No dia da posse de Nixon, o desfile foi feito, tradicionalmente, pela avenida Pensilvânia. Quando o cortejo chegou próximo de uma rua que corta a avenida, manifestantes começaram a gritar: *"Ho, Ho, Ho, Chi Minh the vietcong is going to win"*, o "Vietcong vai vencer", é o que diziam. As palavras foram acompanhadas de garrafas e pedras atiradas contra o carro de Nixon. Nunca, em toda a história da República americana, aconteceu algo parecido. Essas manifestações indicavam que o presidente Nixon enfrentaria, ao longo de seu governo, uma forte oposição por parte dos mais jovens, dos estudantes, dos negros, dos intelectuais e de vastos setores do Partido Democrata.

Nixon, eleito presidente, teve que esquecer grande parte do programa ultraconservador pensado por Buchanan. Para espanto dos republicanos conservadores, o novo presidente aumentou a verba de combate à pobreza para atingir a meta de que cada família americana deveria receber um mínimo por ano para uma sobrevivência digna. Ironicamente, lembrava o *New Deal*, em especial quando tabelou preços. Aprovou, também para espanto dos conservadores, a Lei do Meio Ambiente para melhorar os recursos naturais e a qualidade do ar.

No discurso de posse, entretanto, Nixon deixou claro que se diferenciava dos democratas. Parafraseando Kennedy, o presidente discursou no frio janeiro de 1969: "pergunte não apenas o que o governo vai fazer por mim, mas o que eu posso fazer por mim mesmo". Retomava a ideia do individualismo duro e empedernido de Herbert Hoover na campanha de 1928.

Como vimos no capítulo anterior, os últimos anos da década de 1960 marcaram a história dos EUA com sangue. No segundo ano do governo republicano, a repressão policial em alguns estados foi particularmente violenta. No estado de Ohio, a polícia

Dos "anos dourados" a uma era de incertezas | 219

matou, em maio de 1970, quatro estudantes na Universidade Estadual de Kent. No mesmo mês, foram mortos dois estudantes negros no Mississipi. Nixon queria estancar o sangue em casa e no Vietnã.

O fim da guerra, fim dos protestos e a abertura para os comunistas

Acabar com a guerra fazia parte do programa de Nixon. E para isso contou com a participação de Henry Kissinger, o conhecido professor de Harvard, de origem alemã, naturalizado cidadão americano. Kissinger era o Assistente Especial para Segurança Nacional. O Secretário de Estado era William Rogers, escolhido por Nixon para não ter muito poder. Na verdade Nixon se considerava um *expert* em política internacional.

A ideia de Nixon e de Kissinger era "vietnamizar" a guerra. Isto é, os Estados Unidos iriam dar todo apoio possível ao governo do Vietnã do Sul para combater os comunistas do Norte e o Vietcong que atuava no Sul. Os americanos não levaram em conta uma coisa: os vietnamitas do Norte e os rebeldes do Sul nunca abandonariam a ideia da união do país. Custasse o que custasse.

Kissinger fez dezenas de viagens secretas a Paris para se reunir com os diplomatas do Vietnã do Norte. Encontrava sempre pessoas afáveis, calmas, mas obstinadas, duras nas negociações e que fariam de tudo para manter unido o pequeno país no Sudeste asiático. Os soldados americanos já não suportavam mais e passaram a usar símbolos da paz no meio de uma sangrenta guerra. De 10% a 15% da tropa estava dependente de heroína. A maioria fumava maconha. A guerra estava perdida. Em 1973, não havia mais soldados americanos no Vietnã. Dois anos depois, não havia mais Vietnã do Sul. Os comunistas acabaram, na prática, com a teoria da vietnamização.

Algum tempo depois que a guerra terminou, o serviço militar obrigatório foi suspenso e substituído por um exército de voluntários. O movimento estudantil, os protestos de todos os matizes perderam força. A esquerda universitária organizada na Students for a Democratic Society (Estudantes pela Sociedade Democrática) se dissolveu. O Youth Party International, cujo acrônimo virou Yippie, desapareceu rapidamente. A maioria dos jovens foi abandonando a ideia de luta armada. Muitos tornaram-se professores de universidades, outros homens de negócios e outros abraçaram a filosofia oriental, adotando terapia de grupo, dança, meditação e alimentação natural. Alguns tentaram e conseguiram transformar-se em bons corretores da Wall Street. Outros fincaram pé no Vale do Silício na Califórnia e, com o passar do tempo, viraram multimilionários donos de empresas de informática.

Ao contrário do que muitos pensavam, os opostos se davam muito bem. Na foto, Nixon, o presidente americano, sentado com Brejenev, líder soviético, na Califórnia, em 1972.

Quase que simultaneamente ao processo de saída do Vietnã, Nixon e Kissinger armaram a estratégia de aproximação das potências comunistas, isto é, China e União Soviética. O estranho era que um anticomunista empedernido buscava aproximação com comunistas. Mas o anticomunismo de Nixon dava autoridade, perante os setores mais conservadores, para que ele viajasse sem despertar a ira da direita republicana. Era a détente de Nixon. No começo de 1972, o presidente americano desembarcou na China e ficou quase três semanas fazendo brindes, comendo pato laqueado (um sofisticado prato da cozinha chinesa) e celebrando acordos comerciais e políticos. Dia 27 de fevereiro, assinou um documento reconhecendo que Taiwan era parte integrante do território chinês. A China passou a existir para os Estados Unidos. A maioria dos americanos apoiou a coragem de Nixon de reconhecer a China. Ainda em maio de 1972, Nixon foi para a União Soviética e encontrou-se com Brejenev. Os dois líderes

Dos "anos dourados" a uma era de incertezas | 221

deram-se muito bem. Sabiam que não podiam continuar com a corrida armamentista e assinaram o tratado de limitação de armas atômicas (Strategic Arms Limitation Talks) conhecido com SALT I. Outros encontros foram realizados e os dois chefes de Estado contribuíram muito para amenizar a tensão mundial, somente retomada com a eleição de Ronald Reagan.

Problemas em casa

Richard Nixon sentia-se mais à vontade nos meandros da política externa do que em casa. Ele foi considerado o mais isolado e solitário presidente da história dos Estados Unidos. Não permitia que seus auxiliares mais próximos frequentassem o Salão Oval, que é o escritório do presidente, onde, teoricamente, ele debate os problemas com seus assessores e toma decisões. Na verdade, Nixon só permitia a entrada dos seus mais leais servidores, aqueles que estavam acima das pressões políticas.

Nixon foi, de longe, o mais hábil político que ocupou a presidência até a subida de Ronald Reagan. Tinha vários mandatos no legislativo e duas vice-presidências no executivo como experiência. Mas os problemas em casa começaram a pressionar o hábil político.

Um primeiro problema econômico que o presidente precisava resolver era a inflação, em grande parte gerada pela guerra na Indochina. Os preços ao consumidor estavam 17% mais altos, o desemprego subiu para mais de 5% (cerca de 4 milhões e 500 mil pessoas). As medidas tomadas pelo governo não surtiam efeito.

No plano político, os republicanos perderam o controle em ambas as casas. O conflito entre o executivo republicano conservador e o legislativo democrata mais reformista não tardou a acontecer.

O acúmulo de poderes nas mãos de Nixon não estava somente ligado à guerra. Ele usou o poder como poucos em todos os campos. Na época da Segunda Guerra, Franklin Roosevelt tinha 12 assessores especiais, Nixon, em 1972, tinha 42, o maior número em toda a história dos Estados Unidos até então.

Seus assessores eram de uma fidelidade canina e hostilizavam abertamente os democratas do Congresso. Os secretários do governo (ministros) tinham sua atuação limitada pelos assessores especiais de Nixon. O protesto contra a política do presidente republicano vinha de uma minoria de esnobes e intelectuais. Esse foi o mote do governo Nixon. O vice-presidente, Spiro Agnew, e John Mitchell, o equivalente ao procurador-geral da União, engrossavam o coro do presidente. Era a classe média que mais entendia e apoiava o governo de Richard Nixon. O que ele chamou de

222 | Os americanos

"maioria silenciosa". Eram os partidários do trabalho duro e honesto, pessoas de fé, autoconfiantes e, acima de tudo, amantes da lei e da ordem. Na interpretação de Mitchell, era o americano comum que representava o coração dos que apoiavam Richard Nixon. Aqueles que pagavam os altos impostos do governo para sustentar um sistema federal de pensão que beneficiava "vagabundos"; aqueles não viam segurança nas ruas dominadas pelo crime, pelas drogas e pela pornografia; aqueles que eram perturbados por "negros presunçosos".

Nixon confiava nessa classe média e foi mantido na presidência graças ao voto da "maioria silenciosa". Eleito, ele e seu assessor especial, Kissinger, embarcaram, como vimos, na aventura de se abrir para o mundo comunista. Kissinger foi promovido a secretário de Estado. E as coisas corriam como o planejado até que alguns "incidentes" começaram a ser descobertos.

Watergate

Durante a campanha de 1972, numa quente noite de junho, cinco homens trajando roupas escuras, lanternas, câmaras, aparelhos de escuta telefônica, arrombaram o escritório de campanha do Partido Democrata localizado num andar do edifício Watergate, em Washington D.C. Tinham tanta confiança no próprio profissionalismo que não se preocuparam muito com a segurança em um "servicinho" como aquele. Foram pegos por um guarda noturno.

Nos depoimentos à polícia, os meliantes deram nomes falsos. Mas um deles foi logo reconhecido como o chefe de segurança do comitê para a reeleição do presidente. O incidente teve pouco impacto na campanha e na eleição de Nixon, que desmentiu qualquer envolvimento na tentativa de grampear as instalações do Partido Democrata. Porém, os truques sujos (*dirty tricks*) de Nixon estavam começando a aparecer.

O presidente já tinha usado esse tipo de expediente antes, mas só funcionou até aquela noite de junho. As investigações começaram logo em seguida em setores do Senado e da Câmara, mas foi uma reportagem investigativa iniciada por dois jovens jornalistas, Robert Woodward e Carl Bernstein, do *Washington Post*, que definiu o processo contra o presidente.

E Dick Nixon continuava desmentindo:

> Sob minha orientação, o senhor Dean conduziu uma profunda investigação... e eu posso dizer, categoricamente, que sua investigação indicou que nenhum funcionário, nem mesmo o mais humilde servidor da Casa Branca, ninguém desta administração, atualmente trabalhando aqui, está envolvido neste bizarro incidente.

Complexo Watergate. O fim da carreira de Nixon começou aqui. O ápice da crise se deu quando Robert Woodward e Carl Bernstein, repórteres do jornal *Washington Post*, publicaram sérias denúncias contra o presidente.

As mentiras do presidente, esse deveria ter sido o título dessa declaração. Dean nunca fizera tal investigação.

Os "cinco de Watergate" foram condenados. Mas as evidências continuavam apontando para a Casa Branca. As coisas pioraram para o presidente quando o vice, Spiro Agnew, foi acusado e obrigado a renunciar por ter recebido propina. Ele foi substituído por Gerald Ford, líder da minoria do Partido Republicano na Câmara. O cerco em torno de Nixon continuava apertando. A corte de Justiça exigiu que o presidente entregasse as fitas das gravações feitas na Casa Branca (é importante lembrar que Nixon tinha uma verdadeira obsessão: ele gravava todas as conversas ocorridas na Casa Branca que envolvessem o presidente ou algum dos seus assessores), o que ele se recusou a fazer. Questão de segurança nacional, dizia ele.

224 | Os americanos

Aos poucos, mais informações desabonadoras do comportamento ético do presidente foram surgindo. Nixou não pagou imposto de renda, embolsando mais de quinhentos mil dólares. Reformas suspeitas em duas casas, uma na Califórnia e outra na Flórida, custaram alguns milhões de dólares aos cofres públicos. Ficou rico no cargo de presidente. Isso era inédito na história dos Estados Unidos. Outros usaram o cargo para, indiretamente, obter vantagens, mas nunca tirar o dinheiro do próprio governo.

Dois deputados encaminharam o pedido de *impeachment*. Nixon se defendia, com base nos *Federalist Papers*, dizendo que não havia violado nenhuma lei. Em março de 1974, um júri federal condenou os mais íntimos colaboradores do presidente, incluindo o procurador-geral da União. Muitos começaram a desconfiar da sanidade mental de Nixon, em especial depois que ele disse a um grupo de senadores que ele podia, em vinte minutos, com uma ordem pelo famoso telefone vermelho, mandar matar uns setenta milhões de russos. Alexander Haig, general de quatro estrelas e chefe da Casa Civil, entrou em contato com o Pentágono e falou com o secretário de Defesa para não cumprir nenhuma ordem vinda do presidente. Estava rompida a hierarquia estabelecida pela Constituição. O comandante-chefe das Forças Armadas, isto é, o presidente, não tinha mais autoridade para comandar.

Todos os dias o noticiário da televisão só tinha espaço para os escândalos da presidência. O Congresso iniciou o processo com a acusação de obstrução ao poder judiciário e abuso do poder presidencial. O "revólver fumegando", como dizem os americanos quando acham a prova de um crime, foi encontrado. Nixon foi forçado a entregar as fitas com as provas ao Senado. As gravações de áudio deixavam claro o envolvimento da Casa Branca no arrombamento do escritório do Partido Democrata no Watergate. O pedido de *impeachment* foi aprovado inclusive por republicanos como Barry Goldwater, o senador ultraconservador. Para evitar humilhação maior, Richard M. Nixon, o 37º presidente dos Estados Unidos, renunciou a 9 de agosto de 1974. Foi o primeiro presidente americano a renunciar. Gerald Ford tornou-se o primeiro presidente "biônico", para usar uma metáfora política brasileira da mesma época.

DÉCADAS DE CONSERVADORISMO
OU A ERA REAGAN

À primeira vista pode parecer estranho. O leitor deve saber que Ronald Reagan foi eleito em novembro de 1980. Então, por que está sendo colocado que a era Reagan começou com a renúncia do presidente Nixon? A ideia não é minha. O historiador

Sean Willentz, aclamado estudioso dos Estados Unidos, escreveu um livro, publicado em 2008, com o título de *The Age of Reagan, a history – 1974-2008* (*A era Reagan, uma história – 1974-2008*). Repare que começa com a posse de Gerald Ford (ou renúncia de Nixon, como queira) e termina com a saída de Bush (filho), depois da derrota do Partido Republicano para Barack Obama do Partido Democrata.

Quando Ford tomou posse, em agosto de 1974, ele disse que era um "Ford e não um Lincoln". A brincadeira séria do novo presidente pode ser entendida de duas formas: ele não era o *top* de linha, como um Lincoln Continental da Ford Motor Company, e tampouco o presidente mais heroicizado dos Estados Unidos, Abraham Lincoln, que comandara o país durante a Guerra de Secessão (1861-1865).

Gerald Ford tinha 61 anos quando assumiu a presidência e escolheu para vice Nelson Rockefeller, com 65 anos. Ambos não tinham sido eleitos para os cargos. Ford era um "americano comum", protótipo do honesto e com fortes inclinações conservadoras. Surpreendeu a nação perdoando, como um padre católico, os pecados de Nixon.

A história dos Estados Unidos parecia, até então, estar sendo forjada por um pensamento mais progressista, em defesa das populações pobres. Mesmo nos governos de Eisenhower e de Nixon. Na verdade, o que estava acontecendo desde a eleição de Nixon, mas em especial, desde o governo Ford, era que os americanos estavam ficando mais e mais conservadores. Não exatamente como os conservadores mais tradicionais dos Estados Unidos, que aceitavam, em parte, a atuação do governo na sociedade. Esses novos conservadores (mais tarde conhecidos como *neocon*) exalavam a aversão dos empresários à regulamentação governamental. Menosprezavam até a filantropia de alguns milionários, talvez porque realizassem "uma obra de socialização que constitui o sonho dos radicais russos", segundo Monteiro Lobato em seu maravilhoso livro *América*.

Na verdade, esse conservadorismo estava fincado nas raízes históricas e culturais dos americanos. O comportamento cultural tradicionalista popular, que muitos chamam de populismo, somado ao moralismo cristão, está nas bases do Partido Republicano, que levou de Nixon a George W. Bush à presidência da maior potência que se tem notícia na história. Ou seja, os últimos trinta e poucos anos foram dominados, com pequenos intervalos, quase imperceptíveis, pelos conservadores.

Mesmo que alguns deles se mostrassem mais progressistas, eram barrados por um congresso conservador ou por poderosos lobbies de empresários.

O presidente Gerald Ford foi sucedido pelo democrata Jimmy Carter. Tanto um como outro tentaram algumas pequenas alterações na política energética na esperança de reverter o que já se anunciava em matéria de aquecimento global e degradação do meio ambiente. Eram presidentes conservadores e ainda assim enfrentavam uma oposição conservadora.

Os conservadores queriam proteger as empresas e reduzir a regulamentação federal da economia. "O enriquecimento dos ricos" – proclamavam eles – "acabaria por enriquecer todos os demais". Eram partidários do conservadorismo empresarial voltado para o homem comum com uma visão cristã evangélica enaltecendo as virtudes e condenando os vícios. Ronald Reagan dizia que foi eleito para opor-se aos "janotas" da Costa Leste, aos governos da elite liberal e "parasitas" que viviam às custas de dispendiosa máquina burocrática federal e desencorajavam a iniciativa individual. Era, como se pode notar, o oposto da política fundada por Franklin Roosevelt.

A "era Reagan" pode ser resumida no seguinte mote: "Os Estados Unidos eram o país dos homens que vencem na vida sozinhos". Ou na interpretação dos ultraconservadores liderados por George W. Bush durante a campanha de 2000: "os oponentes das corporações e dos benefícios fiscais promoviam o conflito de classes". A ojeriza de Bush e seu governo com relação à atuação do Estado na sociedade explica a inércia de sua parte no calamitoso caso (ou descaso) da enchente e destruição da bela cidade de Nova Orleans.

Um modelo histórico para os conservadores modernos pode ser encontrado em Davy Crockett, caçador/congressista do Tennessee, que vestia-se com simplicidade. Jimmy Carter, o democrata que derrotou Gerald Ford em 1976, usava, na maioria das vezes, calças jeans e camisa xadrez de "lenhador". Fez o tradicional trajeto de posse pela avenida Pensilvânia a pé, de mãos dadas com a esposa. Gente simples, era o recado, apesar de ser democrata. A imagem de gente simples entrou para o "manual político" dos conservadores. Para o historiador Sean Wilentz, "Bush pai, da refinada Costa Leste, foi transformado num texano comedor de torresmo e o filho num rude pioneiro texano". Os democratas liberais, consumidores de queijo *brie* e vinho *Chablis*.

Resumindo: os conservadores deviam ser vistos e retratados como gente do povo e os democratas como bebedores de champanhe e alienados. E para completar a imagem, os republicanos conservadores transformaram-se nos defensores dos pequenos negócios, do contribuinte oprimido pela carga tributária. Na campanha de 2008, os candidatos do Partido Republicano, John McCain e Sarah Palin, não fizeram outra coisa: defenderam a figura mítica do Zé do Povo, no caso, *Joe, the Plumber*. Acrescente-se ao molho a solene defesa da moral dos renascidos cristãos evangélicos conservadores que reforça a ideia calvinista de que o "fracasso pessoal é resultado não da desigualdade econômica e social e sim da fraqueza moral de indivíduos gastadores, negligentes, contrários à lei, devassos e preguiçosos – exatamente o tipo de gente que os liberais afagam com gastos sociais desnecessários e destrutivos".

Hollywood e presidência

O processo eleitoral americano é parecido com um grande show. As convenções dos partidos são verdadeiros espetáculos. Apitos, balões e, principalmente, bandas acompanhadas de *cheerleaders*. E os chapéus de "palheta", herança da moda do fim do século XIX, metáfora de um certo conservadorismo *old-fashioned*. Na verdade, a convenção já é um primeiro e importante passo para a propaganda nacional do candidato. Propaganda e espetáculo.

Finda a campanha, os políticos voltam a ser "normais". Na verdade, eles nunca fazem isso. Eles continuam no "show", só que representando de maneira mais metafórica. Muitos fizeram isso. Franklin Roosevelt chegou a dizer, num encontro com Orson Welles, que os dois eram os melhores atores dos Estados Unidos. Mas nenhum político chegou ao mesmo ponto que Ronald Reagan.

Reagan foi ator durante mais de vinte anos. Trabalhou em vários filmes e em vários papéis. Mas nunca foi considerado ator de primeiro time. "Filmes B", assim é considerada a maior parte de seu trabalho. De ator a líder sindical de artistas e daí para a política foi um passo. Foi governador da Califórnia por dois mandatos nas décadas de 1960 e 1970. E, como vimos, foi eleito presidente em 1980.

Para Reagan, a sua realidade foi substituída pela dos filmes. Em *Vida: o filme – como o entretenimento conquistou a realidade*, Neal Gabler nos diz que inúmeras vezes o presidente Reagan, em discursos ou mesmo no encontro com seus secretários, repetia os *scripts* dos filmes, como se fossem reais.

> [Numa] ocasião, prestando tributo aos mortos da invasão da Normandia (Dia D), Reagan perguntou: "Onde encontrar homens iguais?" Ele nem se deu conta que era uma das frases ditas pelo almirante do filme *The Bridges at Toko-Ri* [*As Pontes do Toko-Ri*]. Muitas vezes, os assessores o viram lidar com assuntos do governo e aplicar soluções vistas nos filmes a que assistia todo fim de semana na Casa Branca ou no retiro presidencial de Camp David. Durante uma reunião sobre o controle armamentista com líderes parlamentares, ele se pôs a contar o enredo do filme *War Games* [*Jogos de Guerra*].

George W. Bush, o último presidente da "era Reagan", exagerou no papel de piloto da Marinha americana. No dia 1º de maio de 2003, Bush desceu de um jato

George W. Bush exagerou na representação. Nem mesmo os presidentes militares se apresentavam com uniforme em público. Bush apareceu para as câmeras de televisão vestindo um uniforme de piloto de jato supersônico a bordo do porta-aviões USS Abraham Lincoln, em 2003.

Lockheed S-3 Viking da Marinha no porta-aviões USS Abraham Lincoln. Vestindo um uniforme de piloto de jato supersônico, o presidente americano apareceu para as câmeras de televisão. Foi montado um verdadeiro palco com um quase cenário. Foi aí que ele anunciou: "*mission accomplished*", ou seja, missão cumprida. A referência era o fim da maioria das operações bélicas no Iraque.

Nenhum presidente tinha feito tamanha façanha. Foi um verdadeiro exagero na representação do papel. *Overacting*, num bom inglês.

A guerra estava longe de ter acabado. E, no momento em que este livro é publicado, ela ainda não acabou.

O fim da guerra parece a missão para um presidente fora dos quadros da "era Reagan". Talvez estejamos testemunhando o nascimento da "era Obama".

A ERA OBAMA
E A NOVA AMÉRICA

Os atentados contra o World Trade Center em 11 de setembro de 2001 mostraram que os Estados Unidos estavam enfrentando um inimigo invisível. *America at War* foi a manchete mais corrente dos jornais e das chamadas da televisão. Repetiam os jornais de dezembro de 1941, quando Pearl Harbor foi atacada pelos japoneses.

O ataque, segundo várias interpretações, deu legitimidade ao governo de Bush, saído de uma eleição até hoje posta em questão. Ele e seus principais colaboradores ultraconservadores (*neocons*) mais íntimos – desde o vice-presidente, Dick Cheney, passando pelo secretário de Defesa, Donald Rumsfeld – elaboraram uma pauta de fabulosos investimentos em armamentos para atacar o inimigo. Que inimigo? Onde ele estava? Havia um inimigo convencional, isto é, um país? As convenções de uma guerra, como a de 1941, não existiam. O inimigo não tinha identidade nem vinha de um país com fronteiras. Usamah Bin-Ladin (Osama bin Laden), dirigente da Al-Qa'ida (Al-Qaeda) foi reconhecido como mentor dos atentados. Era preciso encontrar também um país convencional para responsabilizar pelo apoio logístico aos autores do atentado. Afeganistão e Iraque estavam de bom tamanho para os autores do "Project for the New American Century", que previam um aumento significativo nos gastos para a defesa para acabar com aqueles "regimes hostis aos nossos interesses e valores". Veio o ataque ao Afeganistão, ao Iraque: e a "missão cumprida" de Bush não se cumpriu, até quando o "caubói texano" deixou a Casa Branca em janeiro de 2009. O *New American Century* mudou totalmente de rumo. Muitos dizem que é o fim do *American Century*. Barack Obama é quem nos dirá.

Pode até ser uma teoria conspiratória, mas os ataques de 11 de Setembro de 2001 deram uma "mãozinha" ao governo de George W. Bush... Na foto, o presidente aparece junto aos destroços do World Trade Center em 14 de setembro de 2001.

ERA OBAMA?

Pode parecer estranho já se falar em uma "era Obama" como falamos da "era Roosevelt". Pode parecer um exagero. Mas não é. A eleição de Barack Hussein Obama tem um profundo significado na história dos Estados Unidos e, por que não dizer, do mundo. Pode-se iniciar pensando no próprio nome de origem africana e muçulmana. Por isso foi adotada neste livro a grafia *Usamah Bin-Ladin* empregada pelo professor Moniz Bandeira para se referir a Osama bin Laden. Durante a campanha para a eleição de 2008, os republicanos e seus aliados direitistas usavam, propositalmente, Osama no lugar de Obama. Essa confusão premeditada serviu para inocular o medo no americano comum, o nosso *average american*, peça importante na eleição de Nixon, de Reagan, de Bush. Barack Obama superou todos os medos dos americanos. É o primeiro negro a ser eleito presidente de uma nação com tradição de segregacionismo e racismo acentuados. É o primeiro com nome exótico, para se dizer o mínimo.

Por tudo isso, mesmo que ele não consiga realizar nada do que propôs no plano de governo em campanha, supondo que ele não consiga implementar o plano de saúde; ou levar adiante os mecanismos de regulamentação – e de punição – do volúvel mercado especulativo financeiro; não consiga enquadrar os responsáveis pela "legalização" de métodos mais "convincentes" de arrancar confissões de prisioneiros, isto é, tortura; mesmo que as tropas americanas continuem no Iraque; mesmo que não dê continuidade ao "novo *New Deal*"... mesmo se não fizer nada, só sua eleição já tem um significado simbólico de extrema força.

Quando teve fim o período da Reconstrução em 1877, a massa de ex-escravos foi abandonada à própria sorte. Alguns poucos direitos que haviam sido conquistados foram, rapidamente, esquecidos. Se, na letra da lei, havia o direito de voto dos negros, por exemplo, artimanhas dos velhos donos do poder branco impediam os negros de exercerem esse direito. Muitos negros perambulavam pelas estradas e acabaram voltando a trabalhar em regime de semiescravidão nas fazendas de seus ex-donos. O negro americano foi atirado à condição de "casta" inferior. Sem muito exagero, lembrava a situação dos párias da Índia. Claro que havia exceções, mas eram exceções.

Segundo os racistas brancos do Sul e do Norte, os negros não eram considerados aptos para exercerem a cidadania. O racismo difundido a partir do fim da Reconstrução deixou os afrodescendentes afastados dos direitos democráticos estabelecidos pela Constituição, que faziam funcionar a sociedade americana.

Quando Obama foi eleito presidente dos Estados Unidos, alguma coisa aconteceu na raiz cultural americana. Primeiro, o nome – Barack Hussein Obama – remete, como já disse, à coisa exótica, africana e principalmente muçulmana, considerada pelo sistema gerado na administração Bush/Cheney a religião dos países que faziam parte do chamado "eixo do mal". Depois, ele não é branco, e não exatamente cristão. A mãe americana se considerava sem religião, e o pai, africano, também não tinha preocupações religiosas, e o abandonou nos primeiros anos de vida. Mas quando ele completou 24 anos, começou a frequentar uma igreja protestante na qual se casou e depois batizou as filhas.

Obama e o racismo: união ou separação?

Durante a campanha para presidente, Obama fez um memorável discurso sobre o racismo, problema endêmico da cultura americana. Ele começou citando o pre-

Bebedouros distintos para "brancos" e "negros" na cidade de Oklahoma, em 1939.

âmbulo da Constituição: "Nós, o povo, a fim de formar uma perfeita união [...]". Ele disse que aqueles que assinaram o documento o fizeram para livrar-se da tirania. Era, no entanto, um documento inacabado, tinha uma falha, um pecado original, que era a escravidão. E, para piorar, quando os signatários discutiram o que fazer, simplesmente prolongaram o tráfico negreiro e deixaram qualquer solução para as próximas gerações. A Constituição prometia liberdade, justiça e igualdade perante a lei, mas não para os negros.

Ele lembrou que foi preciso muito sangue e coragem. Dias de lutas nas ruas, de grandes manifestações no centro da capital do país, de luta nos tribunais, exercendo a desobediência civil. Tudo isso, sempre com grande risco e, algumas vezes, provocando levantes em Washington, em Los Angeles, em Chicago. Lutas para diminuir a distância entre a promessa dos ideais americanos e a realidade.

A era Obama e a nova América | 235

Multidão em volta do espelho d´água do Monumento Nacional de Washington, durante a Marcha sobre Washington Para o Trabalho e Liberdade, em 28 de março de 1963. Foi com essa famosa manifestação política de grandes proporções, liderada por Martin Luther King, que a luta pelos direitos civis ficou mais clara.

Religião e raça

O atentado de 11 de setembro de 2001 foi visto como um castigo de Deus. Pelo menos para Pat Robertson, o líder religioso de direita, branco, conservador que apoiou Bush na eleição de 2004. Ele disse que foi castigo por causa da perda da fé, da perversão sexual, do aborto, das drogas, dos divórcios. Também para o reverendo Jeremiah Wright, da esquerda religiosa, pastor de Barack Obama, o castigo era por causa das injustiças praticadas pelos Estados Unidos tanto em casa como no exterior.

No livro *Uma nação com alma de igreja*, organizado por Carlos Eduardo Lins da Silva, há boas explicações sobre o sentido das igrejas nos Estados Unidos. Nelas, os negros buscavam refúgio e sentiam-se seguros contra as ameaças dos racistas; era nas igrejas que os negros podiam expressar-se livremente sem medo de serem ridicularizados ou de sofrerem retaliações. E nessas igrejas foram gerados líderes radicais, como o reverendo Jeremiah Wright.

Com muita habilidade, Barack Obama foi se apartando de elementos radicais como o tal reverendo. Habilidade, aliás, que já prenunciava o arguto político que é o novo líder americano.

No discurso sobre a sensível questão de raça nos Estados Unidos, o candidato disse:

> Eu escolhi concorrer à eleição para presidente porque acredito profundamente que nós não podemos resolver os problemas, os desafios de nosso tempo, a menos que nos juntemos. Temos que resolvê-los juntos... Claro que temos diferentes histórias, mas temos as mesmas esperanças, nós podemos até ter aparências diferentes, sequer viemos dos mesmos lugares, mas todos nós estamos indo na mesma direção [...] em direção a um futuro melhor. Para nossos filhos e para nossos netos.
>
> Essas crenças vêm de minha inflexível fé na decência e na generosidade do povo americano. Mas vieram também da minha própria história.
>
> Sou filho de um negro do Quênia com uma mulher branca do Kansas. Fui criado com a ajuda de um avô branco, que sobreviveu à Depressão para servir, sob o comando do general Patton, no exército durante a Segunda Guerra Mundial, e de uma avó também branca, que trabalhou numa fábrica de bombas enquanto o marido estava na guerra.
>
> Eu frequentei as melhores escolas dos Estados Unidos e vivi num dos países mais pobres do mundo. Eu me casei com uma mulher negra que carrega sangue de escravos – e também de donos de escravos – nas veias. Essa herança nós passamos para nossas duas preciosas filhas. Eu tenho irmãos, irmãs, sobrinhas e sobrinhos, tios e primos de todas as raças e de todas as tonalidades de cores espalhados por três continentes.

Nem Martin Luther King nem Barack Obama agradam os radicais.
Na foto, Obama durante a posse em 20 de janeiro de 2009,
quando homenageou Luther King em seu discurso.

> E até quando eu viver não vou esquecer jamais que em nenhum outro país do mundo minha história seria possível. Pois foi essa história que fez de mim um candidato não convencional. Mas é esta história que penetrou nas células do meu ser e é uma metáfora que lembra que esta nação é mais do que a soma das partes. É, isto sim, o resultado que vem de muitos para formar uma única unidade.

Barack Obama parece ter lido Darcy Ribeiro, que, em um de seus muitos livros, defende a mestiçagem: "É para ver que nós temos a aventura de fazer o gênero novo. A mestiçagem na carne e no espírito. Mestiço é que é bom", disse o antropólogo brasileiro pouco antes de morrer. E Obama vai, ao longo do famoso discurso, espinafrando, tanto um lado como outro, tanto a direita reacionária como a esquerda radical. E se prestarmos atenção, ele simplesmente enaltece a excepcionalidade dos Estados Unidos: *em nenhum outro país do mundo minha história seria possível*. Aqui está uma importante chave para entendermos o que ficou conhecido como *excepcionalismo americano*. Só nos Estados Unidos, ou melhor, na América (palavra usada aqui para retomarmos a ideia que vem sendo apresentanda ao longo do livro) é possível a eleição de *um candidato não convencional*, segundo ele mesmo. Se até então a ideia/mito do excepcionalismo estava pensada em termos de ter sido a primeira República do mundo moderno, a primeira democracia, a mais avançada industrialmente, a que oferecia as maiores oportunidades para todos etc., etc., etc., agora o excepcionalismo se completou. Agora que um negro foi eleito presidente desse país excepcional, que segundo Seymour Lipset, não quer dizer exatamente o melhor, comprovou a tese da singularidade americana. A eleição de Obama veio para comprovar que só lá é a terra em que todos os sonhos se realizam, em especial o *american dream*. Os brancos perderam a primazia do mito da excepcionalidade.

A excepcionalidade de Obama manifesta-se também na sua destreza política. Eis como ele contorna o mais espinhoso problema de seu país, isto é, a questão racial:

> Durante toda essa campanha nós vimos como o povo americano está sedento por essa unidade. Apesar da tentação de ver minha candidatura somente pelas lentes da raça, nós fomos conquistando vitórias em estados com predominância de brancos. Na Carolina do Sul, onde a bandeira da Confederação ainda tremula, nós construímos uma poderosa aliança de afro-americanos e de brancos americanos.

Para falar da bandeira da Confederação – aquela com um X e estrelas representando os estados rebeldes – na Carolina do Sul, é preciso ser corajoso e estar seguro do que se está falando. Em 1861, a Carolina do Sul participou dos Estados Confederados da América para defender o direito de ter escravos, entre outras razões. Quase 150 anos depois, um negro vem defender a igualdade racial, pedir para que todos se unam em torno de uma só causa, que cessem, de uma vez por todas, os ódios que separaram brancos e negros e depois, negros e hispânicos, brancos e asiáticos etc., justo na Carolina do Sul.

> Isto não significa que raça não foi um item em nossa campanha. Durante a campanha algumas pessoas disseram que eu era muito negro outras que não era negro o suficiente. Nós vimos as tensões raciais começarem a pipocar superficialmente na semana que precedeu as primárias da campanha na Carolina do Sul. A imprensa começou a analisar profundamente todas as pesquisas para encontrar evidências de polarização racial nas intenções de voto. Não só em termos de branco ou negro, mas também em termos de branco ou mulato.
> Com a campanha ganhando força, a questão de raça foi tomando contornos mais claros. De um lado estavam os mais liberais, defendendo a ação afirmativa, querendo comprar a reconciliação racial por um preço de liquidação. Do outro lado do espectro, nós podemos ouvir meu ex-pastor, o reverendo Jeremiah Wright, usando uma linguagem incendiária que dissemina a divisão entre as raças e, para piorar, denigre a grandeza e as coisas boas de nossa nação, o que acaba ofendendo tanto brancos como negros.

Mais uma vez, o excepcionalismo americano. Aqui temos um ponto controvertido, em especial se compararmos com o Brasil. Se Obama diz que a ação afirmativa é uma forma de "comprar a reconciliação racial por um preço de liquidação", porque os movimentos negros no Brasil estão pregando a chamada *ação afirmativa*, essa concepção americanizada, para se resolver "problemas de racismos" no país? Obama responde a questão em relação aos Estados Unidos:

> Eu já condenei os temas controvertidos do reverendo Wright [...] As preleções do reverendo não são simplesmente controvertidas. Elas não são simplesmente relacionadas à fala de um líder pregando contra a injustiça. Na verdade, elas expressam uma profunda e distorcida visão deste país – uma visão que coloca o racismo branco como endêmico. Que elege só o que há de errado nos Estados Unidos e esquece as coisas certas. [...] O pensamento do reverendo Wright, além de estar errado, prega a divisão do país num momento que nós precisamos de união. Precisamos de união para enfrentar problemas monumentais: duas guerras, ameaças terroristas, uma economia falida, crise crônica no sistema de saúde e uma potencialmente devastadora mudança climática. Problemas que não são nem de brancos, nem de negros, nem de latinos, nem de asiáticos, mas problemas de todos nós.

Numa pesquisa comparativa feita pelo *New York Times* e a cbs nota-se a diferença de comportamento dos americanos em relação aos antagonismos raciais:

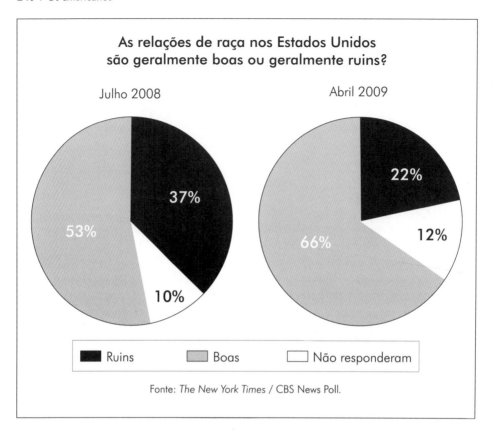

As teses de Obama deixam claro que ele está preocupado com o futuro dos Estados Unidos. Não é à toa que, ao longo do discurso, ele repete o refrão, ou melhor, quase um mantra do preâmbulo da Constituição: "para formar uma união perfeita", ou a mais perfeita possível, como ele disse mais tarde.

> Eu não posso negar os sermões do reverendo Wright, da mesma forma que não posso negar a realidade da comunidade negra. Eu não posso negar as falas do reverendo da mesma forma que não posso negar a minha avó, mulher branca que me criou com grandes sacrifícios, que me amava com toda a sua força como amava todas as coisas boas do mundo. Mas uma mulher que, certa vez, confessou que ficava aterrorizada quando tinha que cruzar com alguns homens negros na rua. Uma mulher que, em mais de uma ocasião, demonstrou certos comportamentos racistas, repetindo estereótipos que me deixavam apavorado. Pois esse povo, Wright e minha avó, fazem parte de meu ser. E eles são parte da América, este país que eu amo. [...] Como William Faulkner escreveu uma vez, "o passado não está morto e enterrado [...]" E a questão

das raças é tão importante neste país que não pode, de forma alguma, ser ignorada [...] Escolas segregadas eram, e são, inferiores explicando o profundo fosso que separa, ainda hoje, estudantes negros de brancos [...] As poucas oportunidades econômicas entre os negros são visíveis, a vergonha por não poder prover o sustento da família contribui para a erosão da mesma [...] Esta é a realidade na qual o reverendo Wright e outros afro-americanos foram criados [...] No entanto, não podemos simplificar e estereotipar a ponto de distorcer a realidade. Na verdade, muitos brancos passaram e passam pelos mesmos problemas que os negros: pobreza, discriminação a imigrantes, não ter condições de prover o sustento da família etc. E quando esses brancos ficam sabendo, por exemplo, que um afro-americano conseguiu uma vaga numa boa escola por causa de uma injustiça que eles não cometeram, os ressentimentos crescem e mesmo renascem. Esse ressentimento, tanto na comunidade negra como entre os brancos nem sempre é expressado de forma "civilizada" [...]. Essa raiva contra a ação afirmativa e a ajuda às famílias negras é que acabou ajudando a "Coalizão Reagan" a ficar tanto tempo no poder.

A questão racial tem sido um problema muito sério todos esses anos. E ao contrário de alguns dos meus críticos, tanto brancos como negros, eu nunca fui ingênuo para acreditar que uma simples eleição pode acabar com nossa divisão racial. Mas eu afirmo, com firme convicção – uma convicção enraizada em minha fé em Deus e minha fé no povo americano –, que, trabalhando juntos, nós poderemos curar alguns dos ferimentos raciais que carregamos [...] nós não temos outra escolha a não ser continuar a caminhar em direção a uma perfeita união.

No capítulo "O nascimento de uma nação", vimos que na cidade de Nova Orleans havia uma espécie de "união" forçada entre os americanos que ali estavam representados. Italianos e irlandeses imigrantes, negros libertos, crioulos (aqui no sentido de mulatos, na cultura da cidade), negros escravos, brancos pobres trabalhadores e, claro, músicos de todos os tipos. E foi dessa "união nem tão perfeita" que nasceram as primeiras manifestações musicais, o blues e depois o jazz, que iriam unir brancos e negros na história americana. E Obama parece insistir nessa união, mais uma vez, como forma de salvar, ou melhor, de reinventar os Estados Unidos. E ele faz mostrando que as interpretações radicais dos problemas só servem para ocultar as possibilidades de se criar um novo futuro para a América.

O problema com os sermões do reverendo Wright é que eles não tratam do racismo em nossa sociedade. O reverendo fala como se nossa sociedade fosse estática, como se nenhum progresso tivesse sido alcançado, como se esse país – o país que tornou possível indicar a candidatura de alguém como eu para concorrer a mais alta magistratura, apoiado por uma coalizão de brancos e negros, latinos e asiáticos, ricos e pobres, velhos e jovens, – continua sem condições de romper com o passado. Mas a genialidade dessa nação é que ela pode mudar [...].

242 | Os americanos

A base da fé de Obama no seu país está centrada na ideia de que os Estados Unidos, por pior que seja a situação, por pior avaliação que esteja sendo feita dentro e fora, têm sempre a possibilidade de se reinventar. Obama tinha plena consciência de que sua eleição era a única saída para os americanos. E os problemas são enormes. As resistências às mudanças, sabemos, sempre se mostram de diferentes formas.

AS PERSISTÊNCIAS

Num dos episódios do seriado *The Shield* – aquele que tem policiais violentos e um tanto transgressores das regras –, os detetives estavam na pista de um *serial killer*, figura perene nos filmes e na realidade americana. Na investigação, não importa como, eles chegaram à irmã do suspeito. Pergunta daqui, pergunta dali, e um deles diz: "seu irmão está sendo procurado por ter matado mais de 15 latinos". No que a moça responde: "mas ele tem razão, olhe para essa gente – apontando para uns vizinhos de aparência de 'cholos' mexicanos – eles não valem nada". O racismo vai ser uma página difícil de ser virada, e Obama falou várias vezes sobre isso ao longo de seu discurso. O racismo está enraizado na cultura americana. Mas ele afirmou também que, com a união, será possível lutar contra essa "mancha". Os resultados da pesquisa apresentada anteriormente parecem confirmar que alguma coisa já está mudando. Dois episódios que ocorreram em junho de 2009, apontando para direções opostas, demonstram as contradições e conflitos dos Estados Unidos de Barack Obama. O primeiro foi a ordenação de Alyssa Stanton como a primeira rabina negra na Carolina do Norte. Ela, da mesma forma que Obama, se considera parte dessa nova América que está vencendo o racismo. No entanto, outro episódio parece desmentir os sentimentos da rabina Alyssa, confirmando que o passado não está morto: o ataque de um supremacista branco de 88 anos ao Museu do Holocausto em Washington. Ele é adepto de teorias conspiracionistas envolvendo judeus e negros, que estariam preparando um "grande complô" contra os Estados Unidos.

Alguns dias antes das eleições, em fins de outubro de 2008, jovens *skinheads* neonazistas foram presos por tentar organizar um atentado contra o então senador Barack Obama, que as pesquisas apontavam como possível vencedor da eleição. Os jovens haviam postado num blog, entre outras frases, mensagens como "*Obama will die, KKK forever*". A sigla KKK, é bom lembrar, significa Ku Klux Klan.

Outro forte sinal de mudança do novo governo americano talvez seja a indicação de uma "latina", Sonia Sotomayor, para a Suprema Corte. Talvez signifique

que os americanos estão se unindo, como pediu o presidente, para pôr os Estados Unidos em pé outra vez. Ela, segundo um jornal americano, é como Obama, a concretização do sonho americano. Os dois vieram de baixo. Mas isso não é mérito somente deles. Vários outros presidentes americanos não foram originários na elite. Entre eles Richard Nixon. Mas ela e Obama têm um ponto em comum: nenhum dos dois faz parte do mundo WASP – a sigla mágica que separa os americanos descendentes dos primeiros colonos que chegaram à América no século XVII. W para *white*, A para *anglo*, S para *saxon* e P para *protestant*. Branco, anglo-saxão e protestante. Por isso, a eleição de Obama tem um significado histórico. Quando o resultado da eleição indicou Obama como vencedor, um artigo no *New York Times* afirmou que, finalmente, a Guerra de Secessão havia acabado. A relação histórica é excelente, mas não é possível afirmar que a guerra civil, isto é, a guerra que gerou uma sociedade segregada, acabou. A segregação está enraizada no coração de muitos americanos, como vimos nas manifestações racistas mencionadas anteriormente.

Será que não há um certo racismo nas declarações de Karl Rove, o mentor político de Bush, quando ele diz que Sonia Sotomayor não é suficientemente inteligente para o cargo?

Outros sinais de mudanças radicais podem ser encontrados na procura de soluções para a crise que os Estados Unidos, e o mundo, estão vivendo.

FIM DOS ÍCONES

Uma concordata não é novidade no mundo dos negócios. E mesmo uma pessoa física pode solicitá-la nos Estados Unidos. Mas quando quem o faz é uma empresa como a General Motors, cujo nome, bem como os carros que fabrica, estão enfronhados no tecido cultural americano, a questão ultrapassa as dimensões econômicas do pedido.

A falência – ou concordata – da General Motors é uma metáfora da nova América que Obama administra. A engenhosidade americana (*american ingenuity*) adquiriu tamanha força ideológica que perdeu suas relações com a realidade. Em vez de carros funcionais, econômicos, ecologicamente corretos, que tenham condições de usar combustíveis renováveis, foram criados carrões como o tal Hummer ou o Cadillac de 12 cilindros. Há cidades americanas onde é possível ver imensas limusines levando poucas pessoas. Um país viciado em gasolina, como um viciado em drogas. É muito difícil fazer ver a realidade.

Mas a cultura é indelével. As raízes do americanismo e a crença no sistema são a base da potência dos Estados Unidos. David Brooks, um dos articulistas conser-

Manifestações explícitas de americanismo estão em todas as partes.

vadores do *New York Times*, escreveu um artigo criticando a política salvacionista de Obama para com a GM. Para ele, o plano do governo para salvar a GM acaba por incentivar uma cultura da preguiça, de quem não precisa fazer muita força, pois o governo sempre estará à mão para tirar as empresas do buraco. Não há, diz ele, evidências de que o mercado americano aceitará os carros pequenos que o governo está exigindo da montadora.

Os conservadores olham com desconfiança o novo presidente. Será que não adiantou traçar um plano há mais de trinta anos para derrotar os restos da política do *New Deal* de Roosevelt, considerado um traidor da aristocracia? Por mais que os conservadores tivessem virado o nariz para Barack Obama, o senador de Illinois provou ser a escolha certa para tornar-se o 44º presidente dos americanos.

E ele está fazendo tudo o que pode tanto no plano interno como na política externa. No plano interno, o modelo rooseveltiano serve como inspiração. Na convenção em Denver, Colorado, Obama disse que o

> governo não pode resolver todos os nossos problemas, mas ele deve fazer por nós o que nós não conseguimos e não temos força para fazer sozinhos. Proteger-nos contra as dificuldades, prover todas as crianças com uma educação decente, manter nossa água limpa, nossos brinquedos mais seguros sem que ameacem a saúde dos nossos filhos, investir em novas escolas e novas estradas, em tecnologia e na ciência.

Os planos de Obama para colocar a maioria dos desempregados trabalhando nas estradas, recuperando escolas em estado de degradação, novos projetos de energia, parecem ter saído da Works Progress Administration, a agência criada por Franklin D. Roosevelt para lutar contra o desemprego na década de 1930. A situação dos Estados Unidos dos dias de hoje se assemelha muito com a dos anos 30 do século XX.

Mensagens de uma grande campanha feita nos Estados Unidos e que, graças à internet, chegam até aqui, clamam por ajuda para que Obama restaure o sistema governamental de saúde. Ele quer reformar o chamado *health care* e para isso, como Roosevelt, pede ajuda a voluntários. "Esta campanha não pode ser mais importante e urgente. E neste final de semana estará instalada num espaço perto de você [...]"

> *This Saturday, June 6th, supporters like you are organizing Health Care Organizing Kickoffs all over the country. This is your chance to join up with local supporters, get the facts, make a plan for building support in your neighborhood, and start putting that plan into action.*

The health care campaign is really heating up. Just yesterday, the President wrote Congress to re-emphasize his principles for reform: reduce costs, guarantee choice – including the choice of a public insurance option – and ensure quality care for all. *

Propaganda da Organização de Assistência à Saúde. O governo Obama criou uma verdadeira rede de solidariedade que conta com a ajuda de gente comum.

POLÍTICA EXTERNA E SEGURANÇA

Mas não é só no campo da recuperação da sociedade americana que Obama lembra Franklin Delano Roosevelt. Ele parece estar retomando de alguma forma a Política da Boa Vizinhança para tratar com os países da América Latina.

Na 5ª Reunião da Cúpula das Américas, que aconteceu em Trinidad-Tobago em abril de 2009, o presidente Obama estava claramente posicionado para consertar os erros e o descaso da era Bush. Tentou mostrar que seu governo pretende melhorar as relações com os países latino-americanos e mudar a política econômica de duas décadas de relações desastrosas e sete anos de intervencionismo neoconservador. Estava fresca na memória a tentativa de golpe contra Hugo Chaves em 2002 com velado apoio de George Bush. Não é por acaso que Barack Obama cumprimentou o presidente venezuelano Hugo Chaves, sabidamente um opositor ferrenho dos Estados Unidos. Chaves deu a Obama o livro de Eduardo Galeano, *As veias abertas da América Latina*,

---

* Neste sábado, dia 6 de junho, colaboradores como você darão o pontapé inicial na Organização de Assistência à Saúde por todo o país. Esta é a sua chance de se juntar aos coordenadores locais e fazer seus planos para ajudar a construir uma seção em seu bairro e colocar o plano em ação.

[...] Ontem mesmo o presidente escreveu ao Congresso para enfatizar seus princípios de reforma: reduzir o custo, garantir a escolha – o que inclui a garantia de escolha do serviço público de seguro saúde – e assegurar a qualidade dos cuidados para todos.

que descreve de maneira simplificada as relações dos países latino-americanos com as potências europeias e depois com os Estados Unidos.

E num gesto bastante significativo, o novo presidente americano anotou, com cuidado, todas as reclamações que Daniel Ortega, presidente da Nicarágua, fez contra os Estados Unidos, devido a intervenções em seu país num passado recente. Ele se referia claramente à política de Ronald Reagan, quando os americanos apoiaram a luta armada contra o governo sandinista de Ortega.

Obama, quase que repetindo as palavras de Franklin Roosevelt cerca de oitenta anos antes, prometeu nunca apelar para a força e intervir nos países da América Latina. E o mais interessante é que ele aceitou as denúncias contra as rígidas aplicações da doutrina do mercado livre em nossos países, que haviam arruinado muitos pequenos negócios.

Num plano mais amplo da política externa, ele está forçando, por exemplo, a paz no Oriente Médio, objetivando a própria segurança nacional dos EUA. O presidente sabe que é preciso fazer uma política articulada com a situação do Oriente Médio e com outros países muçulmanos. Em viagem ao Oriente Médio (maio de 2009), ele fez um discurso na Universidade do Cairo: "Enquanto nossa relação for definida por nossas diferenças, entregaremos o poder àqueles que semeiam o ódio ao invés da paz e promovem o conflito no lugar da cooperação [...]. Este ciclo de suspeita e discórdia precisa terminar".

A política de Obama só pode se completar se houver reciprocidade do aliado Estado de Israel. Os negociadores do presidente têm pressionado o Estado judeu para que reconheça a existência dos palestinos e de um Estado palestino. Ao mesmo tempo que condena o terrorismo de alguns grupos árabes, Obama vem pressionando Israel para não tratar os palestinos com uma política de humilhação. Obama usa os mesmos princípios de sua filosofia para construir uma união dentro dos Estados Unidos a fim de diminuir a tensão racial para que palestinos e israelenses se entendam e parem de se matar. Obama tem plena consciência que não é simples, mas não mede esforços para alcançar seus objetivos.

AMERICANO ACIMA DE TUDO

A política de Obama é diametralmente oposta à de Bush, que passou os últimos sete anos tentando apavorar o povo americano com as ameaças de ataques terroristas e principalmente escondendo os métodos usados para obter informações de prisioneiros suspeitos de envolvimento em ataques terroristas. Os Estados Unidos não podem escolher entre a segurança e os valores democráticos, disse o presidente. Negando essa filosofia, o governo Bush alimentou um crescente antiamericanismo por todo o mundo e não só entre os muçulmanos. Claro que há alguns problemas na política de Obama. Em especial quando ele, temendo a segurança dos soldados americanos e a repercussão da imagem dos Estados Unidos, ordenou que não se divulgassem as imagens de tortura que a imprensa tinha publicado anteriormente. Mas, de qualquer forma, ele afirma que quer desmontar o aparato repressivo/prisional montado em Guantánamo, Cuba.

O *Futuro da América*, livro de Simon Schama em 2008 publicado no Brasil, sugere uma espécie de antídoto ao antiamericanismo da era Bush manifestado na ampla aceitação da eleição de Obama. O mundo inteiro continua aplaudindo o fato de um negro estar no posto mais importante dos Estados Unidos e do mundo.

Por mais que a crise afete a vida dos cidadãos dos Estados Unidos, a ideia do chamado sonho americano continua viva. Numa pesquisa feita em 2008, mais de 70% dos americanos acreditam que um "bom nível de vida só é possível na América". Aliás, coincide com a fé confessa do próprio presidente no sistema americano que possibilitou a eleição de alguém de fora dos quadros tradicionais.

Por isso mesmo, o entusiasmo fora dos Estados Unidos pela eleição do primeiro negro na nação que até recentemente (em termos históricos) tinha o segregacionismo como lei, é louvável. Mas não esqueçamos que Obama é, acima de tudo, americano.

# O PAÍS DO ENTRETENIMENTO

O presidente americano Barack Obama, durante sua campanha de 2008, deu uma entrevista sobre cinema na CBS News e disse que um dos seus filmes preferidos é *O poderoso chefão*, de Francis Ford Coppola. Ele contou que adora a cena de abertura do primeiro filme, chegou a imitar Marlon Brando e, ao falar de outros filmes, declarou, de maneira muito simpática, que ele sempre foi um *movie guy*, isto é, um "cara de cinema". O presidente e a maioria esmagadora dos americanos foram capturados pelo cinema. O resto do mundo também.

Na cena final de *Touro indomável*, o memorável filme de Martin Scorsese (1980), Robert De Niro, no papel de Jake La Motta, já decadente campeão de boxe, realiza um magistral monólogo na frente de um espelho, de *black-tie*, preparando-se para se apresentar numa casa noturna e ensaiando o que vai falar. Cita Shakespeare: "Meu reino por um cavalo". "Apesar de saber lutar, prefiro declamar", depois abre os braços e diz: "*That's entertainment*" (Isto é entretenimento). Ao grande lutador decadente aposentado só restava ser um *showman* numa casa de espetáculos de segunda categoria. Não decaiu totalmente graças a essa grande invenção americana – o show –, o entretenimento, no sentido de cultura de massas. Nada como o cinema para retratar a cultura americana. Como mencionado no capítulo "Dos 'anos dourados' a uma era de incertezas", é curiosa e verdadeira a observação de Neal Gabler de que os americanos foram de tal modo capturados pelo entretenimento que já não são capazes de discernir o real da ficção. Todo americano se transforma num "eu" intérprete.

A PRÉ-HISTÓRIA:
O KINETOSCÓPIO OU CINETOSCÓPIO

Impossível separar a expansão da fotografia do cinema. É conhecida a história de George Eastman e sua Kodak, que transformou a fotografia num entretenimento popular. A máquina caixão era vendida por cerca de vinte dólares, incluindo um rolo de filme feito de celuloide. O cliente "tirava" as fotos e enviava a máquina com filme e tudo para a empresa de Eastman. Enquanto revelava, a máquina era devolvida com outro rolo de filme que dava para fazer cem fotografias, por módicos dez dólares. Pronto! Os clientes não paravam mais de fazer fotografias e Eastman de enriquecer. No final do século XIX, cerca de 90% das fotos feitas no mundo eram com filmes Eastman Kodak.

Enquanto isso, Thomas Alva Edison requeria a patente de um novo invento (ele perdeu as contas de quantos inventos tinha patenteados ou a ser patenteados): o kinetoscópio, a máquina "que iria fazer aos olhos o que o fonógrafo faz para os ouvidos", nas palavras do próprio inventor.

Edison encomendou a Eastman um rolo de filme de 50 pés. E adaptou no seu kinetoscópio, usado por uma pessoa de cada vez. Era um entretenimento individual. Alguém aconselhou Edison a patentear seu invento também na Europa e ele não quis.

No começo, os inventores do cinema não estavam interessados em agradar o que começava a ser considerado o típico consumidor dessa "arte". Não se produzia para um público específico, mas os pontos de exibição começaram a pipocar: em 1896, Los Angeles parece ter sido a cidade pioneira a ter o seu galpão onde os "espectadores" pagavam para ver as "maravilhas" fotográficas em máquinas individuais. Pouco depois, Nova York já apresentava um teatro com uma primitiva tela de cinema. Thomas Edison e outros eram inventores, mas queriam ganhar dinheiro, o máximo de dinheiro possível. Afinal, eles viviam nos Estados Unidos. E Edison pensava num mercado futuro. Pensava em fabricar máquinas em que as pessoas pudessem assistir ao vivo espetáculos dos teatros. O aparelho seria parecido com um rádio, ligado por telefone, que faria as transmissões, uma espécie de sistema de discos que transmitiria imagens e sons ao mesmo tempo, substituindo o livro. Ele estava prevendo a televisão. É bom lembrar que o brasileiro Monteiro Lobato não ficava para trás em matéria de previsões: com seus futurismos, previu, em *O presidente negro*, alguma coisa parecida com a internet e o fax. Não era gratuita a admiração de Lobato pelos Fords e Edisons.

Foi nos teatros de *vaudeville* (teatros de variedades) que o público começou a apreciar o cinema em telas grandes. Passou a haver, assim, uma socialização da imagem. Todos viam em conjunto. Parecia que o cinema ameaçava o trabalho dos artistas profissionais que se apresentavam nos teatros. Houve até uma greve em protesto pela diminuição dos salários dos artistas, mas não adiantou. Os donos dos teatros começaram a exibir mais filmes.

Mas quem frequentava os cinemas? Donas de casas de passagem a algum mercado ou loja de departamentos, empregados de escritório que aproveitavam a hora do almoço. Assim mesmo, não era um público muito numeroso. A entrada custava 25 centavos de dólar. Havia, sem dúvida, um público potencial que não podia se deslocar para onde estavam as salas, no centro das cidades, e que não tinha dinheiro suficiente para pagar condução, lanche e a entrada. Os empresários queriam explorar essa mina de ouro composta por milhares, milhões de "novos" americanos vindos da Itália, dos confins da Rússia, da Polônia, e o contínuo fluxo da Irlanda.

As casas de diversões com caças-níqueis, tiro ao alvo, máquinas de kinetoscópio eram um bom lugar para instalar as telas grandes. Uma sala ou um galpão separado por uma simples cortina foi o começo. Depois, empresários separaram as salas, alugando ou comprando galpões nos bairros operários. Eram os *nickelodeons*, ou numa tradução livre, cinemas de um níquel. Em pouco tempo, só em Nova York foram contabilizados mais de seiscentos cineminhas de um níquel, em 1908. Os lucros dos primeiros empresários passavam de 600%. Um bom negócio.

O público adorou. Os operadores, que muitas vezes eram os próprios produtores dos filmes, de vez em quando aceleravam ou diminuíam a velocidade das máquinas ou rodavam em sentido inverso, o que produzia situações hilariantes. O público morria de rir vendo um lutador de boxe cair lentamente ou voar pelas cordas em alta velocidade, ou então assistindo a carros e trens andando de marcha à ré. Os filmes tinham curta duração. O suficiente para os operários darem uma passada, depois da jornada do trabalho, e ver um espetáculo de quinze ou vinte minutos antes de ir para casa, descansar. Nos finais de semana, as filas davam voltas no quarteirão. O cinema havia conquistado a América. As salas se converteram em locais de reunião, de trocas culturais entre os diferentes grupos de "novos" americanos. O problema é que esses "centros" culturais não eram locais que podiam ser vigiados, como as igrejas. Ali os imigrantes podiam manifestar-se mais livremente; podiam exercer certas liberdades, como namorar mais "escandalosamente".

Os filmes continuaram a ser produzidos nos estúdios, a maioria deles localizada em Nova York. As aventuras de Búfalo Bill, as atividades de um ferreiro desastrado que não conseguia fazer direito o seu trabalho, o consultório de um dentista trapalhão. Robert Sklar, autor de *História social do cinema americano* conta uma passagem

O cinema soube desde os primeiros tempos enredar o público com os mitos caros à cultura americana. Na imagem, cartaz do filme *O grande roubo do trem*, de 1903, sobre bandidos do Velho Oeste.

pitoresca: num filme de enredo chamado *A execução de Maria*, a rainha da Escócia, um ator vestido de mulher põe sua cabeça no cepo. Nesse momento, o cinegrafista interrompe a filmagem, substitui o ator por um boneco e a filmagem continua: o carrasco corta a cabeça de Maria. Um "oooooh!" de espanto percorre o público. Esse foi o começo do que, mais tarde, chamou-se de efeitos especiais.

Mas o cinema ainda não era a marca exclusiva da cultura de massas americana. Na França, George Méliès criava ilusões tão ou mais expressivas do que os americanos. Tanto é verdade que muitos americanos chegaram a copiar os trabalhos de Méliès.

Americanos e europeus tinham uma forma muito particular de testar o gosto do espectador. O operador, aquele que passava os filmes para o público, tinha um papel importante na produção. Era ele que, de certa forma, sabia o gosto do espectador e, portanto, estava apto a sugerir que tipo de filme deveria ser produzido. Esse foi o caso de Edwin Porter, que trabalhou na empresa de Edison como fotógrafo e operador das salas de projeção. Porter foi um dos cineastas que marcaram presença no pioneirismo do cinema americano. Foi ele o autor de *O grande roubo do trem*, em

1903, considerado o primeiro filme a retratar os mitos do Oeste, já conhecidos do grande público pelos romances baratos. Esse filme foi apresentado em grande parte das cidades dos Estados Unidos e se transformou num grande sucesso ao combinar suspense e movimento.

Apesar do sucesso dos filmes americanos, a maior empresa cinematográfica do mundo ainda era a francesa Pathé Frères, que fazia comédias como nenhuma outra em sua época. Mas filmes de aventuras, em especial de aventuras no Oeste, ganhavam cada vez mais admiração do público americano. Falavam da cultura da América e era isso o que as pessoas queriam, inclusive os imigrantes que, cada vez mais, começavam a sentir-se como americanos. Mas nem só de aventuras vivia o cinema. Começaram a surgir cenas de mulheres nuas que atraíam, em especial, uma multidão masculina. O cinema, juntamente com os bares, o velho *saloon*, a bebida, a música, em especial, o blues e o jazz, foi visto por alguns como expressão de uma cultura depravada das classes baixas sem educação. No Natal de 1908, todos os cinemas da cidade de Nova York foram fechados pelas autoridades. Parecia que a moral puritana ia vencer o nascente bom negócio do cinema.

HOLLYWOOD E OS ESTÚDIOS

Além da censura, as constantes brigas judiciais entre Edison e outros produtores, diretores e donos de casas de espetáculos estavam arruinando os negócios. Era preciso achar um lugar mais calmo, onde se pudesse trabalhar.

Existem algumas versões, já mitológicas, que explicam a escolha do sul da Califórnia como o lócus preferido dos "malucos da câmera", como se dizia na época. Uma delas, bastante cômica, é que os produtores independentes, instalados perto da fronteira do México, poderiam fugir dos agentes da Motion Picture Patente Company e da Justiça pelo uso indevido do aparelho, reclamado por Edison.

Outra versão, mais técnica, é a de que a costa sul da Califórnia, em especial um pequeno distrito de Los Angeles, chamado Hollywood, tinha sol praticamente o ano inteiro. Em Hollywood não era mais preciso esperar pelas boas condições de tempo ou usar a luz das lâmpadas nas filmagens externas. A primeira empresa de filmes aberta em Hollywood se instalou numa esquina da Sunset Boulevard. A pacata cidadezinha jamais seria a mesma. Na primeira década do novo século, lá estavam D. W. Griffith da Biograph, ligada a Edison, lá estava o grupo indepen-

Tanto Mary Pickford quanto Charles Chaplin souberam transpor para a tela os anseios do americano comum. Pouco tempo depois, Frank Capra seguiu brilhantemente a fórmula.

Charles Chaplin – uma das personalidades mais criativas da era do cinema mudo – fundou, junto com Mary Pickford, Douglas Fairbanks e D. W. Griffith o estúdio United Artists em 1919. Cartaz de O garoto.

dente do New York Motion Picture Company, a Companhia de Selig de Chicago, entre outros que iam chegando. E a Califórnia oferecia uma vantagem, digamos, psicológica. Os artistas, autores e produtores, na sua maioria da Costa Leste, ficavam mais próximos, já que não podiam viajar para casa e voltar na manhã seguinte. As vantagens não paravam aí. O cenário estava ali, à porta: montanhas e desertos para filmes de faroeste. Grandes espaços comprados a preços baixos, onde foram construídos enormes galpões que transformaram-se em estúdios. A New York Motion Picture Company rodou alguns filmes de faroeste praticamente sem sair de suas propriedades, localizadas ao norte de Santa Mônica.

A cidade tinha ainda outra vantagem para os produtores e donos dos estúdios que começavam a se consolidar. Los Angeles era uma das poucas cidades americanas que não tinha que se preocupar em sindicalizar seus trabalhadores e isso era uma mão na roda para os produtores: não ter perturbação com muitas reivindicações salariais. Os salários pagos aos empregados comuns eram, de modo geral, metade do que se pagava em Nova York. E o crescimento da produção exigia cada vez mais empregados: carpinteiros, ferreiros, modistas, costureiras, sapateiros etc.

Vários estúdios que já começavam a ficar conhecidos se instalavam em Hollywood. Foi ali que Griffith construiu um gigantesco cenário para rodar *Intolerância*, filme que fez logo depois de *O nascimento de uma nação*. Foi ali que Charles Chaplin, Mary Pickford, e Douglas Fairbanks fizeram papéis que os tornaram internacionalmente conhecidos.

A moral puritana dos habitantes do sul da Califórnia foi abalada profundamente pelo comportamento um tanto quanto "liberado" dos artistas. Mas a indústria do cinema trouxe empregos sem trazer poluição. Os artistas eram vistos pelas ruas da cidade com os trajes dos filmes, pegando um bonde para ir ao trabalho. A cidade parecia um local estranho. Houve protestos, logo abafados pelas vantagens dos trabalhos oferecidos.

A produção tinha semelhança com uma linha de montagem da Ford. Muitas vezes rodavam-se três ou quatro filmes ao mesmo tempo, em cenários montados lado a lado. Cada cenário com sua equipe trabalhando freneticamente para cumprir o cronograma.

O público do cinema era diferente do público do teatro. Este último esperava atores com vozeirão e grandes gestos. O do cinema preferia (e prefere), graças ao *close*, movimentos mais simbólicos, dos olhos, gestos faciais. No cinema mudo, as mãos tinham papel fundamental na representação. Basta lembrar qualquer cena de Chaplin para entender a importância do gesto no cinema.

De costa a costa: da Broadway para Sunset Boulevard

Como os públicos de teatro e cinema não eram exatamente os mesmos, a transposição de um trabalho da Broadway para Hollywood não era uma tarefa muito fácil. A Broadway, só para recordar, é a famosa avenida de Nova York, conhecida pelos teatros que apresentam peças e musicais desde o começo do século XIX.

Os primeiros espetáculos da Broadway tinham artistas americanos com uma consciência nacionalista afinada com o crescente americanismo. Acreditavam ser capazes de dispensar o classicismo europeu e representar a América "pura". As peças e os musicais inspiravam-se mais em eventos políticos, escândalos, lutas e dramas pessoais americanos e tinham grande aceitação popular. Se nos Estados Unidos, cultura não é um negócio de Estado, ela quase sempre é um bom negócio.

Por isso, quando mencionamos shows da Broadway, imediatamente sabemos que se trata de negócios, o chamado *showbiz*. Muitas vezes a Broadway serviu como incubadora de artistas para Hollywood. Alguns filmes vindos das casas de espetáculo de Nova York que foram para Hollywood ficaram famosos mundialmente.

A peça de George Bernard Shaw, *Pigmalião*, de 1913, foi adaptada e transformada em filme em Hollywood. A obra cinematográfica, de 1936, foi muito bem aceita pela crítica, pelo público e pelo próprio Bernard Shaw. Depois da morte de Shaw, no comecinho da década de 1950, o produtor achou que podia fazer a peça voltar ao teatro. Só que desta vez, na Broadway e não em Londres. Depois de longas batalhas por direitos, a peça com o título de *My Fair Lady* finalmente estreou na Broadway, na noite de 15 de março de 1956, no teatro Mark Hellinger, na esquina da rua 51. O sucesso foi estrondoso. Só depois de seis anos em cartaz, a rua 51 começou a ficar mais calma. Rex Harrison e Julie Andrews, os principais atores, eram ovacionados todas as noites. Mas o sucesso não ficou só em Nova York.

O musical sofreu algumas adaptações, atravessou o país e foi parar outra vez em Hollywood, em 1964. Outro sucesso, dessa vez mundial. Vários Oscars na premiação da Academia e vários milhões de dólares para os cofres da produtora, a Warner Brothers, a mesma que em 1927 estreou o primeiro filme falado.

De Hollywood para a Broadway, da Broadway para Hollywood.
Na figura, cartaz do filme *My fair lady*, originalmente uma peça da Broadway,
que virou sucesso mundial nas telas dos cinemas.

A MGM e o Leão: um estúdio modelo

Quando o magnata das salas de cinema e investidor Marcus Loew comprou a Metro Pictures, fundada em 1916, e logo depois a Goldwyn Pictures, de 1917, ele tinha em mente formar uma grande empresa para produzir filmes e suprir a cadeia de salas de cinema que ele havia criado ao longo dos anos. Loew logo se associou ao lendário Louis B. Mayer.

Mayer era de uma família de judeus da Ucrânia que imigrou para os Estados Unidos na segunda metade do século XIX. Os judeus tinham grande tradição no teatro, ainda na Europa. Por este motivo foram fundamentais na Broadway e em Hollywood. Por outro lado, o cinema era um negócio novo, promissor, ainda sem donos, ao contrário da agricultura ou do petróleo. Louis vendia e comprava ferro velho e aparas de metal. Mas em 1907, com dinheiro que havia acumulado nos negócios de metal, comprou uma sala se exibição de filmes de seiscentos lugares em Haverhill, próximo de Boston, Massachusetts.

Em 1915, ele empregou todos os cinquenta mil dólares que havia juntado e pagou os direitos de exibição de *O nascimento de uma nação*, de D. W. Griffith, que ficaria famoso na história do cinema e na história dos Estados Unidos. Depois de várias semanas em cartaz, ele ganhou quinhentos mil dólares com o filme.

Associada a Loew, foi criada a Metro Goldwyn Mayer com o famoso leão a rugir até os dias de hoje. Louis Mayer tinha orgulho de dizer por que os filmes da Metro faziam sucesso. Era só saber o que o público queria: filmes sentimentais, com cenas de paixão e amor. "A moda do velho e bom romance. Isso é ruim? Isso é entretenimento que enche as salas de cinema", e os cofres da empresa. Era assim que pensava o poderoso "chefão" dos estúdios.

Os filmes da Metro faziam parte da vida dos americanos. E dos brasileiros, dos argentinos, dos franceses, dos ingleses etc. Filmes como *E o vento levou*, *O mágico de Oz*, *Ben-Hur*, *O grande motim*, e artistas como Joan Crawford, Clark Gable, Judy Garland estão gravados na memória coletiva do mundo todo. A cultura popular americana, e em grande parte do mundo, foi influenciada pelos filmes da Metro.

A MGM estabeleceu padrões não só estéticos como também morais. Como uma das grandes "fábricas" do americanismo, produziu grandes clássicos e sucessos de bilheteria, entre eles *Ben-Hur*, estrelado por Charlton Heston.

O IMPERIALISMO HOLLYWOODIANO

Quando viajei pela primeira vez para os Estados Unidos com meus filhos, o mais velho perguntou-me se iríamos ver as latas de lixo que ele estava habituado a ver nos becos que apareciam nos desenhos do Pica-Pau, do Pernalonga e, principalmente, do Tom e Jerry. Reais ou imaginários, os objetos e os personagens surgidos no cinema ficam retidos na memória seletiva da criança. E dos adultos também.

O que vemos nos filmes são objeto de desejo de muitos. Os chamados *gadgets*, que poderíamos traduzir por "bugigangas", transformam-se em algo indispensável para nossas casas. Os filmes americanos levam seus personagens de caubóis a gângsteres, do mocinho ao bandido, até os confins do nosso imaginário. O corretor do programa usado no computador já incorporou, via nosso léxico deglutido de Hollywood, as palavras "gângster" e "caubói", aportuguesadas é claro. Por que não "bandido", como usei algumas linhas atrás?

Monteiro Lobato ficou intrigado não só com a incorporação das palavras ao nosso léxico, mas com a nossa admiração pelos gângsteres via cinema, rádio e jornal:

> – Tenho certo pejo de confessar, Mr. Slang, mas o que mais sinceramente admiro na América é justamente o crime renovado e alçado a proporções leonardodavinescas, O crime-arranha-céu.
> – Não é original nisso. O povo comum, que é o mesmo em toda a parte e sempre instintivo, também admira inconscientemente essa classe de heróis. Daí a intensa curiosidade pela vida e feitos desses homens fora da lei. Os jornais dão-lhes o melhor de suas páginas. Teatros e cinemas ganham rios de dinheiro estilizando engenhosamente o gângster.

Derringer, Al Capone, Bugs Moran, Jesse James, Billy the Kid etc. Não era a gratuita admiração de Lobato. O cinema havia emprestado de velhas lendas o caráter heroico dos bandidos. E isso porque, já depois da Primeira Guerra, mais da metade de todos os cinemas do mundo eram americanos. Os estúdios de Hollywood tinham condições de gastar enormes somas para pagar extras, construção de cenários e os altos salários de artistas.

A UFA, a famosa empresa cinematográfica alemã do mesmo período, praticamente foi à falência depois que Fritz Lang rodou *Metrópolis* com milhares de extras e custos fabulosos de montagens. Os americanos não. Contavam com um constante fluxo de caixa que vinha do mundo todo.

Os estúdios eram montados à imagem das grandes corporações com raízes na organização da Standard Oil. As cinco grandes eram integradas verticalmente. A

262 | Os americanos

já citada MGM, a 20th Century Fox, a RKO, associada à RCA, a Warner Brothers e a Paramount Pictures dominavam a produção, a distribuição e as gigantescas redes de cinema espalhadas pelos Estados Unidos e pelo mundo. Os mais velhos são capazes de lembrar, por exemplo, do cine Metro, localizado na avenida São João, em São Paulo.

É preciso tomar cuidado para não fetichizar e ideologizar os meios de comunicação como únicos responsáveis pela mudança de gostos ou culturas. Mas a democracia dos negócios dos Estados Unidos veiculada por Hollywood tendia a superar a "barreira do gosto" ou a barreira da cultura. Uma das vantagens era a estandardização da fabricação dos celuloides/filmes. A invenção de George Eastman com o rolo de filme de 35 mm e com furos padronizados para se encaixarem nas engrenagens dos projetores abriu caminho para a conquista de Hollywood.

Hollywood passou a ditar o comportamento mundial de certas camadas da sociedade. As mulheres inglesas, francesas, brasileiras, japonesas começaram a usar os modelos de sapatos das estrelas. No Japão, os alfaiates que não seguiam os modelos dos ternos americanos corriam o risco de perder clientes. No Brasil, os modelos Ford ou Chevrolet mais vendidos eram os que apareciam em filmes de sucesso. Inclusive na arquitetura imitávamos um estilo californiano/espanhol. Artacho Jurado, um construtor de São Paulo, por outro caminho, ligou uma parte da arquitetura da cidade à americanização hollywoodiana. Construiu na cidade mansões e casas nos moldes dos subúrbios americanos que eram vendidas com o automóvel na garagem. Construiu o edifício Bretagne, localizado na avenida Higienópolis, em São Paulo, e trouxe o caubói Roy Rogers para inaugurá-lo em 1959. Americanização via Hollywood.

Um jornal da década de 1940 fez uma brincadeira, citada no livro de Robert Sklar:

> Se os Estados Unidos abolissem todos seus serviços diplomáticos, proibissem seus navios de levar mercadorias e passageiros, ordenassem que todos os cidadãos americanos fora do país voltassem para casa, ainda assim suas cidades, suas estradas, seus automóveis, seus escritórios, seus botequins continuariam a estar presentes nos mais distantes rincões do mundo. Por intermédio do filme, Tio Sam poderá ainda continuar a americanizar o mundo.

Uma brincadeira bastante séria.

Os filmes de Hollywood representam mitos americanos com fortes traços de valores universais que por isso mesmo facilmente adaptam-se e mesclam-se a outras culturas. Os filmes de Frank Capra e de Walt Disney, por exemplo, transmitem os valores da estabilidade social, do sucesso, da "mocinha" para o herói, a ideia de felicidade, de camaradagem, a existência de líderes honestos, e claro, fé inabalável na democracia americana.

O cinema falado é o grande culpado

Em 1927, a Warner Brothers apresentou *O cantor de jazz*, primeiro filme sonorizado. Experiências anteriores precederam o filme da Warner. Eram experiências. Comercialmente, o filme fez sucesso. Aloysio Floriano de Toledo lembra que o enredo é mais uma demonstração da democracia americana. É a história do filho de um rabino, interpretado por Al Jolson, que busca a todo custo fazer o que gosta: cantar música popular. Para isso, ele se traveste de negro e se apresenta fazendo sucesso. Só assim o "negro" e o judeu conseguem "despistar" a sociedade racista americana.

Mas o que preocupava os produtores de Hollywood era outra coisa. O cinema falado era uma ameaça aos bons negócios no exterior? Crescia o temor entre os executivos dos grandes estúdios de que os cinemas nacionais – embora com produção incomparavelmente inferior à dos americanos – poderiam ser os preferidos, pois o inglês não era uma língua "universal" ainda.

A engenhosidade americana (*american ingenuity*) salvou Hollywood: uma primeira solução foi a contratação de atores estrangeiros para fazer dublagens. Alguns com alemão fluente, como Greta Garbo no filme *Anne Christie*, nem precisava de dublagem. Mas o sistema apresentava certos problemas. Havia cenas e situações tão culturalmente americanas cuja dublagem não era deglutida por cinéfilos americanizados do Brasil, da Alemanha ou da França, por exemplo. Muitos países ajustaram legendas na parte inferior dos quadros das películas.

Noel Rosa, o grande compositor brasileiro, compôs, em 1933, "Não tem tradução", emblemática canção que trata da "invasão" cultural americana:

> O cinema falado
> É o grande culpado da transformação
> [...]
> Tudo aquilo
> Que o malandro pronuncia
> Com voz macia
> É brasileiro:
> Já passou de português...
> Amor lá no morro é amor pra chuchu.
> E as rimas do samba não são *I love you*
> E esse negócio de alô
> Alô *boy*, Alô Jone,
> Só pode ser conversa de telefone.

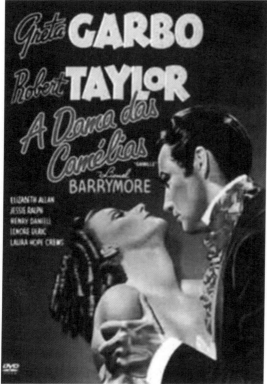

Os grandes dramalhões sempre atraíram o público. Acima, selo alemão com imagem da diva Greta Garbo (nascida em solo germânico). Ao lado, cartaz do filme *A dama das camélias*, divulgado no Brasil.

Para Noel, o cinema falado só pode ser americano, de Hollywood. Assim, nosso léxico estava correndo o risco de perder sua nacionalidade. Como afirmei anteriormente, pode ser que Noel tivesse razão. Mas essa interpretação também sugere que as culturas são estáticas e não reagem aos "bombardeios" de outras. De modo geral, as culturas aceitam outras, mas não totalmente.

A CULTURA DE MASSAS AMERICANA "FABRICADA" EM HOLLYWOOD SOBREVIVE

Depois da Segunda Guerra, Hollywood reinou por mais algum tempo até que a televisão começou a ameaçar o seu domínio. Em 1950, as pessoas começaram a ficar mais em casa. Era mais fácil ver algum programa na sua própria sala de visitas do que sair e ir até uma sala de cinema. A renda das bilheterias diminuía.

Artistas ficaram ameaçados de perder o emprego na Califórnia. Vários cineastas encontraram emprego nas emissoras de televisão. E Hollywood mais uma vez procurou uma saída. Começou por vender filmes antigos para as próprias redes de televisão. Claro que existia o mercado externo, mas este também estava minguando, mais por problemas de crise econômica do que por resistências nacionalistas.

Algum tempo depois surgiu a televisão a cabo. O telespectador podia ver filmes produzidos em Hollywood, sem a interrupção dos comerciais. O cinema sobreviveu.

Com a eleição de Barack Obama, a onda de antiamericanismo da época de Bush vem diminuindo. No entanto, ela persiste em várias partes do mundo. Paradoxalmente, isso não significa que a cultura de massas produzida pelos meios de comunicação dos Estados Unidos seja rejeitada.

Um estudo feito no começo de 2008 mostra que 60% da renda de Hollywood vêm do exterior. As grandes companhias de entretenimento, herdeiras dos estúdios, têm aberto filiais em locais como os Emirados Árabes para produzir filmes, *video games* e programas específicos dirigidos ao mundo árabe. O mesmo acontece com a China. E há um dado a ser acrescentado: Hollywood vem cada vez mais empregando artistas estrangeiros. Um fenômeno nas telas do mundo todo é Chan Kong-Sang, ou melhor, Jackie Chan, ator chinês com sucesso garantido pelas aventuras hollywoodianas.

Há sérias críticas à política de intervenção americana no Oriente Médio, mas o filme *O homem aranha* foi um dos maiores sucessos na região. Para mais de 60% dos libaneses, os Estados Unidos são considerados o centro de pessoas gananciosas e sem escrúpulo. No entanto, o Líbano é um dos mercados mais promissores para os produtos de Hollywood do Oriente Médio.

Difícil de compreender, mas, talvez, isso se explique pelo fato de os filmes de Hollywood acabarem permitindo que as pessoas entendam que os Estados Unidos são um país onde a experiência de uma sociedade liberal facilita o acesso a produtos e bens desejados por todos. Quem sabe? Uma pesquisa recente demonstrou que os filmes preferidos nos Estados Unidos e no mundo são de aventura, com muitas explosões, carros em desenfreadas corridas, homens ou mulheres voando e todos os efeitos especiais possíveis. Puro entretenimento.

 # À GUISA DE CONCLUSÃO

Para concluir este livro, decidi usar algumas palavras-chave que talvez possam ajudar a formar uma vaga ideia sobre os americanos. Segue uma lista sem ordem de prioridade ou de hierarquia. Muitas das palavras-chave/conceitos se entrelaçam e se confundem. Às vezes, não sabemos onde começa o sentido de uma, e termina o da outra. Mas, ainda assim, espero estar sugerindo uma forma para concluir o livro.

Uma dessas palavras-chave é **fé**. No premiado documentário *Corações e mentes* (*Hearts and minds*), dirigido por Peter Davis na década de 1970, que tratou do envolvimento dos Estados Unidos no Vietnã, há uma parte que resume o poder dessa palavra-chave do americanismo. O tenente-aviador George Coker, da cidadezinha de Linden, Nova Jersey, teve seu avião abatido em 1966. Caiu prisioneiro. Foi solto em 1973, por força dos acordos do governo Nixon, que pôs fim ao envolvimento dos EUA na guerra. No documentário, o tenente aparece voltando para sua cidade. Uma faixa na praça: "*Linden's Proud to Have you Back. Welcome Home Lt. George Coker*". Uma multidão estava esperando a chegada do herói de guerra. Na maioria crianças. Uma banda composta por escolares. O maestro ordena que se inicie a marcha assim que o tenente desce do carro e pisa num tapete vermelho. O público delira, sob um mar de bandeirinhas americanas tremulando no ar. O tenente se posta diante de um microfone e levanta o braço direito com a mão fechada (influência dos Panteras Negras?). Sorriso franco. Em seguida, fica sério e começa o discurso: "Há uma pequena coisa [...] Uma pequena palavra que permitiu que eu e meus amigos continuássemos vivos todos esses anos. Essa pequena palavra é fé." George Coker fica mais sério ainda e continua o discurso. "Fé na minha família, fé no meu Deus e fé no meu país." Depois, o tenente fala um pouco do seu passado para justificar o argumento. "Eu me lembro quando estava no colégio, e praticávamos muito esporte. E meu treinador dizia: 'quando o jogo fica difícil, o jogador tem que ser muito forte, muito mais forte. Forte, porque o vencedor nunca desiste. E quem desiste não ganha'."

A essência de ser – ou do ser – americano está contida na fala do tenente George Coker. Mas é preciso entender ainda outras singularidades.

Uma outra palavra-chave escolhida é **perseverança** que, na verdade, está entrelaçada à ideia de fé do tenente Coker. A professora Lúcia Lippi Oliveira conta uma passagem ainda mais singela e mais particular dessa força de vontade que move a América.

> Minha filha andava pela rua e passou ao lado de uma quadra de tênis de uma escola. A bola ultrapassou a cerca que protegia a quadra e caiu na rua. Ela resgatou a bola e hesitou em arremessá-la por cima da cerca, que esta era bem alta. Nesse momento, a criança do lado de dentro, percebendo a dúvida, lhe disse: "Você vai conseguir, coragem, faça o melhor possível que vai dar certo".

Outra vez: não desista. Se desistir não vencerá. Quantos filmes não foram produzidos por Hollywood desenvolvendo essa temática? Inúmeros. Um cego, que depois de muito lutar e persistir, consegue vencer os obstáculos e alcançar sucesso. Uma pessoa com deficiência física, também com muita força de vontade, vence. Aliás, qual exemplo é maior que o presidente Franklin Delano Roosevelt?

Outra palavra: **segurança**. O atentado de 11 de setembro superdimensionou a já presente ideia de segurança. No auge da Guerra Fria, o perigo de um conflito nuclear não fazia parte da ficção, a preocupação com segurança era parte do cotidiano. Nas escolas, fazia-se treinamento de como se proteger em caso de ataque nuclear. Um desenho ensinava que as crianças deveriam abaixar-se e procurar abrigo sob as carteiras ou mesas. A única coisa que não ficava claro nesses cartazes era o que aconteceria às crianças sob o efeito da radiação. Vendia-se *kits* para construir abrigos antiatômicos nos grandes centros de materiais de construção. Tudo dentro do espírito da engenhosidade e eficiência do *do it by yourself* (faça você mesmo). Recentemente, depois dos ataques de 11 de setembro, algumas lojas passaram a vender *kits* de sobrevivência a ataques terroristas, como paraquedas para saltar de prédios atacados, máscaras contra gases e fitas adesivas para impedir a entrada de pós venenosos em caso de ataques massivos de terroristas. Não temos notícia se o negócio ainda prospera. A venda de *kits* antiatômicos deu lucro por algum tempo. Depois dos acordos de controle de armamentos entre os Estados Unidos e a União Soviética, as empresas mudaram de ramo.

Não é comum entrarmos em restaurantes e bares brasileiros e encontrarmos um cartaz explicando como agir no caso de um vizinho de mesa sofrer um colapso, um engasgamento. Pois nos Estados Unidos é normal encontrar cartazes com desenhos minuciosos indicando como agir em casos como esses. Depois dos atentados de 11 de setembro os cartazes têm sido direcionados para atitudes suspeitas. Ônibus circulam com enormes avisos: "*if you see something, say something*" (se vir alguma coisa suspeita, avise a autoridade mais próxima). O 11 de setembro só reforçou uma tendência inerente à cultura americana relativamente adormecida com o fim da chamada Guerra Fria.

Patriotismo e nacionalismo. A manifestação de **patriotismo** e **nacionalismo** nos americanos é demonstrada de várias formas. Podemos encontrá-las, por exemplo, em alguns pratos criados ou nomeados em homenagem ao país. O primeiro livro de receitas dos Estados Unidos é o *American Cookery*, escrito em 1796. É nesse livro que encontramos a receita de um bolo chamado *Independence Cake* e o *Federal Cake*, ambos com claras conotações político-patrióticas.

Outra forma é o uso da bandeira. Nenhum país do mundo ama mais sua bandeira do que os Estados Unidos da América. Um exemplo era o Thunderbird, modelo 1957, que passava uma vez por semana em frente ao pequeno apartamento onde eu morava, em Takoma Park, Maryland, subúrbio de Washington. Detalhe: com duas bandeirinhas americanas tremulando nos para-lamas. Duas manifestações de nacionalismo. Numa passagem de *American Vertigo*, livro do "novo filósofo" francês Bernard-Henry Levy, há uma boa ideia do significado da bandeira nos Estados Unidos:

> É estranha essa obsessão pela bandeira. É incompreensível para alguém que, feito eu, vem de um país sem bandeira, onde a bandeira, por assim dizer, desapareceu, onde só a vemos tremulando no frontão dos edifícios oficias e onde sua nostalgia, a preocupação com ela, sua própria evocação são sinais de um passadismo que se tornou ridículo [...]. Uma dificuldade em ser nação, mais do que nos países sem bandeira da velha Europa, e que produziria o efeito inverso?

Em outras palavras, podemos retomar a ideia inicial de que os Estados Unidos são um país sem nome e, por isso mesmo, têm a necessidade de mostrar a existência da nação pelo uso exagerado da bandeira nacional.

> Todos os povos livres gostam de se vangloriar; mas o orgulho nacional não se manifesta da mesma maneira entre todos. Os americanos, nas suas relações com os estrangeiros, parecem impacientes diante da menor censura e insaciáveis de louvores. O elogio mais banal agrada-lhes e o maior raramente basta para satisfazê-los; insistem a todo momento para obter de nós elogios e, se resistimos à sua insistência, elogiam-se eles mesmos. [...] A sua vaidade não é somente ávida; é inquieta e invejosa. [...] Se digo a um americano que é belo o país onde vive, ele replica: "É verdade, não há igual no mundo". Se admiro a liberdade de que gozam os habitantes, ele me responde:

"A liberdade é um dom precioso! Mas muito poucos povos são dignos de gozá-la."
Se observo que a pureza dos costumes reina nos Estados Unidos: "Imagino – diz ele
– que um estrangeiro que se admirou com a corrupção que se vê em outras nações
fique espantado com esse espetáculo." Abandono-o, por fim, à contemplação de si
mesmo, mas ele volta e de modo nenhum me deixa enquanto não conseguir fazer-me
repetir o que acabo de lhe dizer. Não seria possível imaginar patriotismo mais tagarela.

A reflexão, acho que o leitor já pode supor, é do conhecido Alexis de Tocqueville,
citado ao longo deste trabalho. Dispensa qualquer comentário.

Os americanos são conhecidos pela sua **eficiência** e **engenhosidade**. James
Nasmith, grande fabricante de máquinas de Manchester, a famosa cidade fabril inglesa,
resolveu visitar os Estados Unidos em meados do século XIX. Percorreu várias fábricas
a convite de seus pares americanos. Quando visitou a famosa empresa de Samuel
Colt, fabricante das já afamadas armas, ficou impressionado com o dinamismo dos
métodos de fabricação.

> Nas ferramentas americanas existe a ideia do senso comum introjetada. Nada de su-
> pérfluo, são extremamente simples, em especial na forma. Nada de ornamentos, como
> as máquinas inglesas, todas polidas e bonitas, mas pouco produtivas. As máquinas
> americanas não são esteticamente bonitas, mas são de uma precisão invejável. São
> pensadas para se chegar a um resultado perfeito.

Acho que os mais jovens nem sabem exatamente o que é uma caixa registradora.
Pois foi uma das marcas da inventividade dos americanos. James Ritty, dono de um
bar em Dayton, Ohio, estava desconfiado que seus balconistas embolsavam uma parte
da féria do dia. Resolveu viajar para esfriar a cabeça. No navio foi visitar a casa das
máquinas e ficou observando um pequeno mecanismo que contava e marcava quantas
revoluções fazia a hélice para impulsionar o barco. Voltou para Dayton e criou uma
caixa em forma de gaveta para pôr o dinheiro, só que cada vez que o compartimento
era aberto, um mecanismo registrava a quantia e o número aparecia numa espécie de
pequena tela. A invenção foi patenteada e vendida. O novo proprietário, John Henry
Patterson, aperfeiçoou a invenção em 1884, acrescentando um sininho. E toda vez
que alguém comprava alguma coisa, todos ficavam sabendo. Comprar deixou de ser
algo privado. O sininho (campainha) anunciava para todos os que estavam na loja,
armazém ou qualquer estabelecimento comercial, que alguém tinha comprado alguma
coisa. Era o conhecido *din-din*, até hoje uma onomatopeia relativa à transação que
envolve dinheiro. Patterson, em pouco tempo criou a National Cash Register Company,
ou NCR, que se transformou num império. Praticamente todos os estabelecimentos

comerciais dos Estados Unidos e do mundo se adaptaram à nova forma de controlar os ganhos. O sistema foi instalado nos bondes. E aqui no Brasil, em cidades como São Paulo e o Rio de Janeiro o folclore dizia que o cobrador conseguia ludibriar até mesmo o sistema vigilante inspirado na caixa registradora. Daí o versinho "din-din, um pra Light outro pra mim", lembrando que a Light & Power controlava o sistema de transporte por bondes elétricos em várias cidades brasileiras.

As longas jornadas entre a Costa Leste e a Oeste punha os colonos frente a frente com o problema da alimentação. Nem sempre a caça e a pesca eram possíveis. Carregar alimentos era difícil pelo risco de deterioração e contaminação. Em 1846, um grupo de colonos partiu de Illinois para a Califórnia. Na região de Sierra Nevada, os viajantes foram surpreendidos por uma forte tempestade de neve. Eram 87 viajantes. Dez morreram e proporcionaram carne (sim, antropofagia!) para os 77 que sobreviveram. "Para a mentalidade prática dos americanos" – segundo o historiador Daniel Boorstin – "o incidente não foi apenas um episódio de história moral; representou a dramatização das necessidades para suprir a continua 'vocação' do americano em se locomover". A tragédia inspirou Gail Borden, que criou um "alimento portátil". Não queria que um grupo de amigos que planejava viajar para a Califórnia tivesse o mesmo destino dos que ficaram em Sierra Nevada. O que ele fez? Cozinhou carne e separou o caldo, misturou com farinha de trigo, secou num forno e inventou a carne concentrada, ou biscoitos de carne. Excelente para viajar. Era um maníaco pela ideia de condensar. Borden ficou rico com a invenção. Mas não parou por aí, e criou talvez um dos produtos alimentícios mais conhecidos no mundo todo: o leite condensado.

Quando Gail Borden voltava de uma viagem pela Europa, ele notou que as crianças a bordo do navio choravam muito. O ano era 1851. Nada de geladeira. As vacas, que viajavam nos porões dos navios, adoeceram. O choro era porque faltava leite. Teve a ideia de usar a mesma técnica da carne para o leite. Por sorte, Borden não conhecia as teorias da época, que diziam que era impossível fazer o leite condensado. Ele simplesmente começou suas experiências em uma panela cheia de leite, que pôs para cozinhar. Condensar não era tão difícil. O problema era preservar a qualidade e o gosto. Borden esquentou o leite na panela, mas numa espécie de banho-maria em areia. Isto é, o fogo não aquecia diretamente a panela e sim a areia, que transmitia um calor indireto à panela e fazia evaporar, muito lentamente, o leite. Misturado com açúcar mascavo, e fechado num vidro, ele durava muitos meses. Mas parecia mais um melado do que leite.

Depois ele tentou numa primitiva panela de pressão. O leite grudava nas paredes. Aconselharam-no a desistir, mas "Eu nunca desisto de uma ideia, exceto por uma melhor", ele costumava dizer. Passou um tipo de óleo nas paredes da panela e continuou até que o leite ficasse realmente condensado. Quando quis patentear, as autoridades acharam que a invenção era ridiculamente simples, e não quiseram registrar seu pedido. É Boorstin que diz que "com o testemunho do Scientific American e uma pilha de papéis e testemunhos juramentados, ele finalmente convenceu os oficiais do escritório de patentes que declarou que ele inventou um novo item essencial: o leite evaporado no vácuo". E, segundo o panfleto da empresa de Borden, a New York Condensed Milk Company, "O Comitê da Academia de Medicina recomenda (o leite) pela sua pureza, durabilidade, economia e, até o momento, inigualável no comércio com leite." (1858).

A **autoestima** e **excepcionalidade** (*american exceptionalism*) formam outro poderoso conjunto de palavras-chave que nomeiam crenças fundamentais da visão de mundo dos americanos. O poeta, dramaturgo e político Archibald MacLeish, que morreu em 2005 com quase 90 anos, escreveu:

> Um americano é um homem que sabe o caminho para alcançar o amanhã. O americano é aquele que vai para qualquer lugar sem precisar de ajuda ou pedir licença nem mesmo para o presidente. Um americano é um homem que nunca pergunta quem ele é ou de onde ele veio, porque a resposta é simplesmente porque ele é um homem.

Notável que aqui o humanista MacLeish está se remetendo à ideia pregada pelos fundadores com base na filosofia iluminista. Tudo isso faz o americano confirmar sua excepcionalidade. Não necessariamente a sua superioridade, mas o fato de eles se considerarem excepcionais. Mais uma vez aqui, estamos diante de um paradoxo. Segundo Cecília Azevedo, no livro *Em nome da América: os corpos de paz no Brasil*, há uma confluência entre o pensamento religioso, a fé e o racionalismo iluminista que se manifesta, por exemplo "no fato de funcionários públicos, ao assumirem seus cargos, jurarem com a mão na Bíblia defender a Constituição que, por sua vez, garante aos cidadãos a liberdade de rejeitar a própria Bíblia". Excepcional e paradoxal, poderia ser a fórmula para se entender os americanos.

Quando da vitória do presidente Barack Obama, em novembro de 2008, falou-se muito da mudança, do significado profundo que a eleição dele teve na história dos Estados Unidos. Um negro presidente dos americanos. Do país com profundas raízes culturais calcadas no racismo. Todos depositaram uma enorme esperança na eleição do primeiro presidente negro dos americanos. Mas, por mais paradoxal que pareça, a eleição de Obama só faz reforçar a ideia de excepcionalidade dos Estados Unidos. Michelle Obama, quando soube da vitória, na noite de 4 de novembro, disse para seu marido, o presidente eleito: "Veja que país em que vivemos".

Mas a autoestima dos americanos também se faz manifestar pelo gosto de carros de tamanho gigante. Grandeza. "Eu não acho que os americanos gostam de carros pequenos" – disse um representante da Ford na Califórnia. "Eles dirigem carros pequenos só quando são obrigados, quando o preço da gasolina está muito alto. Mas nós somos um povo grande e, por isso, nós gostamos de carros grande". "Povo grande" é uma expressão ambígua. Pode referir-se a um povo composto de pessoas grandes, o que é verdade, pois a obesidade é uma das maiores preocupações americanas. Mas pode nomear e caracterizar os historicamente vencedores. Sem dúvida, os dois significados se misturam. O *Wall Street Journal* diz que os carros pequenos estão ficando nas lojas sem muitos interessados. Por isso muitos continuam se perguntando: quão grande ainda nós precisamos ser para nos sentirmos americanos?

OS PARADOXOS E OS PROBLEMAS DA AMÉRICA

O paradoxo é a convivência da ideia de grandeza com as terríveis decorrências da sociedade de massas. Os americanos são topofóbicos, ou seja, não param, viajam muito, mudam muito, parecem não criar raízes. Monteiro Lobato já havia notado que o carro e as estradas induzem os americanos a se locomoverem constantemente.

> Estradas são sistemas de veias e artérias dum organismo. Tê-las assim à moda americana é dar meios do sangue circular sem traves de jeito a vivificar todas as células do organismo. Cada americano é um glóbulo de sangue dentro da mais complexa rede de veias circulatórias.

Talvez pelo fato de a conquista da "fronteira" ter chegado o fim, no dizer de Frederick Turner, os americanos se veem na contingência de ficar em constante movimentação pelo país. Outros, como o próprio Theodore Roosevelt, procuravam aplacar a ansiedade topofóbica indo para a África, para o Amazonas.

Talvez os americanos ainda esperem encontrar, nostalgicamente, um lugar ideal, enquanto estão vivendo noutro. No Brasil, em especial no século XVIII e parte do XIX, diziam que os brasileiros urbanistas sonhavam com uma terra ideal, de modo geral representada por Portugal ou outro país desconhecido da Europa. Ficaram conhecidos como mazombos, isto é, saudosos de um lugar que nunca viram.

Em 1790, a maioria dos americanos que moravam nas cidades costeiras do Atlântico vivia sonhando, como alguns brasileiros na mesma época, em voltar para a Inglaterra, embora muitos nunca tivessem conhecido a "mãe-pátria". Cem anos depois, 1890, os novos assentados no Meio Oeste e no Oeste escreviam melancólicas cartas com saudade da Costa Leste. Como uma nação, os americanos sempre estiveram prontos para empacotar suas coisas e pôr o pé na estrada. Não é outro, aliás, o título do já mencionado romance de Jack Kerouac, *On the Road*, ou num bom português, "Pé na estrada". Pé na estrada em busca de melhores oportunidades, de novidades, revelações. Mesmo que com isso algo de muito valioso se perca (não só em termos materiais), fique para trás.

O fenômeno dos subúrbios, em especial a expansão que se deu a partir do governo de Eisenhower, provocou uma forma sutil de desenraizamento. Nos grandes conglomerados, como por exemplo, os de Long Island, da Pensilvânia, de Nova Jersey, produziu-se o que o sociólogo David Riesman chamou de *Lonely Crowd*, ou Multidão Solitária. Os grandes empreendedores vendiam não só as casas, umas coladas às outras, mas vendiam os telefones, as máquinas de lavar, os aparelhos de televisão. E vendiam a praça, que não era outra coisa senão os centros de compra, ou *shopping-malls*. Sempre com as mesmas lojas, os mesmos produtos das mesmas marcas. Impossível existir alguma singularidade numa sociedade assim. Não há espaço para a identidade. Um "campo de concentração" organizado pela força do mercado. Era mais fácil resistir a um *gulag* de Stalin do que à monotonia arrasadora de um subúrbio americano. As cadeias de *fastfood*, de lojas de marcas existentes nos *malls* (shopping centers), "tudo isso simboliza a ausência de raízes nos padrões da vida americana", diz Brad Edmonson, no artigo "*Making yourself at home: the baby boom generation yearns to settle dawn*". Uma tradução aproximada: "Sinta-se em casa: a geração do *baby boom* quer se acomodar".

Eis outro paradoxo. Sentir-se em casa enquanto procura um lugar? Ou seja, não é exatamente uma casa. Na verdade, a monotonia dos *suburbia* (subúrbios) repete a das *farmer/homestead*. O isolamento das famílias só amenizado pelo catálogo de compras da Sears ou da Montgomery Ward como vimos no capítulo "O nascimento de uma nação". O *american dream*, isto é, a casa própria, transformou-se num pesadelo.

O PESADELO ATUAL

Mais do que nunca, um dos sonhos americanos, a casa própria no subúrbio saudável, parece estar desvanecendo rapidamente. Num ótimo artigo de Lara Farrar que saiu na versão eletrônica da CNN, fica evidente a degradação da vida nos subúrbios. O chamado *subprime* obrigou os "proprietários" a abandonarem as casas compradas nos grandes subúrbios da Califórnia. Onde antes viam-se os famosos gramados nos jardins da frente, veem-se moradores de rua dormindo nas varandas. E, às vezes, arrombando os cadeados, viciados e gangues tomam conta daquilo que, um dia, foi a casa dos sonhos dos americanos. Os jardins estão sendo usados para plantar maconha e as pichações com os símbolos das gangues nas paredes das casas anunciam os novos "proprietários".

Ainda assim, os Estados Unidos continuam exercendo um fascínio sobre grande parte do mundo. O escritor inglês D. H. Lawrence parece ter entendido o enigma quando diz num poema:

> Oh! América, ninguém conhece você
> você nação conhece a você mesma
> E eu que estou meio apaixonado por você
> por quem eu me apaixonei?
> Pela minha própria imagem?

CRONOLOGIA

- 1578 – Fracassa a primeira tentativa de colonização inglesa na América.

- Século xvii – Crise na Inglaterra incentiva assentamentos de colonos na América.

- Final de 1620 – Chegada dos colonos a bordo do Mayflower.

- Março de 1630 – Uma frota de puritanos, sob a liderança de John Winthrop, deixa a Inglaterra, iniciando o que se chamou de Grande Migração. Homens e mulheres estabelecem uma colônia de puritanos na Nova Inglaterra. Começo da celebração do Dia de Ação de Graças (Thanksgiving Day).

- Final do século xvii – Introdução do trabalho escravo nas plantações de tabaco da América.

- Fundação de Princeton (1747), Dartmouth (1769) e Brown (1764), consideradas as melhores universidades do mundo.

- 1763 – Fim da Guerra dos Sete Anos (França e Inglaterra). Inglaterra aumenta pressão sobre a colônia na América.

- 1764 – Lei da Moeda, proibição de emissão de dinheiro.

- 1765 – Imposto do Selo.

- 1773 – Lei do Chá e a Revolta do Chá.

- 19 de abril de 1775 – Primeiros combates contra os ingleses em Lexington e Concord.

- 17 de junho de 1775 – Batalha de Bunker Hill's (Breed Hill).

- Começo de 1776 – Tom Paine publica o *Common Sense*.

- 4 de julho de 1776 – Thomas Jefferson redige a Declaração de Independência.

- Verão de 1777 – Os colonos derrotam os ingleses em Saratoga.

- Fevereiro de 1778 – Aliança entre a França e os Estados Unidos.

- Maio de 1780 – Seis mil americanos rendem-se em Savannah e Charlestown.

- 9 de outubro de 1781 – Cerca de seis mil soldados ingleses rendem-se em Yorktown. Fim da guerra e início da fase diplomática da Independência dos Estados Unidos da América.

- 3 de setembro de 1783 – Tratado de Paz assinado em Paris. A Inglaterra reconhece a independência de suas antigas 13 colônias.

- 1784 – A Espanha fecha o rio Mississipi para exigir taxas de navegação.

- 1785 – O dólar passa a ser a moeda da República.

- 1786 – Início da rebelião de pequenos fazendeiros que se recusavam a pagar empréstimos a juros altos, comandada pelo capitão Shays.

- 1786 – Reunião em Anápolis: princípios da reforma dos Artigos da Confederação, que dariam origem à Constituição.

- 25 de maio de 1787 – Início da Convenção (*Independence Hall*).

- 17 de setembro de 1787 – A Constituição fica pronta.

- 30 de abril de 1789 – George Washington e John Adams tornam-se os primeiros presidente e vice-presidente, respectivamente, dos Estados Unidos.

- 1789 – Começa a Revolução Francesa.

- Maio de 1790 – Rhode Island é o último estado a adotar a Constituição.

- Julho de 1790 – Congresso autoriza a construção da capital Washington, em homenagem ao velho líder.

- 1799 – Napoleão é o líder dos franceses. Europa em guerra.

Cronologia | 279

- 1803 – Napoleão vende a Luisiana para os Estados Unidos, que dobra o tamanho de seu território.

- 1804 – A Marinha americana, com os *Marine Corps*, ataca Trípoli, centro de pirataria.

- Primeira década do século XIX – Imigração de colonos anglo-americanos para o México/Texas.

- 1812 – Nova guerra contra a Inglaterra.

- 24 de agosto de 1814 – Ingleses tomam Washington, mas são derrotados logo depois.

- 1821 – Moses Austin estabelece empresa de colonização de americanos no Texas.

- Janeiro/fevereiro de 1836 – Texanos proclamam Independência. Batalha do Álamo – o general mexicano Santa Anna derrota um grupo de rebeldes americanos. Batalha de San Jacinto – Sam Houston destrói o exército mexicano e captura Santa Anna um mês depois. O Texas se torna uma república independente.

- 1845 – O Texas torna-se o 28º estado americano. Início da Guerra do México *x* EUA. Derrota do México.

- Fevereiro de 1848 – Tratado de Guadalupe-Hidalgo com o México. Estados Unidos ganham um vasto novo território de 1,36 milhões de quilômetros quadrados.

- Compromisso de 1850 – Califórnia torna-se um estado não escravista e o Novo México e Utah transformam-se em estados, mas a questão da escravidão não é mencionada.

- 1854 – Ato de Kansas-Nebraska, legislação que dava direito aos colonos de levar escravos para os novos territórios.

- 17 de junho 1858 – Discurso de Abraham Lincoln alertando para os perigos de "uma casa dividida".

- 1860 – Lincoln é eleito presidente pelo Partido Republicano.

- Dezembro de 1860 – Carolina do Sul declara-se separada da União.

- 1º a 7 de fevereiro de 1861 – Outros seis estados – Mississipi, Flórida, Alabama, Geórgia, Luisiana e Texas – seguem a secessão e formam os Estados Confederados da América.

- 12 e 13 de abril de 1861 – Bombardeio do Forte Sumter: início da Guerra de Secessão (Guerra Civil).

- Julho de 1861 – Vitória confederada na Primeira Batalha de Bull Run (conhecida também como Batalha de Manassas).

- Abril de 1862 – Tomada de Nova Orleans pelas forças da União e promulgação do *Homestead Act* (lei de acesso à terra).

- 17 de setembro de 1862 – Batalha de Antietam Creek, mais de 22 mil baixas de ambos os lados (entre mortos e feridos).

- Janeiro de 1863 – Proclamação de Emancipação dos Escravos.

- 1º de julho de 1863 – Batalha de Gettysburg, com vitória da União.

- 4 de julho de 1863 – Batalha de Vicksburg, com vitória da União.

- Maio de 1864 – Nova vitória da União na Batalha do Wilderness.

- Março de 1865 – Cai Richmond, a capital confederada.

- 9 de abril de 1865 – Em Appomattox, o general Lee assina sua rendição. Fim da guerra.

- 14 de abril de 1865 – Assassinato de Lincoln. Andrew Johnson assume a presidência.

- 1865 a 1877 – Período da Reconstrução.

- 1885 – O reverendo Josiah Strong escreve *Our Country*. Princípios do Destino Manifesto.

- 1898 – Guerra Hispano-Americana. Início da interferência na política mundial.

- 1901-09 – Presidência de Theodore Roosevelt e início do movimento progressivista.

- 1904 – Início da construção do Canal do Panamá (inaugurado em 1914).

Cronologia | 281

- 1912 – Vitória do Partido Democrata, com Woodrow Wilson, que toma posse em 1913.

- 1901–1920 – Cerca de 15 milhões de imigrantes entram nos Estados Unidos.

- Agosto de 1914 – Início da Primeira Guerra Mundial.

- Maio de 1915 – O Lusitania, um grande navio inglês com passageiros americanos, é afundado por um submarino alemão. EUA próximos da guerra.

- 1917 – Primeira gravação de jazz.

- 6 de abril de 1917 – Estados Unidos declararam guerra à Alemanha.

- Novembro de 1918 – Fim da Primeira Guerra Mundial na Europa. Derrota da Alemanha.

- 1919-1920 – Renascimento da Ku Klux Klan.

- 1919-1933 – A presidência é dominada por republicanos conservadores (Harding, Coolidge e Hoover).

- 1919 – É instituída a 18ª Emenda: *Prohibition* ou Lei Seca.

- 1927 – Viagem transoceânica por avião, por Charles Lindbergh.

- 29 de outubro de 1929 – Quebra da Bolsa de Nova York. Início da Depressão.

- 1932 – O democrata Franklin D. Roosevelt é eleito presidente.

- Janeiro de 1933 – Adolf Hitler assume o cargo de chanceler na Alemanha.

- 1933 – Roosevelt cria o sistema de seguro social (*Social Security*) de assistência aos desempregados e incapacitados.

- 1937 – O Japão invade a China.

- Setembro de 1939 – A Alemanha invade a Polônia.

- Maio-junho de 1940 – A Alemanha invade a Europa Ocidental.

282 | Os americanos

- 10 de agosto de 1941 – Roosevelt e Churchill, primeiro-ministro inglês, encontram-se em Newfoundland, no Canadá. Carta do Atlântico. União contra a Alemanha.

- 17 de outubro de 1941 – Um submarino alemão ataca um navio americano.

- 25 de novembro de 1941 – Porta-aviões e navios de guerra japoneses zarpam para atacar a base americana no Havaí.

- 7 de dezembro de 1941 – Ataque japonês a Pearl Harbor. EUA entram na guerra.

- Junho de 1944 – O general Eisenhower inicia a invasão da Normandia (França).

- Fevereiro de 1945 – Conferência de Yalta, encontro dos três grandes: Roosevelt, Churchill e Stalin.

- 12 de abril de 1945 – Morre Franklin D. Roosevelt. Harry Truman assume a presidência.

- Julho de 1945 – Conferência de Potsdam (subúrbio de Berlim). Primeiro teste de bomba atômica no deserto do Novo México.

- 6 de agosto de 1945 – É lançada a bomba atômica em Hiroshima.

- 5 de março de 1947 – Winston Churchill usa a expressão "cortina de ferro" para designar os países sob o domínio soviético.

- 1947 – Criação da Central Americana de Inteligência (CIA).

- 24 de junho de 1950 – começa a Guerra da Coreia. Forças americanas sob o comando do general Douglas MacArthur.

- 11 de abril de 1951 – Truman demite o controvertido general MacArthur por desrespeito à autoridade do presidente.

- 1952 – Eleição de Dwight Eisenhower para presidente.

- 1952-1956 – Joseph McCarthy lidera o Comitê de Atividades Antiamericanas (macartismo).

- 1953 – Morte de Stalin.

- 1958 – Revolução Cubana.

- Início da década de 1960 – Cresce a presença de "conselheiros" militares americanos no Vietnã do Sul.

- Outubro de 1962 – Crise dos Mísseis em Cuba.

- 22 de novembro de 1963 – John F. Kennedy é assassinado em Dallas. Lyndon Baines Johnson assume a presidência dos EUA.

- 28 de novembro de 1963 – Acontece a Marcha sobre Washington Para o Trabalho e Liberdade. Martin Luther King discursa: "Eu tenho um sonho...".

- Agosto de 1964 – Incidente do golfo de Tonkin. Envolvimento dos EUA no Vietnã.

- 8 de setembro de 1966 – Lançada pela rede de televisão NBC a série *Star Trek* (*Jornada nas estrelas*).

- 1966-1968 – O número de soldados americanos no Vietnã cresce de 500 mil para 800 mil.

- 1968 – Eleição do republicano Richard Nixon.

- 1969 – Início do governo Richard Nixon, o mais controvertido presidente americano.

- Começo de 1972 – Nixon reestabelece relações com a China. Assinatura de documento reconhecendo direito da China sobre Taiwan.

- Junho de 1972 – Início do Escândalo de Watergate, em Washington D.C.

- 1973 – Não há mais soldados americanos no Vietnã.

- Março de 1974 – Um júri federal condena colaboradores do presidente Nixon.

- 9 de agosto de 1974 – Renúncia de Richard Nixon. Gerald Ford toma posse.

284 | Os americanos

- 1975 – Derrota do Vietnã do Sul/EUA.

- 1976 – O democrata Jimmy Carter derrota Gerald Ford nas eleições presidenciais.

- 1980 – Ronald Reagan vence a eleição e inicia-se um período de medidas neoconservadoras.

- 1981 – O governo Reagan adota a política de quebra de resistência de sindicatos.

- 1982 – O desemprego atinge o maior índice desde o fim da Segunda Guerra Mundial: mais de 10% da população fica sem trabalho nos EUA.

- 1985 – Mikhail Gorbatchev é o novo líder da União Soviética. Início da *Perestroika* e da *Glasnost*.

- 1986 – O Congresso americano aprova a maior reforma de taxação dos últimos anos.

- 1987 – Reagan ordena que a Marinha americana proteja os petroleiros do Kwait. Futuras desavenças com o Iraque.

- 1988 – Eleições presidenciais levam George H. Bush ao poder. Continuação da política conservadora.

- Janeiro de 1991 – Os Estados Unidos iniciam a Operação Tempestade no Deserto. Guerra contra o Iraque.

- Dezembro de 1991 – Fim da União Soviética.

- 1992 – Democratas voltam ao poder com a eleição de Bill Clinton. Início da recuperação econômica.

- 1998 – Torna-se pública a relação de Clinton com Mônica Lewinsky.

- 2000 – O democrata Al Gore é derrotado por George W. Bush nas eleições, uma das mais controvertidas do país. Início dos governos mais criticados da história americana.

- 11 setembro de 2001 – Atentados contra o Pentágono (Washington) e as torres gêmeas do World Trade Center (Nova York).

- Outubro de 2001 – Implantação de duras leis de segurança (CIA e FBI com poderes ampliados).

- 19 de março de 2003 – Início da Guerra do Iraque.

- 1º de maio de 2003 – Presidente Bush declara "missão cumprida", isto é, o fim da guerra. Na verdade, a guerra continua.

- 2008 – Concorrida campanha para a presidência. Barack Obama é o primeiro negro indicado para concorrer à presidência.

- Novembro de 2008 – Vitória de Barack Obama.

BIBLIOGRAFIA

ALLEN, H. C. *História dos Estados Unidos da América*. Trad. Ruy Jungmann. Rio de Janeiro: Forense, 1968.

ARQUIVO NACIONAL DO RIO DE JANEIRO. Divisão de Áudio-Visual.

AZEVEDO, Cecília. *Em nome da América*: os corpos de paz no Brasil. São Paulo: Alameda, 2008.

BANDEIRA, Luiz Alberto Moniz. *Formação do império americano*: da guerra contra a Espanha à guerra contra o Iraque. Rio de Janeiro: Civilização Brasileira, 2005.

BLUM, J. M. et al. *The National Experience*: a History of the United States since 1865. New York: Harcourt Brace Janovich, inc., 1963.

_____ et al. Years of Repose. In: *The National Experience*: a History of the United States since 1865. New York: Harcourt Brace Janovich, inc., 1977.

BOORSTIN, Daniel J. *The Americans*: the democratic experience. New York: Vintage Books, 1974.

COHEN, Lizabeth. *A consumer's republic*. The politics of mass consumption in postwar America. New York: Vintage Books, 2004.

DALLEK, Robert. *Nixon e Kissinger:* parceiros no poder. Trad. Bárbara Duarte. Rio de Janeiro: Zahar, 2009.

DA MATTA, Roberto. *Carnavais, malandros e heróis*. Rio de Janeiro: Zahar, 1983.

DAVIS, Kenneth C. *Don't Know Much About History*. New York: New York Crown Publishers, 1990.

DIVINE, R. et al. *America past and present*. Glenview, Illinois, Scott, Foresman/Little, Brown, Brief Second Edition, v. I e II, 1990.

GABLER, Neal. *Vida, o filme*: como o entretenimento conquistou a realidade. Trad. Beth Vieira. São Paulo: Companhia das Letras, 1999.

GERSTLE, Gary. *American Crucible*: race and nation in the Twentieth Century. Princeton: Princeton University Press, 2001.

GORDON, J. S. *An Empire of Wealth*: the epic History of American Empire. New York: Harper/Perenial, 2004.

GUILBAUT, Serge. *How New York Stole the Idea of Modern Art*. Abstract Expressionism, Freedom, and the Cold War. Chicago: The University of Chicago Press, 1985.

HAINES, Gerald K. The Americanization of Brazil. *A study of U.S. Cold War Diplomacy in the Third World, 1945-1954*. Wilmington: SR Books, 1984.

HEFFNER, Richard D. *A Documentary History of the United States*. New York: Signet Book, 2002.

288 | Os americanos

HOBSBAWN, Eric. *A era dos extremos*: o breve século XX. Trad. Maria Celia Paoli. São Paulo: Cia. das Letras, 1995.

HOFSTADTER, Richard. *The Paranoid Style in American Politics and Other Essays*. Cambridge: Harvard University Press, 1996.

JUNQUEIRA, Mary A. *Estados Unidos*: a consolidação da nação. São Paulo: Contexto, 2001.

KARNAL, Leandro et al. *História dos Estados Unidos*: das origens ao século XXI. São Paulo: Contexto, 2007.

KEEGAN, J. *Uma história da guerra*. Trad. Pedro Maia Soares. São Paulo: Cia. das Letras, 1993.

KENNAN, George Frost. The Sources of Soviet Conduct. *Foreign Affairs*. Julho, 1947. Disponível em <http://www.foreignaffairs.com/articles/23331/x/the-sources-of-soviet-conduct?page=6>. Acesso em: 2 de agosto de 2009.

_____. *A Rússia e o Ocidente*. Rio de Janeiro: Forense, 1966.

KENNETH, Davis C. Commies, Containment and Cold War: America in the Fifties. In: *Don't know much about history*. New York: Crown Publishers, inc., 1990.

KISSINGER, Henry. *Diplomacia*. Rio de Janeiro: Francisco Alves, 2001.

LEARS, Jackson. *Something for Nothing*: Luck in America. New York: Viking, 2003.

LEUCHTENBURG, W. E. (org.). *O século inacabado*: a América desde 1900. Rio de Janeiro: Zahar, 1973. (2 vol.)

LEVY, Bernard-Henry. *American Vertigo*. Trad. Rosa Freire d'Aguiar. São Paulo: Cia. das Letras, 2006.

LINK, Arthur S. *História moderna dos Estados Unidos*. Rio de Janeiro: Zahar, 1965, v. 2.

LOBATO, Monteiro. *América*. São Paulo: Brasiliense, 1959.

MAILER, Norman. *O Super-Homem vai ao supermercado*: de Kennedy ao cerco de Chicago, reportagens clássicas sobre convenções presidencias nos Estados Unidos. Trad. Sérgio Flanksman; José Geraldo Couto. São Paulo: Cia. das Letras, 2006.

MALAND, Charles. *Dr. Strangelove* (1964): nightmare comedy and the ideology of liberal consensus. In: *American experiences*. 2. ed. London: Randy Roberts & James S. Olson (editors). Illinois: Scott, Foresman and Co. Glenview, 1990, v. II.

MELLO, Antonio da Silva. *Estados Unidos*: prós e contras. Rio de Janeiro: Civilização Brasileira, 1958.

MENAND, Louis. *The Metaphysical Club*: a story of ideas in America. New York: Farrar, Straus and Giroux, 2002.

MORGAN, Ted. *FDR, a biography*. New York: Simon & Schuster, 1985.

_____. *Reds*: McCarthysm in Twentieth-Century America. New York: Randon House Trade Paperbacks Editions, 2004.

MOURA, Gerson. *Sucessos e ilusões*: relações internacionais do Brasil durante e após a Segunda Guerra Mundial. Rio de Janeiro: FGV, 1991.

NASMITH, James. *Beyond the Moontage*. Michigan: Michigan University, 1987.

OLIVEIRA, Lúcia Lippi. *Americanos*: representações da identidade nacional no Brasil e nos EUA. São Paulo/ Belo Horizonte: Humanitas/Editora UFMG, 2000.

SCHAMA, Simon. *O futuro da América*: uma história. Trad. Rosaura Eichenberg; Donaldson M. Garschagen; Carlos Eduardo Lins da Silva. São Paulo: Cia. das Letras, 2009.

SCHLESINGER, Arthur M. Jr. *Os ciclos da história americana*. Rio de Janeiro: Civilização Brasileira, 1992.

SCHOUTZ, Lars. *Estados Unidos*: poder e submissão. Uma história da política norte-americana em relação à América Latina. Bauru: Editora da Universidade Sagrado Coração, 1999, p. 47.

SELLERS, C.; MAY, H. F.; McMILLEN, N. H. *Uma reavaliação da História dos Estados Unidos*. Trad. Ruy Jungmann. Rio de Janeiro: Jorge Zahar. 1990.

SEYMOUR, Martin Lipset. *American Excepcionalism, a double edged sword (introduction)*. New York: W. W. Norton and Company, 1997.

SILVA, Carlos Eduardo Lins da (org.). *Uma nação com alma de Igreja*: religiosidade e políticas públicas. São Paulo: Paz e Terra, 2008.

SKLAR, Robert. *História social do cinema americano*. Trad. Octavio Mendes Cajado. São Paulo: Cultrix, 1978.

STEPHAN, Alexander. *Communazis*: FBI surveillance of German Emigré Writers. New Haven: Yale University Press, 2000.

STUART, Samuels. The age of conspiracy and conformity: the invasion of the body snatchers. In: *American experiences*. 2. ed. London: Randy Roberts & James S. Olson (editors). Illinois: Scott, Foresman and Co. Glenview, 1990, v. II.

SYRETT. Harold C. (org.) *Documentos históricos dos Estados Unidos*. Trad. Octavio Mendes Cajado. São Paulo: Cultrix, 1989.

TOCQUEVILLE, Alexis de. *A democracia na América*. Trad. Neil Ribeiro da Silva. Belo Horizonte: Itatiaia, 1977.

VARGAS, Getúlio. *Diário*. São Paulo/Rio de Janeiro: Siciliano/FGV, 1995, v. I.

WAGNER, Steven T. *The Decline of Republican Left, 1952-1964*. Sleepy Hollow. New York: Research Reports – from Rockefeller Archive Center, 1998, pp. 14-16.

WEBER, M. *A ética protestante e o espírito do capitalismo*. São Paulo: Pioneira, 1967.

WHITFIELD, Stephen J. *The Culture of the Cold War*. Baltimore: The John Hopkins University Press, 1996.

WILFORD, Hugh. *The mighty wurlitzer*: how the CIA played America. Cambridge: Harvard University Press, 2008.

WILLENTZ, Sean. *The Age of Reagan, a history*: 1974-2008. New York: Harper Collins, 2008.

ICONOGRAFIA

Capítulo "A origem dos americanos"
pág. 21: "Join or die", caricatura, Benjamim Franklin, 1754. **pág. 25:** "The destruction of tea at Boston Harbor", litografia, Nathaniel Currier, 1846. **pág. 29:** "Declaração de Independência", óleo sobre tela, John Trumbull, 1819.

Capítulo "Um país sem nome em busca de si mesmo"
pág. 42: "Derrubada da estátua do rei George III", William Walcutt, 1854. **pág. 49:** Óleo sobre tela, c. 1789.

Capítulo "Como os Estados Unidos ficaram desse tamanho?"
pág. 54: imagens superior e inferior: Litografia, século XIX. **pág. 57:** imagem superior: Fotografia, c. 1800; imagem inferior: Óleo sobre tela, c. 1800. **pág. 64:** "Battle of Lake Erie", óleo sobre tela, William Henry Powell, 1873. **pág. 67:** Óleo sobre tela, John B. Shackford. **pág. 75:** "The slave auction", gravura, Katherine Young. **pág. 77:** Fotografia, c. 1860. **pág. 80:** "The Battle of Antietam", óleo sobre tela, 1862. **pág. 83:** "Battle of Gettysburg", c. 1800.

Capítulo "O nascimento de uma nação"
pág. 87: "A cotton buyer's office", óleo sobre tela, Edgar Degas. **pág. 88:** "A wagon train to Oregon", óleo sobre tela, 1865. **pág. 89:** United States Military Institute. **pág. 93:** Leonard C. Wood, Ralph H. Gabriel, Eduard L. Biller, *America: its people and values*. **pág. 99:** Leonard C. Wood, Ralph H. Gabriel, Eduard L. Biller, *America: its people and values*. **pág. 100:** Leonard C. Wood, Ralph H. Gabriel, Eduard L. Biller, *America: its people and values*. **pág. 102:** óleo sobre tela, 1879. **pág. 105:** *Utica Saturday Globe*, 1911. **pág. 107:** "T. R. and the Rough Riders", Museum of the New York City. **pág. 111:** "Broadway in New York", 1850.

Capítulo "Os Estados Unidos e o mundo: Primeira Guerra, crescimento, euforia e crise"
pág. 120: Imagem superior: "Dramatic scene of steel-making", John Ferguson Weir, início do século XIX; Imagem inferior: "Thresher", Leonard C. Wood, Ralph H. Gabriel, Eduard L. Biller, *America: its people and values*. **pág. 121:** Leonard C. Wood, Ralph H. Gabriel, Eduard L. Biller, *America: its people and values*. **pág. 123:** Imagem superior: U. S. Government; Imagem inferior: Fotografia, c. 1900. **pág. 124:** "Mulberry Street", c. 1900. **pág. 126:** Chicago Historical Society, 1921. **pág. 128:** Leonard C. Wood, Ralph H. Gabriel, Eduard L. Biller, *America: its people and values*. **pág. 132:** Imagens superior e inferior: Leonard C. Wood, Ralph H. Gabriel,

292 | Os americanos

Eduard L. Biller, *America: its people and values*. **pág. 135:** Imagem superior: Fotografia, Robert Runyon, 1921; Imagem inferior: Fotografia, New York World Telegram & Sun / Library of Congress, 1953. **pág. 137:** Cartaz do disco "Jelly Roll Morton – On the Road, by Ferd Morton", Will Rossiter, 1915. **pág. 139:** Esquerda: Library of Congress; Direita: *Life*, 3 de março de 1927. **pág. 140:** The Ford Archives. **pág. 142:** Cartazes "Silveware", 1900; "Blue Label Soaps", *c.* 1900; "Iver Johnson revolvers, *c.* 1910. **pág. 146:** U. S. Government, 1933.

Capítulo "A era Roosevelt"
pág. 148: Library of Congress. **pág. 157:** Cena do filme *Mr. Smith Goes to Washington*, 1939. **pág. 165:** National Archives / U. S. Government. **pág. 168:** National Museum of American History. **pág. 171:** Loockheed Martin Archives.

Capítulo "Vendo tudo vermelho: paranoia e anticomunismo"
pág. 176: National Archives / U. S. Government. **pág. 183:** Imagens superior e inferior: Federal Civil Defense Administration, 1951. **pág. 189:** Leonard C. Wood, Ralph H. Gabriel, Eduard L. Biller, *America: its people and values*. **pág. 195:** Bureau of Public Affairs / United States Department State, 1963.

Capítulo "Dos 'anos dourados' a uma era de incertezas"
pág. 197: smc, 2006. **pág. 199:** Los Angeles City Planning Department. **pág. 201:** Imagem superior: Fotografia, Antonio Pedro Tota; Imagem inferior: U. S. Department of Agriculture / U. S. Government. **pág. 215:** U. S. Government, 1965. **pág. 216:** Cartaz norte-vietnamita, década de 1970. **pág. 220:** National Archives and Records Administration / U. S. Government. **pág. 223:** National Archives and Records Administration. **pág. 228:** White House, Susan Sterner, 2003 / U. S. Government.

Capítulo "A era Obama e a nova América"
pág. 232: Executive Office of the President of the United States, 2001 / U. S. Government. **pág. 234:** Fotografia, Russell Lee, 1939. **pág. 235:** U. S. New & World Report / Library of Congress. **pág. 237:** Fotografia, Cecilio Ricardo, U. S. Air Force / U. S. Government. **pág. 244:** Fotografia, Antonio Pedro Tota. **pág. 246:** Health Care Organizing / U. S. Government.

Capítulo "O país do entretenimento"
pág. 252: Cartaz "The Great Train Robbery", 1903. **pág. 254:** Cartaz "The Little American", 1917. **pág. 255:** Cartaz "The Kid", 1921. **pág. 258:** Cartaz "My Fair Lady", 1964. **pág. 260:** Cartaz "Ben-Hur", 1954. **pág. 264:** Imagem superior: Selo germânico; Imagem inferior: Cartaz "A Dama das Camélias", 1936.

AGRADECIMENTOS

Agradeço a Ana Luiza G. Garcia, Rui Marcondes Garcia, Regina Célia Pedro Noffs e Thomaz Pedro pela ajuda na leitura e correções; e a Yone de Carvalho por suas inestimáveis contribuições. Ainda agradeço a Adriano Marangoni, colaborador do capítulo "Vendo tudo vermelho: paranoia e anticomunismo", que também contribuiu com algumas ideias e leitura crítica.

# O AUTOR

Antonio Pedro Tota é professor de História da Pontifícia Universidade Católica de São Paulo (PUC-SP). Mestre e doutor pela Universidade de São Paulo (USP), também fez pós-doutorado na Universidade de Colúmbia (EUA) e na PUC-SP. Autor e coautor de diversas obras, publicou *The seduction of Brazil* (autor) e *História das guerras* (coautor), este último pela Editora Contexto.

LEIA MAIS

HISTÓRIA DOS ESTADOS UNIDOS
das origens ao século XXI

Leandro Karnal, Luiz Estevam Fernandes, Marcus Vinícius de Morais e Sean Purdy

Como podem os Estados Unidos provocar tanto ódio, a ponto de muita gente no mundo ficar feliz com ataques suicidas de fanáticos contra eles? Como pode uma cultura influenciar tantas outras e ostentar, muitas vezes, um provincianismo digno de rincões escondidos no espaço e no tempo? É sobre esse fascinante país que trata este livro. Primeira e única obra feita com olhar brasileiro, foi escrita por quatro especialistas da área, passando longe da visão maniqueísta com que o tema comumente é tratado.

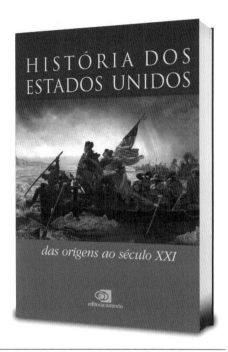

HISTÓRIA DAS GUERRAS
Demétrio Magnoli (Org.)

Algumas guerras mudaram o curso da História. Este livro, encomendado a historiadores, sociólogos, geógrafos e jornalistas brasileiros, dá conta de quinze momentos-chave em que as armas substituíram a política (ou foram sua extensão, como queria Clausewitz) e decidiram o futuro da humanidade (da "Guerra do Peloponeso" às "Guerras do Golfo"). Textos elucidativos, cuidadosamente pesquisados e escritos com clareza tornam este livro leitura obrigatória, obra de referência na área.

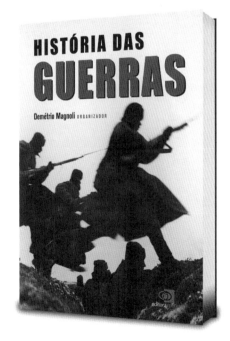

LEIA MAIS

O MUNDO MUÇULMANO
Peter Demant

Uma obra monumental do ponto de vista histórico, que rastreia as origens do mundo muçulmano, discute seus impasses contemporâneos e aponta as ações que precisam ser desencadeadas para se evitar uma ameaçadora "guerra entre civilizações".

OS ITALIANOS
João Fábio Bertonha

Neste livro, imagens cristalizadas e mitos são discutidos pelo historiador João Fábio Bertonha, de forma agradável e saborosa, trazendo a tona origens e costumes de um povo que está presente na árvore genealógica de milhões de brasileiros.

OS ESPANHÓIS
Josep M. Buades

Com texto provocativo e solidamente pesquisado, Josep M. Buades – doutor em História na Espanha, hoje residindo no Brasil – rastreia as origens da cultura multifacetária e do caráter vulcânico desse povo, que tem sangue na areia, no altar e no copo.

LEIA MAIS

OS FRANCESES
Ricardo Corrêa Coelho

Quem são os franceses? Descendentes belicosos de Asterix ou um povo refinado de degustadores de boa comida, boa bebida e cultura de alto nível? Este livro sedutor desvenda o caráter, os valores, o modo de vida dos franceses e sua relação com seus vizinhos e visitantes.

OS JAPONESES
Célia Sakurai

Os japoneses são disciplinados e limpos segundo alguns, silenciosos e desconfiados segundo outros. O objetivo deste livro é mostrar de onde vêm essas imagens cristalizadas, a partir de um olhar sobre a história, desde a formação, passando pelo mito do milagre japonês e chegando até o Japão pop de hoje.

OS CHINESES
Cláudia Trevisan

Os chineses nos intrigam. A jornalista Cláudia Trevisan, nos conta desde os exóticos ingredientes da culinária chinesa aos segredos da medicina; da política de filho único até o papel da mulher na sociedade; da mudança de comportamento entre os jovens até os bastidores das Olimpíadas 2008.

Cadastre-se no site da Contexto
e fique por dentro dos nossos lançamentos e eventos.
www.editoracontexto.com.br

Formação de Professores | Educação
História | Ciências Humanas
Língua Portuguesa | Linguística
Geografia
Comunicação
Turismo
Economia
Geral

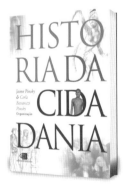

Faça parte de nossa rede.
www.editoracontexto.com.br/redes

Promovendo a Circulação do Saber

GRÁFICA PAYM
Tel. [11] 4392-3344
paym@graficapaym.com.br